U0534777

我在北京捏面人儿

郎志丽　陈永昌　口述
吴欣还　撰写

图书在版编目（CIP）数据

我在北京捏面人儿 / 郎志丽，陈永昌口述．吴欣还撰写．— 北京：商务印书馆，2022
ISBN 978-7-100-20995-3

Ⅰ.①我… Ⅱ.①郎… ②陈… ③吴… Ⅲ.①郎绍安－传记 ②郎志丽－自传 Ⅳ.①K825.72

中国版本图书馆CIP数据核字（2022）第058037号

权利保留，侵权必究。

我在北京捏面人儿

郎志丽 陈永昌 口述
吴欣还 撰写

商 务 印 书 馆 出 版
（北京王府井大街36号 邮政编码100710）
商 务 印 书 馆 发 行
北京兰星球彩色印刷有限公司印刷
ISBN 978-7-100-20995-3

2022年11月第1版	开本 880×1230 1/32
2022年11月第1次印刷	印张 14 1/4

定价：78.00元

图版 1

《玉米蝈蝈》，郎绍安作品

《吕布》,郎绍安作品

《哼哈二将》,郎绍安作品

《东郭先生与狼》,郎绍安作品

《剃头》,郎绍安作品

《锔碗》,郎绍安作品

78岁的郎志丽演示当年父亲郎绍安下街时坐在大马扎上木箱子前捏面人儿的样子,那日松摄影

第一代面人郎郎绍安与女儿郎志丽，李长捷、孙宝素摄影

晚年郎绍安与女儿郎志丽

西哈努克亲王参观北京工艺美术工厂，与郎绍安握手交谈

郎志丽在美国芝加哥表演捏面人儿

《福寿双全》，郎志丽作品，陈逸伟摄影

《富贵平安》，郎志丽作品，陈逸伟摄影

《年年有余》,郎志丽作品,陈逸伟摄影

《葫芦百子图》(局部),郎志丽作品

《锔锅锔碗》，郎志丽作品，宋朝晖摄影

《剃头》，郎志丽作品，宋朝晖摄影

《吹糖人》,郎志丽作品

《打糖锣》,郎志丽作品,宋朝晖摄影

《红楼梦》(局部),郎志丽作品,吴欣还摄影

《司马光砸缸》,郎志丽作品

《霸王别姬》，郎志丽作品，刘泽良摄影

《四大天王》，郎志丽作品

《贝壳八仙过海》，郎志丽作品

《钟馗》,郎志丽作品,刘泽良摄影

《梁红玉》，郎志丽作品，刘泽良摄影

《赵云》,郎志丽作品,刘泽良摄影

《核桃十八罗汉》,郎志丽作品,吴欣还摄影

《穆桂英挂帅》,郎志丽作品

郎志丽和她的作品《杨贵妃》，吴欣还摄影

目录

开篇：2011年中秋过后的一个晚上 / I

前面的话：一本听来、看来、抄来、揉捏出来的书 / 1

01　清末除夕的小双喜 / 8
02　镶红旗下的老北京 / 13
03　穷小子下街讨生活 / 20
04　白塔寺偶遇面人儿摊 / 35
05　人杰地灵阜成门 / 45
06　深藏不露洋车夫 / 54
07　咱们都是手艺人 / 64
08　"黄金十年"面人郎 / 77
09　少不征南，遇险上海滩 / 93
10　日据的北平，活着就是反抗 / 100
11　老不扫北，游艺京包线 / 107
12　三清观里小手艺人的家 / 114
13　承平就是好年头 / 128

14　从自杀到归队 / 139

15　面人郎献艺在伦敦 / 149

16　街头艺人坐进办公室 / 163

17　承父业，三妹子学艺 / 179

18　冰心与《"面人郎"访问记》/ 194

19　新旧大世界 / 207

20　手艺之外的事 / 218

21　手上的缘分 / 226

22　"文革"：人在劫数中 / 243

23　1970年代的聚散离合 / 253

24　1980年代的消长沉浮 / 271

25　平生第一次写论文——论面塑艺术的创新 / 289

26　国家级非物质文化遗产——北京面人郎 / 302

27　尾声：就想留下点儿东西给后人 / 315

后面的话：什么是北京面人郎的黄金时代？ / 327

参考书目 / 338

附录1　郎绍安、郎志丽大事记 / 345

附录2　面人儿小春秋 / 355

附录3　面人儿岁时记 / 366

附录4　面人郎重要作品名录 / 378

附录5　面人郎面塑技法 / 381

开篇：2011年中秋过后的一个晚上

2011年10月，中秋过后的一个晚上，北京西直门外某正在加固施工的六层红砖居民楼里，一位70岁的老太太，正从冒着腾腾热气的蒸锅里麻利地抄起一个大面团，啪，面团被按在事先擦拭干净的石头台面上。"揉要趁热，禁得住手就行，加蜂蜜"，老太太边揉边说，揉、翻、按，再揉、再翻、再按，加了蜜，原本有些滑不溜丢的面团渐渐跟上了节奏，紧随着老太太那双有力道又有些发红的手……我也想试一下，结果刚抓起面，瞬间又松开了，太烫。

这个被蒸过的面团不是吃的，是用来捏的，用面捏人儿。

几年以后，我看到《风味人间》中讲面食，听到"四千五百年前，第一粒小麦种子落地中国，麦粒磨成了粉，粉再遇到水成了面团，而面团又遇到了善用蒸汽的中国人，发生了很多神奇的变化……"这类叙述，眼前浮现的总是郎老太太站在两个人都有点错不开身儿的小厨房里，蒸汽缭绕的揉面情景。那面粉是白面混合着江米面，先拿小箩细细筛过，然后加开水揉成面团，再上锅蒸，蒸后加蜂蜜再揉……曾读西晋束皙的《饼赋》，写筛面是"重罗之面，尘飞雪白"，写揉面抻面为"面弥离于指端，手萦回而交错"，原想这面和手都能缠绵至如此，魏晋骈文嘛，炫目些也是难免，直到见了老太太揉面，方打心里佩服：写得真好。这面和手，里面确实有情，有故事。

笔者有幸跟郎志丽老师断断续续学过两年面人儿，上面的一幕就是初去郎家时看到的。蒸面揉面是郎家一百年来做得最多最平常不过的事儿。郎家与面人儿的故事，就从一百多年前一个家家户户都在揉面的日子开始……

前面的话：一本听来、看来、抄来、揉捏出来的书

如果你是北京人，在你小时候的记忆里，有面人儿吗？

面人儿是什么？用面捏的小人偶。"小人偶？我只知道手办和公仔[1]"，那你是90往后的人。"孙悟空、猪八戒吧？一个个用竹签子插着"，70后、80后可能会这么说，改革开放后每年春节在地坛办的庙会上有。棍儿上插的那种都是大面人儿，知道面人儿分山东大面人儿和北京面人儿等很多种吗？见过用面团捏的成套的戏出儿[2]吗？还有用面捏的旧京三百六十行，打糖锣的[3]、剃头的、锔碗的[4]、卖茶汤的……这些，对于50后、60后可能都有些陌生，即便有人见过，那也定不是一代人共通的记忆。可对于20世纪40年代以前出生的老北京人来说，面人儿，用面捏出的旧京街头小景可能勾起的就是他们心底饱含情意的过往。

面人儿已不是北京人童年的回忆

1900年出生的冰心曾在1957年11月21日去采访北京面人郎——郎绍安。看到那些小面人儿，冰心先生说："我所最爱的，还是一小组一小组的旧北京街头小景，什么卖糖葫芦的——一个戴灰呢帽子穿黑色长袍的人，左臂挎着一个小篮子，上面插满了各式各样

的冰糖葫芦；剃头的——一个披着白布的人低头坐在红板凳上，旁边放着架子和铜盆；卖茶汤的；卖沙锅的；吹糖人的；无不惟妙惟肖！其中最使我动心的，是一件'打糖锣的'，是我童年最喜欢最熟悉的东西，我想也是面人郎自己最深刻的童年回忆吧，因为这一件做得特别精巧细致：一副带篷儿的挑子，上面挂着几只大拇指头大小的风筝；旁边挂着几只黄豆大小的花脸面具，几只绿豆大小的空钟；里面格子上摆着一行一行的半个米粒大小的小白鸭子，框盒里放着小米大小的糖球……凡是小孩子所想望的玩的吃的，真是应有尽有了！我真是不知他是怎么捏的，会捏得这么小，这么可爱！这都是面人郎小时候最熟悉的北京街头巷尾的一切，也是我自己童年所熟悉的一切，当我重新看见这些形象的时候，心头涌起的却是甜柔与辛酸杂揉的味道……"[5]

这是冰心《"面人郎"访问记》里的一段话，出自人民文学出版社 1978 年版的冰心文集《小桔灯》。文章曾被收进中学课本，1980 年代的中学生上初中二年级的时候都学过，但当年读课文时，我不记得自己体会过年近花甲的冰心先生遇到小面人儿时那种"甜柔与辛酸杂揉的味道"。2019 年，在郎家，我亲眼见到那些用面团捏成的文章中描绘的街头小景，我看到了手艺的精湛，却仍没感到"甜柔与辛酸"，只隐约觉得那里面一定有故事，一些从来不在我们这代人记忆当中的、正在消失或已经消失的故事。

揉捏进面人的一段光阴

2011 年秋天，我第一次走进郎家，和郎志丽老师学习捏面人儿，断断续续一两年,又放下了。2019年元旦刚过,我又来到郎家,打开笔记本,摆好录音笔,决定开始认真听听关于您、您父亲和面人儿的故事……郎老师话不多,这么多年,听老太太说得最多的一句话就是"不着急,慢慢来"。屋子里不时响起蝈蝈的叫声,那是老北京才养的秋虫……想起最近读到的一句话"入门并不难,难耐的是光阴"。

这句话出自《知日》杂志"不朽的匠人"那期,采访盐野米松,盐野历经40年记录过2000多位日本手艺人。"每一位成为匠人的手工艺人最初都是为了养家糊口,他们中的很多人的学历或许只有小学或初中毕业,然后就跟着师傅开始学习手艺。入门并不难,难耐的是光阴。没有习艺之人会去博览群书,因为技艺靠的是经年累月的磨砺。"[6]这也是郎氏父女从艺经历的高度概括,可见,手艺人中外相通。

盐野说"技艺的成熟要花费很长时间",面人郎的技艺到今天已有百年,时间增长了技艺,同时也沉淀了记忆,日复一日,技艺磨砺出作品,作品也是一段被固化的记忆。郎氏面人儿里,揉捏进了一段特有光阴,所以冰心们看了会五味杂陈,而我们却体会不到。2008年,北京面人郎,被列为国家级非物质文化遗产,需要留下的、传承的是捏面人儿的技艺,更是早已被捏进面人儿里的记忆。

记忆是多么的不同

讲老北京的面人儿,其实就是在解锁被封存的一段光阴。但同一段光阴,记忆又因人不同。写《侠隐》的张北海说1930年代(北伐之后、抗战之前）的北平是金粉十年，但同时也说老舍笔下的祥子若没死，必不会同意这种说法。[7]他们住的是同一个北平吗？不是同一个北平吗？张恨水说"人生一世，总有一个比较好些的日子，这个日子就叫作'黄金时代'"，那面人郎的黄金时代是什么？写过面人郎的冰心又会怎么看？

经过时间，记忆会自动筛选甚至重组，会出现偏差，而且同样的情境对于不同的人，当时的感受可能本就不同。曾经久居北京的作家老向和林语堂都曾把北平比成一棵千年的老树，把百多万市民比成一个个的蚀木虫儿。虫儿生活在树荫下面、树叶上面、树枝里面，即使树被掏空了，但每个小虫儿尝到的也只是机会所赋予它的某一枝干上的某一小点，至于树有多高，根有多深，脉络枝丫怎么伸展的，其他叶子上又有哪些虫儿，那就不是某一个小虫儿所能了解的了。[8]

虫儿和虫儿间自然会有交错。小时候的冰心接过一个小玩意儿，递出一个大子儿，与街头手艺人发生交汇的那一刻，对冰心来讲"回忆是甜柔的"，当然，甜中又"杂揉"着辛酸，她记得递给她小玩意儿的那些人："卖糖葫芦的，打糖锣的……都是我们极其熟识的朋友——他们除了从我们手里接过'一大子儿'或'一小子儿'的时候，偶然会微微地一笑，而眉宇之间却是何等地悲凉忧抑呵！"但这仍然是冰心眼中的他们，那些手艺人，他们自己呢？一接一递间，他们记下的是什么？

一本听来、看来、抄来、揉捏出来的书

手艺人不太擅长讲故事，全在手艺里了，郎家过去的事儿被记着

的并不多。面人郎第一代创始人郎绍安，1992 年去世，关于以往，只留下三篇口述文字，一篇写于 1979 年的《面人郎自传》[9]，未发表；一篇《我的面塑艺术生涯》[10] 发表在 1983 年《文史资料选编》上；一篇《我的一生》[11] 写于 1992 年，都是郎绍安口述，别人执笔，内容大致相同。第二代传人郎志丽，郎绍安女儿，4 岁随父走街串巷，15 岁正式学艺，如今 78 岁。老太太质朴，2018 年秋天刚经历一次中风，努着精神聚起随时都有可能消散的记忆，一字一句讲述面人郎的过往："我能想起多少说多少，不为别的，就是想这些东西别埋没在我这儿。"可过去的东西想要再往回找，实在是件艰难的事儿。

对中国绝大多数家庭而言，过往只是模糊的印象，偶尔清晰的只言片语。郎家也是。西四牌楼一定见过一个常在下面摆面人儿摊儿的小伙子，阜成门城楼肯定知道那个大清早出城捡菜叶子的小姑娘，可牌楼与城门楼子 60 多年前就拆了。有些东西，没了就再也找不回来。所以，今天要讲面人郎这 100 年，只能听来、看来、抄来。

听，郎家的口述；看，看手艺的一招一式，看留下的那些面人儿；抄，从前关于面人郎的文字材料，与面人郎同时代人笔下的相关人事情景。一二十岁的郎绍安，每天早上下街[12]，背着面人儿箱子走在阜成门内大街上，会和祥子们擦肩而过吗？老舍说这条街是北平最美，一街看尽七百年，这美里也包括一个捏面人儿的手艺人吧。到了晚上，这个手艺人往家走，必会经过两株枣树，那是鲁迅在《秋夜》里写过的，"在我的后园，可以看见墙外有两株树，一株是枣树，还有一株也是枣树"。过了枣树，向西走几百步，再向北一拐，就到了横四条，在这儿，郎家住了 30 年……

从走街串巷的手艺人到工艺美术研究所的民间艺术家,郎氏面人儿捏的是戏,是民间传说,是老北京街头的人和事。郎家百年起落与老北京的市井风情、城市变迁紧紧相连,这其中很多事情的准确细节已无法还原,但郎家的面人儿、郎家的记忆,与冰心、老舍们的笔端或并行或交错,应该可以揉捏出些对郎家、对面人儿、对手艺人、对老北京的印象。无论是手艺人还是作家、艺术家,都是曾经的老北京这棵大树上的虫儿,树供养着虫儿,虫儿也改变着树。让大树上多一个小虫儿说说话,认真记下来,不求清晰,但求贴切,可以回放出一点点被揉捏进面人儿的旧光阴。

注释

[1] 手办是树脂材料的人形模型,可以拼装上色,也可以指人形成品,多为日本动漫中人物形象。公仔就是卡通玩偶。

[2] 戏出儿,根据戏曲中某个场面而制作的戏曲人物形象,年画、泥人儿、面人儿等都有戏出儿的题材。

[3] 打糖锣的,旧时北京街头卖小玩意儿的小商贩。

[4] 锔碗,就是用铜或铁制的两头有钩的锔子修复有裂缝的瓷碗等陶瓷器。

[5] 冰心:《小桔灯》,人民文学出版社 1978 年版,第 75 页。

[6] 沐卉:《盐野米松:留住手艺》,载茶乌龙主编:《知日·不朽的匠人》,中信出版集团 2018 年版。

[7] 参考自张北海:《侠隐》,上海人民出版社 2018 年版,《侠隐》作者张北海答客问。

[8] 关于树与虫儿的比喻综合自两篇文章:老向(王向辰)的《难认识

的北平》1936年，林语堂的《迷人的北平》1941年。见姜德明编《北京乎》（上、下），生活·读书·新知三联书店1992年版。

［9］郎绍安口述：《面人郎自传》，1979年，金静文整理，手写在稿纸上，约12000字。

［10］郎绍安口述，郎志丽、冯国定、张子和执笔：《我的面塑艺术生涯》，载中国人民政治协商会议北京市委员会文史资料研究委员会编：《文史资料选编》第十六辑，北京出版社1983年版，第234—246页。

［11］郎绍安口述：《我的一生》，写于1992年5月郎绍安去世前，约5000字，因当时未署名，记录者姓名待考。

［12］下街，旧时小商贩走街串巷做小买卖。

01　清末除夕的小双喜

旧京有歌谣：

小孩小孩你别馋，过了腊八就是年。腊八粥喝几天，哩哩啦啦二十三。二十三糖瓜儿粘，二十四扫房日。二十五炸豆腐，二十六炖羊肉。二十七杀公鸡，二十八把面发，二十九蒸馒首，三十儿晚上熬一宿。大年初一去拜年，您新禧，您多礼，一手白面不挽你，见到父母道新禧。

宣统元年年三十儿

街上，祭神的花炮逐渐多起来。胡同里，每家都在剁饺子馅，响成一片。赶到花炮与剁饺子馅的声响汇合起来，就有如万马奔腾，狂潮怒吼……

父亲独自包着素馅的饺子。他相当紧张。除夕要包素馅饺子是我家的传统，既为供佛，也省猪肉。供佛的作品必须精巧，要个儿娇小，而且在边缘上捏出花儿来，美观而结实——把饺子煮破了是不吉祥的。他越紧张，饺子越不听话，有的形似小船，有的像小老鼠，有的不管多么用力也还张着嘴。除了技术不高，这恐怕也与"心不在焉"有点关系。

这是老舍在《正红旗下》里写的清朝末年北京城的一个除夕。郎绍安就生在这样一个除夕。清宣统元年，己酉年大年三十，北京，阜成门里，喜鹊胡同[1]，郎家，郎成泰，这个三十七岁的男子，三个孩子的父亲也在独自包饺子吧，他心里也很紧张，因为妻子乌氏马上又要临盆了。

我是前清宣统元年生的，农历己酉大年三十，照推算该是1909年1月21日[2]，降生地点在北京西城锦什坊街大喜鹊胡同。我是属鸡的，生日极小，按旧历我出生的第二天就是庚戌狗年，我一生下来第二天虚岁已经是两岁了。因为是大年三十之夜，喜从天降，全家皆大欢喜，祖母给我取名叫"双喜"。我的父亲名叫郎成泰，生于同治十二年，1873年。母亲乌氏，三十四岁的时候生的我。父亲与母亲共生了五个孩子，我上边还有两个哥哥一个姐姐，下边有一个弟弟。[3]

——郎绍安

入夜，花炮声、剁饺子馅儿声里终于传出了婴儿的哭声，在家家户户一手白面的时候，一个叫双喜的男孩儿出生了。也许他注定与面有缘。

生在裉节儿上

双喜就是后来的面人郎——郎绍安，从小他就牢牢地记得自己属鸡，第二天是狗年，生日是年三十。但在晚年的回忆中，他却把公历生日推算错了——己酉年鸡年虽约等于公历的1909年，但大年三十那天却是在1910年2月9日，而不是他算的1909年1月21日[4]。这个错误也许恰好说明，郎双喜确实生在了中国转折的裉节儿（关键点）上。

中国用公历纪年是1912年1月1日以后的事，宣统元年那个己酉年，按公历说是1909年1月22日到1910年2月9日。郎绍安出生时，1910年，中国还是大清国，纪年还用皇上的年号，用的还是阴历（农历），月份牌上还是天干地支，但转过年，1911年辛亥革命爆发，再过一年，1912年就是中华民国元年。276年的大清国亡了，用了几千年的天干地支纪年法也改成以耶稣出生为元年的公元多少年了。

这是后话，庚戌年大年初二，郎成泰和乌氏还沉浸在生子与过年的双重喜悦之中。老北京有句民谚：初一饺子初二面，初三的合子往家转[5]。据说初二是财神爷生日，所以要吃面。大家都在吃面的时候，出生才三天虚岁已两岁的小双喜应该洗三了。

旧时有洗三的习俗，就是出生第三天要办个给婴儿洗澡祈福的仪式，还要边洗边说："先洗头，做王侯；后洗腰，一辈要比一辈高；洗洗蛋，做知县；洗洗沟，做知州！"郎双喜经没经过洗三已不可考，但吉祥话儿里做王侯当知州的说辞肯定是没灵验，因为出大事了。

出大事了

打郎双喜出生后不到两年间，京城连出了两起刺杀王爷贵族的大事，都离郎家住的地方不远。

其一，在双喜出生一月余。1910年3月（清宣统二年庚戌年二月），汪精卫谋炸摄政王载沣于什刹海，事败。此事当时影响甚大，尽人皆知，无需赘述。其二，在双喜将满两岁。1912年1月26日（辛亥年腊月二十八），同盟会成员彭家珍炸宗室良弼[6]于西四牌楼北大街红罗厂，事成，彭、良俱亡。此时的郎家已搬至西四牌楼西北边的纱络胡同，距事发地良弼府不足两里。彭家珍死后第16天，1912年2月11日，什刹海边醇亲王府里，那个没被汪精卫刺杀成的载沣，在家轰走了还要闹事顽抗的所谓"八旗志士"，也算促成了政权的和平交接。1912年2月12日，溥仪颁退位诏书，60万旗人算正式成了北京市民。[7]

大清国亡了，两千年的帝制结束了，对国家、对个人，这都是翻天覆地，对旗人更是。有多翻天覆地，远的不说，郎家有个"贵族邻居"顺承王，从郎双喜出生地大喜鹊胡同往东，过华嘉寺，不过几百米，锦什坊街东侧就是顺承王府[8]。早年北京这一带的小孩都会说一段顺口溜："锦什坊街怎么那么长，里头住着穷顺王，王爷的衣裤和合当，王爷的膳房福庆堂。"这说的是雍正年间的事，因为这家王爷吃了败仗被罚了银钱，过了一阵儿苦日子，后来又缓过来了，枉自担了个穷名声。[9]不成想一到民国，"穷顺王"算彻底落了实，没了朝廷的俸银，王爷马上断了生计，民国初年，王府的房产契据被抵押给了东交民巷的法国东方汇理银行，拿贷款过活。八大铁帽子王之一，曾擒明将、战闯王立下赫赫战功的第一代顺承王勒克德浑怎么也想不到，十五代后，自己的子孙要用王府"倒按揭"养老。到最后，房也没保住，1920年，以75000大洋卖给了张作霖。

京城的王爷尚且如此，更何况一个个普通的旗人，小小的郎家……

注释

[1] 清代称喜鹊胡同，1911年后更名为大喜鹊胡同，原位于北京西城丰盛地区西北部，东西走向，东起香家园胡同西至阜成门南顺城街，全长234米，宽4米。此胡同于1990—2003年间已全部拆除，原址现为金融街新盛大厦。

[2] 此处有误，应为1910年2月9日，原文如此。

[3] 郎绍安口述：《我的一生》，1992年，记录者佚名。

[4] 1909年1月21日是戊申年猴年除夕。

[5] 合子是两张圆形面饼中间夹馅儿，象征钱往家赚。

[6] 那是辛亥革命后，民国已经建立，但清帝还未退位，部分皇族仍与共和对抗，良弼就是主战派中坚。同盟会成员彭家珍因而刺之，良弼之死使宗室权贵惊恐万分，迅速土崩瓦解，逃离京城。

[7] 参考自北京市西城区文史学会编：《西城史迹：辛亥前后三十年》，团结出版社2011年版。

[8] 今天的政协礼堂。

[9] 参考自爱新觉罗·瀛生：《北京西城的一座穷王府》，载朱耀廷主编：《北京文化史研究》，光明日报出版社2008年版。

02　镶红旗下的老北京

郎家是旗人，是镶红旗下的老北京。前面引用了老舍没写完的自传，从羞于向人提起自己是旗人到把自传取名《正红旗下》，因为那是丢不掉的血脉与文化。说郎家，也得打这儿说起。

我爸爸小时候没照过照片，我爷爷奶奶也都没有照片，长什么样，穿戴什么的都不知道。但爸爸晚年的时候想这一家子，就捏了一套满人家庭，算是您记忆里的全家福了。一家八口儿，全穿的旗人衣服。

——郎志丽

我们是满族镶红旗人，祖籍是吉林省珲春石山子，入关已有三百多年了。我父亲郎成泰，钮祜禄氏后裔，我母亲乌氏[1]，也是满族名门闺秀，性格开朗。据说乌氏都是唱京剧花脸的。[2]

——郎绍安

关于祖上的事，郎家没具体记下什么，只有上面三句话。一句一句来。

先说旗——镶红旗

张中行在《北京的痴梦》里把北京人，特别是老北京分成深浅二级，深是旗下人，浅是非旗下的多年住户。[3] 照此说法，打三百年前就入关进了北京城的旗下人郎家真是深得不能再深的老北京了。

旗下人，现在不少人认为就等同于满人，不准确。满、蒙、回、汉等只要是有旗籍的人都可叫作旗下人、旗人、在旗的。清朝入关后，所有人被分成两种户籍，一种是旗籍，一种是民籍，有旗籍的就是旗人，其余全是民人。什么是旗籍？要从清八旗制度说起。八旗制原来是军事组织形式，壮丁战时皆兵，平时皆民，后来成为清朝基本的社会组织形式。八旗中又有满八旗、蒙八旗、汉八旗之分，这些被编入八旗组织的人，无论兵丁还是他们的家属，都被称为旗下人。整个清代，旗人与民人是社会成员的基本分野，直到晚清时，京城还流传着"不分满汉，但问旗民"的说法。[4]

过去只要是旗人，不用问住哪儿，知道你是哪个旗的，住处也就知道个大概了。郎家属镶红旗，郎绍安出生在大喜鹊胡同，三岁搬入纱络胡同，八岁搬到南顺城街，九岁搬到横四条，搬来搬去都没离开一个地方——阜成门。阜成门里正是镶红旗所在地。

为了巩固统治，清军一入关就在北京来了一次人口大挪移——把原来北京内城（旧西城区、东城区）住着的汉人全轰到了外城（旧宣武区、崇文区）。外迁从"顺治五年（1648年）八月十九日开始，目的是满汉皆安，不相扰害。迁移期限一年，每间房给银四两"[5]，腾出来的内城则让八旗兵和他们的家属驻守、居住。"一声拆迁，滚出内城……八旗驻守，以黄白红蓝为标帜，新鲜明快。"[6] 具体说，北京内城是个正方形，八旗按方位颜色布防：北方，安定门内镶黄旗，德胜门内正黄旗；东方，东直门内正白旗，朝阳门内镶白旗；西方，西直门内正红旗，阜成门内镶红旗；南方，崇文门内正蓝旗，宣武门内镶蓝旗。每一旗内的满、蒙、汉又各有防地。

北京实际上成了一个大军营，每个在京的旗下人都要住在各自旗驻守的地方。因为流动少，同是说北京话，城北的和城南的口音都有差别。尽管后来满汉分居不再那么严，汉人搬回内城的渐渐多起来，到清末，内城满汉人口大概各占一半，但旗人搬走的情形却很少。郎家就是，200多年，在北京阜成门里世代居住，那儿就是他们的根儿。虽说祖籍在吉林省珲春石山子，但谁也没回去过，早成了一个说法。也许唯一能和老家发生些联结的就是他们的姓氏——郎。

再说姓——钮祜禄与"狼"

郎，满族在京城的八大姓[7]之一，老姓钮祜禄。钮祜禄原来是地名，氏族之人多散居在长白山一带。满姓很多都是从女真姓承袭下来的，钮祜禄，女真姓为女奚烈。但直到清初，旗人都是"称名不举姓"，因为同族而居，族里人都一个姓氏，互相只说名字即可。入关后，久居汉地，习俗渐渐改变，不但举姓，而且改了汉姓。而钮祜禄冠以汉姓时多称"钮"或"郎"，是典型的"一氏冠两姓"。

旗人改汉姓和旗人渐渐放弃满语改用汉语基本同步。入关初期，旗人皆操满语，到康熙雍正年间，满汉双语流行，到乾隆嘉庆年间不习满语已很普遍，咸丰同治时北京的旗人几乎全说汉语了。

郎志丽说她们家早没人会说满语了，打父亲小时候上私塾学的就是汉语的《百家姓》、《千字文》之类。满语不会说了，但家里的老姓——钮祜禄，他们一直记得。郎志丽的曾祖父曾说过：他们钮祜禄氏在朝中人不少，有"佟半朝，狼（郎）一窝"的老话儿。

这里的"狼"就是"郎"。郎这个姓大概在乾隆嘉庆年间用得多起来，乾隆帝还专门说过这事儿。据说钮祜禄氏改姓为郎，"曾被乾隆帝拿来做例子教训满洲子弟，说汉人因知'钮赫'原意为'狼'，就喊他们为狼，本来是含有鄙薄之意，岂料钮祜禄氏的不肖子孙们，竟然也自称为郎，甚至以郎字命名，真是不知好歹，自忘根本。可是后来的钮祜禄氏子弟们还是都改为郎姓了"[8]。

姓"郎"，但早已没了狼性，郎家跟所有旗人一样，过了很久衣食无忧的日子。郎绍安说："在那个时候，满族孩子一降生就有月饷银子一两五，满族子弟大半都无所事事，我想就是因为可以依赖这一两五的缘故。"郎绍安的爷爷说他们家朝中人不少，又说"咱们家五辈儿以上，还出过正宫皇后娘娘呢"[9]，这话不假。姓钮祜禄的，朝里有大官，比如和珅（和珅的出生地离郎家还真不远，就在西城驴肉胡同）；宫里有皇后，先后出了六个，现在最有名的就是甄嬛……钮祜禄氏历史上出了不少名人，应该就是没出过手艺人。

唱戏与学手艺

"母亲乌氏是满族名门闺秀，据说乌氏是唱京剧花脸的"，这是郎绍安关于母亲那个家族的一个很遥远模糊的记忆，再具体的就谁也说不清了。清廷禁止旗人听戏，更别说粉墨登场，可旗人对戏是越禁越爱，出于变通需要，票友、票房出现。

子弟消闲特好玩，出奇制胜效梨园。

鼓镲铙钹多齐整，箱行彩切具新鲜。

虽分生旦净末丑，尽是兵民旗汉官。[10]

以上几句出自子弟书《票把上台》，猜测一下，可能乌氏家里也有票友，唱花脸正是书中的情景。而阜成门一带，正是八旗票友聚集之地。出阜成门吊桥迤西路南第一家就是在嘉庆至光绪年间赫赫有名的戏园子——阜成园。这儿"不接待普通戏班演出，而是内务府和升平署官员遴选艺人之场所"[11]。当年，同光十三绝里的程长庚、杨月楼、谭鑫培都是打这儿被挑选上进宫当差的。说不准，郎绍安母亲乌氏家里也有人在这个戏园子里唱过呢。

能唱戏，这也从一个侧面说明，郎、乌两家的长辈是不用为生计发愁的。当时仅北京内城就住着旗人数十万，除少数当兵应差外，不兵、不农、不工、不商的居大多数，多少代人终日无所事事……到郎绍安这辈儿，不成了。

清朝败落了，后来又到了民国，郎家断了生计。郎绍安说"父亲是个一无所长"的人，这也怨不得他父亲，清朝规定旗人不许学艺，更不许随便离开本旗，后来虽然没那么严格了，但每月都能领固定的钱粮，学手艺干什么，还会让人瞧不起，可谁能想到"铁杆庄稼"也会倒呢。

在《正红旗下》老舍曾写过他大舅家的二哥："惊人之笔是在这里，他是个油漆匠！我的大舅是三品亮蓝顶子的参领，而儿子居然学过油漆彩画，谁能说他不是半个旗人呢？"注意行文中的口气，这就是手艺与旗人的关系。但老舍说："二哥有远见，所以才去学手艺"，

"当二哥做活儿的时候,他似乎忘了他是参领的儿子,吃着钱粮的旗兵。他的工作服,他的认真的态度,和对师兄师弟的亲热,都叫他变成另一个人,一个汉人、一个工人,一个顺治与康熙所想象不到的旗人"。

也许父亲郎成泰那一代旗人和顺治康熙年间的旗人差别并不大,但郎绍安不想再那样,也不可能再那样。整个大清国的结局都是顺治康熙想象不到的。后来郎家孩子做小买卖当学徒,最后学手艺捏面人儿,主动也好,被动也罢,是家运更是国运。

注释

[1] 乌,满族最早使用的汉姓之一,乌雅氏、乌色氏、乌裕氏、乌雅拉氏、伊尔库勒氏、乌库里氏等都用乌姓。

[2] 郎绍安口述:《我的一生》,1992年,记录者佚名。

[3] 张中行:《北京的痴梦》,载陆昕选编:《张中行讲北京》,北京出版社2005年版,第4页。

[4] 这里的"满"是指满洲,是"满人",而"满族"这个词是辛亥革命前后革命党为推翻清政府叫起来的,到满族被正式承认为中国境内的少数民族之一则是1952年的事了。

[5] 金启琮:《北京的满族》,载北京燕山出版社编:《旧京人物与风情》,北京燕山出版社1996年版,第549页。

[6] 张清常:《北京街巷名称史话》,北京语言文化大学出版社1997年版,第278页。

[7] 北京满族八大姓(常见说法之一):佟(佟佳氏)、关(瓜尔佳氏)、富(富察氏)、马(马佳氏)、那(那拉氏)、索(索绰罗氏)、赫(赫舍里

氏)、郎(钮祜禄氏)。

［8］刘小萌:《旗人史话》,社会科学文献出版社2011年版,"六 非旗非汉是哪家"4.姓名的汉化。

［9］巩华:《面塑生涯》,《纵横》1989年第5期。

［10］刘小萌:《旗人史话》,社会科学文献出版社2011年版,"七 子弟消闲特好玩"2.竞相效梨园。

［11］董宝光:《漫忆阜成门》,载北京市西城区档案局(馆)编:《北京西城往事》第五卷,2012年版,第132页。

03 穷小子下街[1]讨生活

1901年《辛丑条约》后,八旗兵丁的钱粮就常减半发放。1899年出生的老舍说自己只赶上了大清皇朝的残灯末庙,10年后,到郎绍安这一拨儿旗人连这也没赶上。

父亲拉车,母亲缝穷

1911年辛亥革命爆发,清朝皇帝退位,钮祜禄氏和大清朝都已衰落。每个旗人的月银禄米没有了,那时候家中靠俸禄生活,每月准时送钱送粮上门的日子一去不复返了,郎家断了生计。爷爷拉起了板车、洋车,奶奶为人缝穷以维持生活。

——郎志丽

过去《民国日报》上有人把没落的旗人分四类:吃家底儿的贵官派、清亡前提前做打算的谋生派、干苦力的劳动派和混吃等死的待死派。[2]郎家属于第三种——干苦力的劳动派。

我父亲也是个一无所长的人。除掉拉洋车、卖豆浆之外,不会干什么。可卖豆浆需要本钱,拉洋车只要力气就好了。所以后来就专靠拉车过日子了。父亲拉车不认得路，多费了力气，跑了远道，人家还少给钱。全家全靠父亲拉车挣钱，日子很不好过。后来祖母死了，大姐和大哥没长成人很小就都死了。[3]

——郎绍安

郎绍安的父亲，年届不惑的郎成泰开始干起了重体力活儿，他不但拉洋车，还拉排子车。排，在这读三声，排子车又叫板车，就是两个轮子的人力货车。《旧都三百六十行》里说："拉排子车的，又称为'拉小绊的'。穿着小短褂，拖着一辆两轮小车，用肩头拉绊，于凌晨聚集于各城门外煤栈，等候买煤的主儿雇用。小车只能拉半吨煤末，视其路程远近，索要车脚费。互相议价成交后，拉主儿将煤末用铁锹铲在车内，拉到住户家。有的经人介绍，给住户搬家，拉东西管装卸，这样可多挣点钱。"[4] 不知郎成泰具体拉什么？很有可能是煤吧？那时阜成门瓮城里就有煤栈，出售用煤面儿和黄土混制晒干的煤球和煤坯[5]。

光靠父亲养活不了一家人，母亲还得给人家做针线，做一条裤子挣七分钱，做三条挣到两毛一的时候，刚够一锅棒子面窝头钱。我们等急了饿得难受，锅刚蒸上窝头还没冒气，我们就嚷着"窝头得了吧？"母亲说"孩子呀，窝头还没得，你们再等会儿，得了我叫你们，先玩去吧，听话。"[6]

——郎绍安

给人家做针线，缝缝补补，那时候叫"缝穷"，这个词现在怕是没几个人能听得懂了。缝穷旧指贫苦妇女代人缝补衣服。忘了哪天，偶然看见北京电视台一个曲艺节目讲老北京的事儿，一个说"过去大街上有缝穷的"，另一个接"过去大街上有穷疯了的"，虽说是故意打岔，但"缝穷"确实已是消失的旧行业之一。年轻人即便听过这俩字，应该也是在郭德纲的相声里。传统相声《八大改行》[7]中有一段，说过去某评剧女艺人得罪了北平某市长，就不让人家演出了。她被困在北京没饭吃，只能在天桥那儿给人缝穷，大家伙儿一看都认识，非让唱一段儿，结果一边儿缝一边儿唱，还把裤腿儿缝死了。旧时相声哈哈一笑里渗着的是特别深的辛酸，就像1920年代《缝穷婆》[8]那歌里唱的：

家无隔夜粮，儿女泪汪汪，手提针线篮，缝穷到街坊。
缝穷啊，缝穷啊，谁家儿郎破衣衫，拿来替你缝两针。
缝穷啊，缝穷啊，公子小姐不光临，我们的主顾是穷人。

父亲拉车母亲缝穷，一家人却还是吃不饱。郎绍安说："母亲没办法，只好带着我们几个孩子天不亮去粥厂打粥。背着小的拉着大的，为了糊口，一大早连赶四个粥厂。身体支持不住，就渐渐坐下了病，可是不舒服也得去打粥。"[9]小双喜很小就每天跟着母亲摸黑起大早到家附近的广济寺粥厂，排队等着打粥。经常是从凌晨三四点等到早上6点，一人能轮上一勺，粥稀得能照见人影儿。那时候北京有歌谣专门说打粥：

火车一拉鼻儿，

粥厂就开门儿,

小孩儿给一点儿,

老头儿给粥皮儿,

擦胭脂抹粉儿的给一盆儿。[10]

按这个"施粥原则",想必那郎家能排队打上一勺照见人影儿的就算不错了。

"大杂院中的苦哥们儿,男的拉车,女的缝穷,孩子们捡煤核儿,夏天在土堆上拾西瓜皮啃,冬天全去赶粥厂。"《骆驼祥子》里这个场景说的几乎就是郎绍安童年时的家。只是郎家的男、女、小孩儿比书里写得更艰难。女的,原来那个性格开朗的乌氏终于病倒了,得了肺病。小孩儿,哥哥就因为在土堆里捡东西吃,后来闹肚子死了,小双喜自己不仅要捡煤核儿,"凡儿童力所能及的事"全都得干。

儿童"力所能及"的事

家里虽苦还是让我上学去了。希望我成为一个读书识字的人。我三岁时搬入纱络胡同,五岁时父亲把我送到茶叶胡同一家私塾念书。我的老师姓廉,他教了我三年,从《三字经》《百家姓》《千字文》到《论语》《大学》我都背得滚瓜烂熟。那时候,先生只让死背书,不教写字。所以我嘴上能念,会背,眼睛看着字可不认得,更不会写。八岁时搬入南顺城街阜成门里,又进入官学堂学习二年,九岁时搬入横四条。后来,母亲病倒了。[11]

我四十二岁的母亲不幸患了当时的不治之症——肺病。那时候没钱医治，我们都还小，白天全靠姐姐侍候母亲。我们常常一整天没饭吃。母亲病得难受也只能喝口冷水，要等父亲晚上拉车挣回来钱才能买点东西吃。熬了一年多，母亲在贫病中故去了。我白起了吉利的名字，也不能带来喜庆的日子。母亲去世以后，我家生活愈加艰难，我失学了。[12]

为了帮助父亲维持家庭生活，我不得不去做小买卖，白天卖臭豆腐，夜晚卖半空儿。走街串巷、捡煤核儿、拾破烂、打执事，凡儿童力所能及的事，我都干过。[13]

——郎绍安

郎绍安童年时的北京有点儿城头变幻大王旗的意思，1912年到1924年，大总统从孙中山到袁世凯、黎元洪、冯国璋、徐世昌，又到黎元洪、曹锟、段祺瑞，折腾了七回，皖、直、奉等各系军阀来去了四拨，这还没算张勋闹复辟的12天。张恨水曾说袁、段、黎等全是"月老"，取误尽苍生之意。[14]水先生幽默。被误的苍生之一郎家，此时又遭变故。缝穷的母亲因患肺病去世，丧事办没办？怎么办的？不知道，就知道郎家的孩子从此辍了学，上了街，在别人家的白事上打起了执事。

执事就是仪仗，红白事上都用得到。"打执事的大多是十几岁失学的儿童，打一次执事，可挣几吊钱维持生活。他们单有头儿担任组织者，遇有红白事，由头儿召集打执事的少年，及时去打执事，不得误场。"[15]在迎亲的队伍里举着金瓜钺斧、对扇、对金灯，在出殡的行列中捧着古玩、衣帽，左一声"啊"右一声"唉"喊着"助哭"[16]的时候，小双喜一定想不到，此时的自己若干年后会走进自己捏的最重要的作品之一——《红白喜事》里。红白喜事的题材郎绍安捏过很多次,仅白事就捏过虎妞出殡、孙中山出殡等,都是从几十人到上百人组成的大场面。这是后话,眼前,小双喜为了吃饭养家,要做的事儿还很多。

  去赶丧事打执事,一天挣三毛钱。早上先给一毛五,晚上把执事交回再给一毛五。这比捡破烂强,可是办丧事的不是天天有,饭却得天天吃。肚子就还是老不饱。
  下雨天,我就向亲戚家借点钱买豌豆,煮熟了卖。戴着破草帽,淋着蹚着雨,吆喝着"牛筋的豌豆……"听哪户有要买的,赶紧挎着篮子进去。人家雨天不出门就可以给小孩买点零吃的,我可要泥泥水水湿个透才能挣出饭来。下雪天,我到臭豆腐王那儿买些臭豆腐回来零卖。我穿着旧棉袄,破棉鞋,露着肉,露着脚,在雪地里走着,叫卖着。手脚都冻木了。有时候要小便都解不开裤子,尿了裤子都冻上冰了,还得沿街跑着,有人买赶紧去。唉!穷人家的孩子呀,愈是坏天气愈要挣扎着赶买卖。闷热的天,我就去卖茶水给拉车的人喝。一个铜子一大碗。这样又过了一年,那时候我们住在宫门口横四条三清观里。[17]

——郎绍安

  这就是10岁出头儿的郎双喜,整日走街串巷,捡煤核儿、拾破烂;白天卖豌豆,夜晚卖半空儿;夏天卖冰核儿[18]、大碗茶,冬天卖水萝卜、臭豆腐。
  1920年前后的北京城,坐在屋里,听着胡同中小贩的吆喝声就能知时辰、识四季。"萝卜赛梨哎,辣了换","半空儿啦多给,空儿啦一大捧",当卖"心儿里美"和半空儿的吆喝声传来,"哨子风"(西北风)再一起,就知道冬夜来了。

水萝卜、半空儿都是小本儿买卖。水萝卜据说能治头痛吸毒气,正好在冬天烧煤球的屋里吃[19]。半空儿[20],就是瘪花生,多穷家孩子在卖。民俗专家翟鸿起在1991年写的书里感慨"街市上已有五十年没见过半空儿啦"[21]。这个到今天消失了80年的东西,曾是《城南旧事》中小英子林海音下学路上的挚爱[22],曾是梁实秋冬夜里"远在白胖花生之上"[23]的回忆。多少年后,身在台湾的老北京陈鸿年说起冬境天围着半空儿享天伦的一家,那往来应答,清晰得好像就在昨晚:

傍着九点来钟,胡同里必然传来一嗓子:半空儿,多给,或是:萝卜啊!赛梨哦!辣了,来换!刚会说话的小孙子说了:奶奶!吃半空儿!在外间屋,假装用功的学生也炸窝了!爷爷!买点半空儿吃嘛!老太太破钞了:去!老大买去!外头屋,两大枚半空儿,一个萝卜。内间屋,照样也来一份,分两回买,叫他多给点!半大孩子的童男子儿的嗓子,在院子里,还没开街门,就嚷开了:卖半空儿的!过来!卖萝卜的!挑过来![24]

挎着篮子的郎双喜多少次这样被叫住?不大工夫儿,隔着街门,院子里头的那个半大小子"大棉袄的大襟,兜着一大包半空儿,上面还放着两个大萝卜,到了屋……每人分两块萝卜,一把半空儿,一边聊着,一边吃着,这个乐子……"这个乐子是街门外边那个半大小子见不着的，收好几大枚，小双喜心里盘算着再卖多少才够一顿窝窝头……

"哩来喂咳！冰核儿来咳！"夏天了，那个十来岁的孩子还在胡同里转悠着吆喝着，篮子里的半空儿换成了冰核儿。冰核儿就是从大冰块儿上凿下来的小冰块，算一种夏日冷食。更好的冷食是酸梅汤，凡没钱从打冰盏儿的[25]那儿买酸梅汤的就只好买冰核儿，穷孩子买，更穷的孩子卖。侯宝林说小时候"用三个大铜板到冰窖去买一大块冰，请冰窖的人拿冰镩把冰破成两块，我挑一副担子，前边搁半块，后边搁半块……三大枚的成本最少也能卖六大枚，赚一倍"[26]。

卖冰核儿得来回转悠，紧着吆喝，那调子打小儿吆喝过的人侯宝林说"有意思，声音很好听，事隔五十多年了，没忘"，打小儿听过的翁偶虹说"有心人闻此货声，恻然兴民蔽时艰之思，不觉其声之婉，而感其声之凄"[27]。于郎双喜，多卖点儿才是硬道理，"天气热，生意就好；天气凉，生意就差。要是下雨天，就苦了我了，卖不出去，家里没饭吃"。侯宝林这话想必郎双喜也说得出。俩人儿一个住护国寺附近，一个住白塔寺附近，不远，现在话，按走路算也是在半小时生活圈儿之内，真没准儿去过同一个冰窖呢。后来，卖冰核儿的也成了郎绍安手中的小面人儿。

恒善社当学徒，哭没有用

总这么做小买卖也不是办法，还是得学个手艺有一技之长。"十一岁后，经别人介绍，我到宫门口头条恒善社当学徒。在纸作科折页子、做信纸、信封。"

郎绍安说的这个恒善社应该是恒善社第六家庭工厂。福建恒善社是1911年陈梁开办的慈善组织，北京总社在太仆寺街，天津、上海、福州、汉口等地都有分社。在北京有若干家庭工厂，织袜、绣花、纸作等。纸作，三百六十行里有这一行，其中专做公事折卷的有折卷作坊，专做各种信封、信纸的是贴套作，手艺颇为精巧。[28]

白天累一天，到晚上睡下之后，别的学徒们淘气互相打闹，我只顾睡我的。有一个晚上，听到打闹声，管事的先生来了，他们说是我闹起来的，管事的不问青红皂白把我从被窝里揪出来就打。我睡着了糊里糊涂挨了一顿揍。那个孩子又去告诉管事的先生，说我骂管事先生了。管事的又气冲冲地把我毒打一顿，并扔到八仙桌底下，直到打昏过去才停手。我醒过来，浑身疼痛，遍体鳞伤。哭也没人理。我才明白，我是被扔进空屋子里了。这个地方实在待不下去。趁天不亮，我忍着伤疼跳过墙去逃走了。当时我们家住在北营房。我回到家里也还是没法生活……想起了病故的母亲、哥哥和姐姐，不禁哭了起来。

记得母亲病着的时候，我和哥哥玩布球，扔来扔去，布球由纸窗户上弹进了屋里，把病重的母亲的头上砸了个包。母亲病得那么重，一个布球也禁不住了，可我和哥哥当时竟那么不懂事。母亲死了，我们没人管了。哥哥捡土堆里的东西吃，肚子饿顾不上脏净，可是吃出病来了。十一岁上哥哥竟这么死了。那个伺候母亲的姐姐在母亲死后也病倒了。她禁不住一再劳苦饥饿而得的病。没有钱，没饭吃，更谈不上治病，姐姐也死了。她死时才十九岁。[29]

——郎绍安

可是，哭没有用，还得想办法生活才成啊！

拉洋车学石印，不甘心的小孩儿

"十一岁后，我还学过石印，拉过洋车。"如果说做小买卖还勉强算是儿童力所能及的，那拉车也算吗？有一天，晚饭后，年轻的巴金匆匆跳上了一辆小孩拉的车：

我在车上坐定了，用安闲的眼光看车夫。我不觉吃了一惊。在我的眼前晃动着一个瘦小的背影。我的眼睛没有错。拉车的是一个小孩，我估计他的年纪还不到十四。

"小孩儿，你今年多少岁？"我问道。

"十五岁！"他很勇敢、很骄傲地回答，仿佛十五岁就达到成人的年龄了。他拉起车子向前飞跑。他全身都是劲。

"你拉车多久了？"我继续问他。

"半年多了。"小孩依旧骄傲地回答。

"你一天拉得到多少钱？"

"还了车租剩得下二十吊钱！"[30]

1918年1月《新青年》上有一首胡适写的白话诗《人力车夫》[31]，里面的小孩十三岁开始拉车，坐车的客人心里不落忍，可好心当不了饭。小双喜年龄还没十三呢，怎么拉的车，拉车挣多少钱？"没说过"，郎志丽说父亲不怎么说过去的事儿，除非话头儿赶上了就说几句，但学石印这段儿倒是讲过好几回，因为他还是想学手艺。

我十二岁的时候,天津来人到北京招收满族子弟,成立博爱工厂。那工厂经理,我们称他罗四爷。他待小孩很善良。我在那里学徒两年。第一年学提花,第二年学石印。学石印的那个师傅可凶极了,印新疆图时,要印七个色,印错了一个色,师傅就"啪"地打了我一个嘴巴,打得牙疼流血,痛哭半天没人理。[32]

——郎绍安

这里插句题外话,1923年,天津博爱印刷局印行过一本重要的大书《新疆图志》。这本书由王树楠等人总纂,宣统三年出过一版,因错误较多,后来由王国维等勘校,在博爱印刷局又出第二版。书中对地图绘制极为重视,"是书图志并重,不敢偏重于志而略于图"。天津博爱印刷局是否就是郎绍安说的天津博爱石印厂?而"印新疆图"是否和《新疆图志》有关?如果是,对地图印刷肯定要格外严格吧?只是非打即骂的师傅,终于一嘴巴扇走了郎双喜,但又也许,没有这一巴掌,小双喜可能会安心地学石印,也就不会有后来的面人郎。当然,一个十二三岁的小孩肯定知道不了那么多,此时,他只是一心想逃跑。

我们三个当徒弟的,都只有十二三岁吧,实在受不住了,商量好了,夜里跳墙走。先从院里扔出被褥,然后人再一个一个地爬出去。三个孩子在天津举目无亲,怎么办呢,就把衣服什么的卖给打鼓的[33],凑了点儿钱买车票回北京。我们都是小孩,在新车站只打了半票,下午四点火车到了东便门,哪晓得这时从车底下钻上一个人,也许是铁路上的人吧,可是旧社会的铁路上坏人也不少啊!他看了我们的车票，说：不行，你们怎么打的半票呢？一下子就把我们带到车站上去了。车站屋里坐着一个人对我们拍起了桌子，作好作歹（一会装好人一会又满脸凶气）的要扣行李、罚款。我们省吃俭用攒下的十吊钱也被他们蒙骗去了。可怜我的同伴一个姓荣的连脸盆、被褥、肥皂盒、破皮鞋都让他们扣下了，结果我们还是从东便门被撵下了车！就这样，我两手空空地由东便门步行回到横四条三清观的家。我们家里的生活仍是很困难，我一时也不知道做什么好……[34]

——郎绍安

出了东便门火车站，小双喜沿着京奉铁路继续往西走，身后，东便门城楼和箭楼渐渐隐在夕阳中。下一站就是正阳门火车站，那里是多少文人笔下刚进北京一下车就被迷住的地方，但郎双喜应该没心思看。从东便门到阜成门内横四条三清观的家，20里地，从东南到西北，穿了整个北京城，他想的只有一件事——该做什么好？

出了嫁的表姑给了我父亲一块钱，他拿五毛钱买了一个竹篮子、一个小盆和一个小盖儿，剩下的五毛钱，是来点王致和的臭豆腐沿街叫卖，夏天还卖冰核儿，冬天夜晚卖半空儿。

——郎志丽

两次学手艺失败后，郎双喜重操旧业，继续做着小买卖，但他不甘心。"那时很想学点儿手艺，但无钱置办简单工具，因此十分苦恼"[35]，直到后来在白塔寺偶然看见一个捏面人儿的手艺人……

注释

[1]郎志丽提起父亲走街串巷做小买卖,再到后来去卖面人儿,用的都是"下街"一词。

[2]金醉:《北洋夜行记》,长江文艺出版社2017年版,第428页。

[3]郎绍安口述:《面人郎自传》,1979年,金静文整理。

[4]王隐菊、田光远、金应元编著:《旧都三百六十行》,北京旅游出版社1986年版,第8页。

[5]参见〔瑞典〕喜仁龙:《北京的城墙与城门》,邓可译,北京联合出版公司2017年版,第118页。

[6]郎绍安口述:《面人郎自传》。

[7]《八大改行》,传统相声,最初由清末钟子良创作,后曾由侯宝林整理演出,内容因时间不同,里面改行的名家也有所不同。

[8]《缝穷婆》,词曲许如辉,1920年代流行歌曲。

[9]郎绍安口述:《面人郎自传》。

[10]赵晓阳编:《旧京歌谣》,北京图书馆出版社2006年版,第56页。

[11]郎绍安口述:《面人郎自传》。

[12]郎绍安口述:《我的一生》,1992年,记录者佚名。

[13]郎绍安口述,郎志丽、冯国定、张子和执笔:《我的面塑艺术生涯》,载中国人民政治协商会议北京市委员会文史资料研究委员会编:《文史资料选编》第十六辑,北京出版社1983年版,第234—246页。

[14]张恨水:《小月旦》,时代文艺出版社2015年版,第154页。

[15]王隐菊、田光远、金应元编著:《旧都三百六十行》,第29页。

[16]旧时出殡行列中专门有小孩组成的队伍,叫小拿,8对到24对不等,小拿手拿死者生前喜爱之物,边走边喊,左排喊"啊",右排喊"唉",俗称"助哭"。参考自常人春:《老北京的风俗》,北京燕山出版社1990年版,

第 332 页。

［17］郎绍安口述：《面人郎自传》。

［18］冰核（hú）儿：昔年无人造冰，天然冰取于什刹海及运河，冬日窖之，六月出售。贫家小儿，群集冰窖之外，贩冰者遗落冰块，聚而拾之，盛以筐，串巷叫卖，价极廉，小儿辈喜食之。抄录自翁偶虹：《北京话旧》，百花文艺出版社 1985 年版，第 151 页。

［19］参见〔美〕萨莫尔·维克多·康斯坦：《京都叫卖图》，陶立译，北京图书馆出版社 1994 年版，第 108 页。

［20］"半空儿"就是花生筛选后，剔出来的小、瘪花生，炒货铺成批买来，炒熟后，批卖给小贩。冬季晚间，小贩下街叫卖。半空儿售价便宜，相当于花生价格的三分之一，平民人家，花少许钱，可买一堆，供一家人消磨时光。抄录自翟鸿起：《老北京的街头巷尾》，中国书店 2001 年版。

［21］翟鸿起：《老北京的街头巷尾》，中国书店 1997 年版，第 56 页。

［22］林海音：《生命的风铃》，载刘喜峰、曲铁夫、李英荔、戴正光、张凌波编著：《名人忆童年·中国卷》，哈尔滨出版社 2000 年版，第 456 页。

［23］梁实秋：《雅舍小品》，陕西师范大学出版总社有限公司 2011 年版，第三章"老饕漫笔"，北平的零食小贩中说半空儿"炒焦了之后，其味特香，远在白胖的花生之上"。

［24］陈鸿年：《北平风物》，九州出版社 2016 年版，第 389 页。

［25］打冰盏儿的：小贩手拿两个小铜盏叠一起一敲，叮当声清脆，一听就是卖酸梅汤的来了。

［26］侯宝林：《我的童年》，载刘喜峰、曲铁夫、李英荔、戴正光、张凌波编著：《名人忆童年·中国卷》，哈尔滨出版社 2000 年版，第 220 页。

［27］翁偶虹：《北京话旧》，第 151 页。

［28］参考自齐如山：《北京三百六十行》，中华书局 2015 年版，第

114—115页。

［29］郎绍安口述：《面人郎自传》。

［30］巴金：《一个车夫》，载姜德明编：《北京乎》(上)，生活·读书·新知三联书店1992年版，第240页。

［31］此诗最早发表于1918年1月15日的《新青年》(第4卷第1号)上，后来收入我国第一本白话诗集《尝试集》中。

《人力车夫》胡适

"车子！车子！"

车来如飞。

客看车夫，忽然心中酸悲。

客问车夫："今年几岁？拉车拉了多少时？"

车夫答客："今年十六，拉过三年车了，你老别多疑。"

客告车夫："你年纪太小，我不能坐你车，我坐你车，我心中惨凄。"

车夫告客："我半日没有生意，又寒又饥，

你老的好心肠，饱不了我的饿肚皮，

我年纪小拉车，警察还不管，你老又是谁？"

客人点头上车，说："拉到内务部西！"

［32］郎绍安口述：《面人郎自传》。

［33］旧时收购旧货的商贩，因一手持小鼓，一手拿藤子当小棍边走边敲，所以叫打小鼓的。

［34］综合自冰心：《"面人郎"访问记》，郎绍安口述：《我的一生》《面人郎自传》。

［35］郎绍安口述：《我的面塑艺术生涯》。

04　白塔寺偶遇面人儿摊

从天津学石印不成"逃"回北京后，郎双喜继续他的小买卖，满胡同地卖半空儿、卖臭豆腐。他想学手艺，跑三百里地以外绕了一大圈，没想到该着他学的手艺远在天边、近在眼前，离他还不到三百步。

面疙瘩变小人儿

一天我父亲做小买卖来到了白塔寺庙会，看见在茶叶铺门口儿围着很多人，里面有一个捏面人儿的，几个小孩儿看着新鲜，我父亲也凑了过去。只见捏面人儿的师傅揪了几个疙瘩面，有红色、黑色、黄色，在手里一搓成了彩色条，又一对折，粗的地方一揪就变成一个尖嘴，两边各安个黑面球，再用俩手指一按，两只眼睛出来了，嘴上边再按个红冠子，一只可爱的小公鸡就出现在人们面前了。

——郎志丽

我对他的面人儿很感兴趣，看上了瘾，肚子也不饿了，站在旁边一看就是一天。看他手里揉着一团一团的带颜色的面，手指头灵活极啦，捏什么像什么，什么小公鸡啦，老寿星啦，都像活的一样！[1]我瞅见他捏着捏着，不知不觉就挑起鼻子、挑出眼睛，这么一做成了个女人,那么一挑又成了个老太太或胖娃娃。面人儿有各种姿势,脸上还有表情:有的笑,有的哭,有的瘪着嘴。我看得入了迷,一天也舍不得离开。[2] 时间长了,只要捏面人儿的师傅拿起工具,色面还在手上揉搓着,我就能猜出他要捏什么。[3]

——郎绍安

自打那天在白塔寺茶叶铺门口碰见那个捏面人儿的,双喜心里再也放不下,"晚上回家瞎琢磨,连睡觉也梦见了捏面人儿"[4],第二天就又到庙会上找。

白塔寺庙会不是每天有,每月逢五逢六、十五十六、二十五二十六开,1922年以前按阴历算,从1922年改阳历,正是双喜遇上面人儿摊子那前后。庙会也不光在庙里面,热闹的时候延伸到庙门前,东西两边的大街上。"清末民初,庙会期间东起马市桥,西至宫门口西岔,吃食、耍货(儿童玩具)等地摊儿和肩挑小贩聚集在马路两旁。宫门口迤西路北有十几家估衣铺在门前设摊儿吆喝卖货,游人驻足围观,往往挤得水泄不通。"[5]

双喜挎着篮子一早出了横四条三清观的家,白塔寺就在东边,在胡同里就能看见那个圆顶子。走路不过10分钟——从横四条往南五十余步进二条,往东六十步南拐,进象鼻子,穿过这个仅六十步长的胡同,进头条,一直奔东,到头就是宫门口西岔,往南几步路,从西岔一出来,双喜就扎进了人群中。沿着阜成门内大街向东,挤过估衣铺子,穿过吃食、耍货摊儿,白塔寺庙门前,是卖大挂山里红的,卖小花篮儿的,再往东一点,到了景泰轩茶叶店[6],昨天在这儿遇见的那个捏面人儿的师傅哪儿去了?

邻居面人赵[7]

这个捏面人儿的应该是去拉车了,他就是日后大名鼎鼎的面人大王——赵阔明。最开始郎双喜还不知道,自己和面人大王其实是邻居,"我们家住横四条25号,赵家住22号,一条胡同"[8]。

赵阔明的身世和郎绍安相类似,满族,1900年生人,幼年丧父,读过私塾,民国后自谋生计,干过多种小买卖。十九岁时带着十八枚铜板步行去天津,在天津街头遇见了捏面人儿的韩亮英,磕头拜师。不成想手艺学了七个月,师傅就病重过世,临闭眼前,捏了一辈子面人儿、穷困潦倒的韩亮英拉着赵阔明的手,嘱咐他赶快学别的手艺:"这行不能干,会饿死人的。"

葬了师傅,赵阔明还是想捏面人儿。回到北京,凭着半截子手艺挣不来钱,他只好去拉洋车,边拉车边看边琢磨,看街上男女老少的一举一动,晚上再回去捏……就这样,几年后,当他二十岁出头儿遇到小双喜时,已是小有名气的面人赵了。

从"偷学"到拜师

迷上面人儿的郎双喜开始只是偷偷学。他发现这个捏面人儿的师傅不下街卖面人儿的时候去拉洋车,而且家离自己特别近。于是有一天,他终于走进了那个师傅住的院子里,"悄悄走进窗子,透过薄薄的纱窗纸",看见油灯下,一个大哥在捏面人儿。从此,白天晚上,小双喜都追着这个捏面人儿的大哥看。

其实,这个邻居大哥赵阔明也留意到了这个总追着自己的小男孩。在他的记忆中，这个小孩只是看，却从来没买过，"囊中羞涩使他放弃了买一个面人儿玩儿的想法，只是这么看看，他就已经很满足了"[9]。可赵阔明不知道，他的面人儿，这小男孩可没少买。有心的双喜开始偷着学，"我攒下家里给我买吃的的钱，求别家小孩买面人儿，白天看他做，晚上回家照样捏。"

我总挨在他身边，替他做这做那，渴了，给他买水，饿了，帮他买饭。太阳晒了，就帮着搬东西挪地方，一刻也不肯闲下来。[10]

——郎绍安

时间长了，人家看这孩子挺好，老来老看，这么上心，还知道关心人。俩人就聊天，你喜欢这个吗？喜欢？赶明儿我教你，你住哪儿啊？

——郎志丽

他问我姓甚名谁，住在哪里。我就说了。他说"我也住在宫门口，怎么不认识你呢？"他自我介绍说，他姓赵，叫阔明，以捏面人儿为生。他还问我想不想学，我高兴极了，忙说："想学。"[11]

——郎绍安

这边一个特想学一个也愿意教，说得挺好，可家里那边，双喜的父亲只知道儿子每天去外面做小买卖，出去得越来越早，回来得越来越晚，挣的铜板反倒越来越少，很是奇怪。

我父亲上白塔寺，看见捏面人儿的，臭豆腐、半空儿也不卖了，就站人家旁边看。每天做小买卖的钱晚上都交给我爷爷，卖的多的时候还夸几句。可自从看面人儿后钱越来越少，一天晚上我爷爷问我爸，你这怎么一天都没卖出钱啊，生意不好也不能一点都没有啊？他就没卖啊。"我看见捏面人儿的，我就站那儿看来的。""人家在哪儿住啊？人家愿意教你吗？"问明白了。爷爷带着我爸，上我师爷家了。我爸是这么给我讲的。这要说半空儿、臭豆腐卖得好也引不出拜师学面人儿来。

——郎志丽

我父亲领着我到了赵家，叫我跪在地上给师傅磕头。我规规矩矩地磕了三个头，师傅受此三拜高兴得眉开眼笑，这就叫磕头认师傅。[12]

——郎绍安

师傅还年轻，徒弟十二三

从此，我同面人儿结下了不解之缘。师傅收下了我做徒弟，他也不富裕，得卖了面人儿才能换饭吃。我跟他学，帮他干事情，他管我一顿饭。我每天跟随师傅，或上街，或赶庙会，一边给师傅打下手，一边观摩师傅的精湛技艺。只见师傅不时地揪起各色的面团，揉、搓、捏、切，一眨眼的工夫，就成了一个栩栩如生的人物。我如进仙境，眼花缭乱，着了迷，慢慢地我就试着捏了起来。

我跟师傅学了一个多月，自己就能捏点东西出去哄小孩儿了。反正是粗活，什么小鸟啦，小兔啦，胖娃娃啦，不能说好，可是小孩说像说好就行了。一件卖一个大子儿的,一分钟能捏上一个,就够我生活了。

  我越做越有趣,在街上走道,看见人拿着东西就注意他怎么拿,看见两个人说话就注意他们脸上的表情。我去串门看见人家屋里有张画也要多看几眼。日子长了,我捏的面人儿表情姿势也足了。捏面人儿这种手艺,得常琢磨才有灵机。

  后来,师傅见我诚实,心地好,又肯学习,就认真教我栽眼珠子、挑鼻子等关键性的刀法,以及如何使一个呆板无神的脸变得又机灵又有生气。为了表现人物喜、怒、哀、乐的不同表情,我还牢记下几句口诀,叫作"要得笑,嘴角翘。喜笑颜开在眼神,愁眉苦脸在眉梢"。师傅的谆谆教诲,是我永远不能忘怀的。[13]

——郎绍安

  那时,师傅赵阔明岁数也不大,郎绍安也就比他小不到10岁。两人是师徒,也像兄弟。白天一起下街,晚上各自在油灯下琢磨手艺捏面人儿。

  我跟师傅学了三个月,白天给他背箱子,晚上自己试着捏。捏面人儿,走街串巷,是件很辛苦的活儿,但是师傅是个很风趣的人。我还记得在回家的路上,他叫我用手拍屁股、拍胸,要拍出点儿来,叫打屁股队,以此来消除疲劳,苦中作乐。[14]

——郎绍安

图 1　下街木箱子、大马扎（复制品）

"每天清晨，他们空着肚子"，背着小木箱、大马扎，"并排唱着歌，朝设摊儿目的地出发"，可能是白塔寺，也会往远处走，天桥、隆福寺……或者就在街边、大树下边、牌楼檐儿底下。"荒年饿不死手艺人"，这是师傅赵阔明挂在嘴边的话。尽管常常饿肚子，但师徒二人还是努力地教着、学着、卖着。面人儿卖得好不好凭手艺也随天气，天儿暖和生意就好点，天儿不好就差点儿。可好坏都发愁——生意差，就得拉洋车挣钱贴补着；生意好，有时候反而更麻烦，"闻风而来的地痞流氓开始在他们摆摊儿的地方惹是非，没有背景、无依无靠的师徒俩就一忍二逃三叩头……"[15]

这里面，世俗的白眼、流氓的欺凌和警棍的侮辱自不必说了。苦中取乐吧。可我捏得刚有点起色，师傅就走了，我只能自己硬着头皮捏下去。[16]

——郎绍安

"郎绍安承做面人坚固耐久"

没想到师傅突然去了天津，三个月的从师生活过去了，我父亲能捏一些简单的东西了，如猫呀、狗呀、小公鸡呀、胖娃娃等，便开始挣钱养家了。父亲学着师傅的样子也做了一个工具箱，背着上街去卖他捏的东西，还在箱子上做了一个铜牌，上刻十一个字"郎绍安承做面人坚固耐久"。

就这样他便开始自己走街串巷上厂甸赶庙会了，古老的北京，他都走遍了。此时他的面塑艺术已有了长进，从开始遇到订货还是一头雾水，到后来已能捏古装仕女了，还能捏京剧人物。一个十二三岁的孩子养活全家五口人。

——郎志丽

在北京卖了一阵子，我又去了天津谋生。就这样一边卖一边学，一年多的功夫，我就会捏戏文了，什么二进宫啦，三娘教子啦……那时候师傅不在身边，我只好自己买些香烟盒里有戏文的洋画儿（旧时有些香烟盒里夹着画片，俗称洋画儿，也叫烟画），照着来捏。可是洋画儿戏文只有一场，不够生动，我想捏戏中人物的每一个动作，我就开始去听戏,又没有钱,买不了前排的座位,只好在后边远远地看吧,看完回来,回忆,揣摩戏中人的种种神情动作,常常一夜一夜地睡不着觉……[17]

——郎绍安

郎志丽说父亲原来叫郎双喜,郎绍安这个名字不记得是什么时候正式开始用的。但至少,从"郎绍安"这三个字刻上铜牌钉在工具箱上的那一刻,那个做小买卖的小双喜就不见了。从此,白塔寺前,阜成门内大街上,北京的各大庙会里,就多了一个捏面人儿的手艺人——郎绍安。

注释

[1]郎绍安口述:《面人郎自传》,1979年,金静文整理。

[2]郎绍安:《我一定好好学习,多捏新样式的面人》,《北京日报》1955年4月17日。

[3]郎绍安口述,郎志丽、冯国定、张子和执笔:《我的面塑艺术生涯》,载中国人民政治协商会议北京市委员会文史资料研究委员会编:《文史资料选编》第十六辑,北京出版社1983年版,第234—246页。

[4]郎绍安:《我一定好好学习,多捏新样式的面人》。

[5]常人春:《老北京的风俗》,北京燕山出版社1990年版,第17页。

[6]地图参考自侯仁之主编:《北京历史地图集》人文社会卷,文津出版社2013年版。

[7]赵阔明(1900—1980),满族,1910年代天津学艺,拜师韩亮英;1920年代北平收徒,大弟子郎绍安;1930年代上海成名,经粉人潘——潘

树华指点，吸取泥人精华，创立海派面塑，成为面人大王。参考自陈凯峰：《沪上奇葩：海派面塑》，中州古籍出版社2017年版。

[8] 住22号还是12号，郎志丽在回忆此处时记不准了。

[9] 参考自陈凯峰：《沪上奇葩：海派面塑》。

[10] 郎绍安口述：《面人郎自传》。

[11] 冰心：《"面人郎"访问记》，1957年。

[12] 郎绍安口述：《我的一生》，1992年，记录者佚名。

[13] 综合自冰心：《"面人郎"访问记》，郎绍安口述：《面人郎自传》《我的面塑艺术生涯》。

[14] 郎绍安口述：《我的一生》。

[15] 陈凯峰：《沪上奇葩：海派面塑》。

[16] 郎绍安口述：《我的一生》。

[17] 综合自冰心：《"面人郎"访问记》，郎绍安口述：《我的一生》。

05　人杰地灵阜成门

老舍在《想北平》里说,"设若让我写一本小说,以北平作背景,我不至于害怕,因为我可以捡着我知道的写,而躲开我所不知道的"[1],又在《三年写作自述》里说"那里的人、事、风景、味道和卖酸梅汤、杏仁茶的声音,我全熟悉"。

对于写东西的人来说,那个让自己踏实的背景往往是自己从小生长的地方,再往小里说,就是某个街区、某几条胡同。比如,同样是北京,这个背景,于老舍是西直门里,北京城的西北角,"我的一切由此发生,我的性格是在这里铸成的"[2];于萧乾是东直门内,萧乾说他爸爸是管开东直门的,"所以北京城的东北角就是我早年的世界","我认识世界就从那里开始的"[3];于梁实秋,是东四牌楼,他说东四牌楼街面上的繁荣热闹要甚于西四。西四牌楼下的郎家父女不知是否同意这样的说法。

说面人郎,就一定得说阜成门内、白塔寺前。其一,这是郎绍安、郎志丽,两代面人郎出生、成长、下街做小买卖卖面人儿的地方。其二,反复揉捏在郎氏父女指间的是老北京的人、老北京的戏、老北京的街头、老北京的风俗……所有这些作品倚着的就是西四牌楼、白塔寺、阜成门、阜成门内大街和她南北两侧的一条条小胡同……

我去年（2018年）中风后，恢复的时候，医生让多活动活动，我想，上哪儿活动啊，跟闺女说："走，陪我上宫门口转转吧，找找横四条、针线胡同……看看过去的老地方老房子。"结果到了全不认识了。

——郎志丽

宫门口横四条是郎老太太的出生地，在白塔寺西边，阜成门内大街路北。郎家不知搬过多少次，但打清朝入关起就没离开过阜成门内大街南北两侧的那些个小胡同。那些小胡同，郎家人闭着眼都能走，但2018年回去郎老太太却不认识了。2019年1月，我也专门去找横四条、针线胡同，费了点劲，其实胡同还在，只是改了名字。因为挨着鲁迅纪念馆，这一带成了胡同文化保护区。可郎绍安的出生地大喜鹊胡同早没了，在2003年就已经成了金融街上的新盛大厦。我曾和郎老太太开玩笑说：把您放清朝，就是放明朝您都肯定不能迷了路。

摊开侯仁之总编的《北京历史地图集》[4]，找到三张地图，明万历二十一年（1593年）、清宣统年间（1909—1911年，郎绍安出生前后）、民国三十六年（1947年，郎志丽五岁时），阜成门内大街的街巷、名称，基本没什么变化，横四条、针线胡同、大喜鹊胡同……全在上面呢。

翻开瑞典人喜仁龙在1924年写的《北京的城墙和城门》："扑朔迷离的城市，里面充满了使人惊叹的古迹……在往往不像街道的胡同里面，就隐匿着古老建筑或其他濒于毁灭的古迹……这些反映旧时盛况的潜藏起来的遗迹有待发掘，普通路人看不见它们……"[5]

1924年，正是郎绍安背着箱子下街卖面人儿的开始，他就是从这样的胡同里开始走，走在那首旧京歌谣里传唱的街巷中。

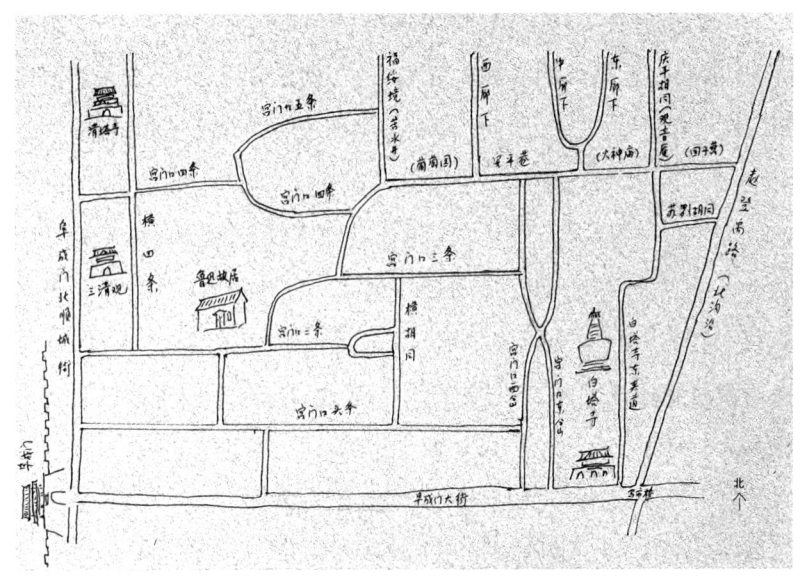

图2　1949年前北京阜成门白塔寺一带手绘地图

宫门口横四条三清观就是郎绍安的居住地，郎志丽的出生地。吴延佳绘制。

平则门拉大弓

平则门，拉大弓，过去就是朝天宫。

朝天宫，写大字，过去就是白塔寺。

白塔寺，挂红袍，过去就是马市桥。

马市桥，跳三跳，过去就是帝王庙。

帝王庙，摇葫芦，过去就是四牌楼。

四牌楼东，四牌楼西，四牌楼底下卖估衣。

……[6]

这歌谣郎志丽也会说，旧时每个城门附近都有这么一首"地理图"。这首说的是阜成门。"平则门"，就是阜成门，元代的称呼，郎志丽小时候还听人这么叫，中间的"则"字一定要念轻声。"拉大弓"，郎家住了30年的横四条北边一点儿就是东西工匠营，明朝做弓箭的作坊在那里。"朝天宫"，明代最大的道观，烧毁300多年了，郎老太太心心念念的宫门口，就是朝天宫的大门口。"写大字"，据说清代这里有个茶馆叫天禄轩，里面坐着些代写书信楹联的抄书先生。这个不可考，但再"过去就是白塔寺"，《金粉世家》就是以在白塔寺前写春联的女子冷清秋开篇的，有张恨水先生为证。白塔寺前，郎绍安遇见师傅迷上了小面人儿，四牌楼下，师徒二人摆过面人儿摊儿。中间经过帝王庙，"帝王庙，摇葫芦"，摇也写作绕，有皇帝的时候，历代帝王庙前，东西两侧的牌楼不能随便过，官员得下马，平民百姓得绕着走，走门前大影壁后的两个葫芦门。那两个横跨阜成门内大街写着景德街的大牌楼，梁思成说真精致，站在底下向西可见阜成门，晴天时还可见西山，夕阳时最美。郎氏父女可曾这样回望过？

从平则门到白塔寺到马市桥过帝王庙再到四牌楼，自西向东，说的都是阜成门内大街，这条街郎绍安一家三代一天得走多少回？从郎绍安的父亲拉排子车、卖豆浆，到他自己挎着篮子做小买卖，从跟着师傅捏着面人儿唱着歌，到独自背着箱子拿着马扎卖面人儿，再到成家生子带着闺女下街……

歌谣里唱的是地名儿，地名连接的是胡同，传说藏在胡同里，胡同里住着传奇的人。跟着童谣，也跟着郎家人，走走看，沿着阜成门内大街从西到东，从早到晚，从郎绍安迷上小面人儿到郎志丽拿起小面团，看看人杰地灵的阜成门。

黎明，当第一个旅客赶着大车或小骡车踏上漫长的旅途时，厚重的木城门就被缓缓推开……渐渐地，进城的乡下人越来越多，有的推着小车，有的肩挑颤巍巍的扁担，两头摇曳着盛满农产品的筐子……[7]

立于城头之上的士兵吹响尖厉的军号，向街上瑟缩的人们宣告，民国十一年的又一个劳碌的日子开始了。[8]

民国十一年的阜成门还是乾隆五十二年时的样子，三层歇山顶的城楼、四层箭窗的箭楼，绿琉璃的屋脊、灰色的瓦。城楼与箭楼中间围的是瓮城，宽74米、深65米，瓮城东北角有一个小小的关帝庙，其他大部分地方是煤栈和缸瓦铺。从瓮城里看城楼，城楼下方正中，门洞上方门楣上嵌着一石匾，自右向左刻着三个字"阜成门"。1910年代，拉排子车的郎成泰也许在瓮城里那棵大桑树下等过生意歇过脚；1940年代，郎志丽的妈妈每隔三四天就会拉着白薯从这里进出城，不到十岁的郎志丽一大早就从这里出城去早市捡菜叶子。

从阜成门三个字下面的门洞穿过来，一条大街向东延伸——阜成门内大街。这条大街，古迹多、传说多、名人多、故事多，看得见的看不见的都有。人杰地灵。

人杰地灵

地灵，自西向东，白塔寺、历代帝王庙、广济寺、西四牌楼，往南拐有砖塔，往北拐有护国寺，这些看得见的、都知道的自不必说，单说两处看不见的：阜成门内大街路南路北各一处。路南，追贼胡同口,有北京唯一一处敕建土地庙;路北,有早已被烧毁的明代最大道观朝天宫。追贼胡同,传说明末的李自成刚进城就遇上了显灵的关羽关圣人拦住去路,没办法就一往南,躲进了这条小胡同。[9]后来,郎家父女多次捏关公,有没有想到这一节?朝天宫,虽然明代就被烧毁了,但宫门口、西廊下、东廊下的地名留下了,据说《红楼梦》里,跟凤姐儿讨差事的那个西廊下的芸哥儿就住在那儿。郎家曾住过的针线胡同就在宫门口西岔里,父女坐在屋里捏凤姐时,知不知道有个"老邻居"?

人杰,只说郎家住过的地方附近的人。阜成门内大街南北两边的胡同,郎绍安、郎志丽住过的有:路南——大喜鹊胡同、北太常;路北——横四条、针线胡同、纱络胡同、后坑、前罗圈。郎绍安的出生地,大喜鹊胡同附近,东边,顺城王府,穷顺王的家,1920年代以后成了张作霖、张学良的大帅府;再往东,三道栅栏6号,1920年代齐白石的家。从那儿往北,砖塔胡同,1910年代住着辜鸿铭,1920年代有鲁迅,1950年代以后有张恨水。再往北,羊肉胡同1910年代住着冯公度[10],西四牌楼西南角的同和居牌匾就是他的字。郎志丽住的北太常,北边,后泥湾里有蒋兆和,兵马司里有萧龙友,南边南宽街1940年代有马连良、跨车胡同1926年以后有齐白石。郎绍安小时候住过的纱络胡同,南边有翠花街,1930年代有赵四小姐和张学良的小公馆;再往南茶叶胡同,郎绍安在那儿上私塾,东边,石老娘胡同住着隐居的教育总长傅增湘,往南,报子胡同里1937年后有程砚秋[11],再往南,驴肉胡同,陈寅恪的家。郎家还住过后坑、前罗圈,后坑附近有梁漱溟,前罗圈附近小杨家胡同有老舍、藕芽胡同有侯宝林,1950年代护国寺大街住着梅兰芳。最后,郎家住了30

多年的地方，郎志丽的出生地横四条，离鲁迅1924年亲自设计改建的小院——宫门口二条19号也就几百步。

当日的郎绍安背着面人儿箱，日日从鲁迅的门前过，遇没遇见不知道，但鲁迅《秋夜》[12]里说"在我的后园，可以看见墙外有两株树，一株是枣树，还有一株也是枣树"，名句中的那两棵枣树一定见过这个面人郎。这也算不得瞎扯，周汝昌说西单北边小石虎胡同里那棵600年的枣树"见过"曹雪芹。[13]黄宗江曾因为同学周汝昌说恭王府可能是大观园，自己又住在恭王府边上，就认定自己的住处是贾府仆人的下处，所以请俞平伯题词"焦大故居"。[14]那照此思路，把离西廊下不远，住针线胡同里爱捏《红楼梦》人物的郎家父女，叫作芸哥儿邻居也实不为过。

一个地方，可以瞎扯出这许多的人和事，这不正是生长在旧时北京胡同里的滋味吗？有了这样的滋味，才有了郎氏父女这样的人，这样的手艺，这样的面人儿。

揉出来的人与城

前边说人杰地灵，再瞎扯一句，张恨水在1929年说过："从前北京的马路，是秉着人杰地灵的例子办的。那胡同里住着阔人，那胡同就会修得整齐……譬如有了张宗昌住宅[15]，就修西单至西四的马路。"[16]这是讽刺，但同一篇文章里也说"北平的各胡同里，总不乏几个体面人家（指有知识）"，希望体面人家能为自己住的胡同做点什么。

其实不光是体面人，每一个住在胡同里的人，都在有意无意地影响着住的地方，同时又被住的地方影响着。城塑造了人，而城又何尝不是那里的人塑造的呢？正像林语堂在《老北京的精神》里所说的："多少代人通过自己的生活方式和创造成就给这个城市留下宝贵遗产，并把自己的性格融于整个城市。"[17]

想起《侠隐》里，美国医生马凯1910年代一开始就来北京，住了20年，到1930年代，别说回美国，南京都住不惯，因为他已经给"揉成了"一个北京人[18]。揉，揉面的揉，此一"揉"字，意味尽出！城揉出了人，人也揉出了城！郎氏面人儿指尖揉捏的是北京人北京事儿，捏面人儿的人何尝不是北京城给"揉成"的呢？而无论郎氏父女还是住在他们附近的写字的、画画的、唱戏的、做学问的、做小买卖的，他们的生活，他们写的东西，他们画的画，他们捏的玩意儿，正是他们创造的一切揉捏出了这个北京城。

注释

[1] 老舍：《想北平》，载陶亢德编：《北平一顾》，宇宙风社1936年版，第8页。

[2] 老舍：《小人物自述》，载舒乙选编：《老舍讲北京》，北京出版社2005年版，第112页。

[3] 萧乾：《老北京的小胡同》，载徐勇策划、程小玲主编：《胡同九十九》，北京出版社1996年版，第2页。

[4] 侯仁之主编：《北京历史地图集》人文社会卷，文津出版社2013年版。

[5]〔瑞典〕喜仁龙：《北京的城墙和城门》，许永全译，北京燕山出版社1985年版，第11页。

[6] 赵晓阳编：《旧京歌谣》，北京图书馆出版社2006年版，第88页。

[7]〔瑞典〕喜仁龙:《北京的城墙和城门》,第114页。

[8]〔瑞典〕喜仁龙:《北京的城墙和城门》,第12页。

[9]传说明末李自成刚刚进北京城,就遇上了关羽关老爷显圣拦住去路,急忙改道往南走,进了一条小胡同。后来发现这个关老爷是一个更夫叫王四,喝醉了,把附近关帝庙里香客供关公的穿戴披挂上,王四当然被杀了。等清顺治定天下后就把这胡同定名为追贼胡同,还给王四塑了像,建了座金甲土地庙,是京城唯一敕建土地庙,1950年代成了民宅。

[10]参考自北京燕山出版社编:《旧京人物与风情》,北京燕山出版社1996年版,第81页。

[11]参考自高巍:《试论西四北头条至八条的历史文化价值》,载北京西城区档案馆:《北京西城往事》第二部,2007年版。

[12]写于1924年9月15日北京,后收入鲁迅散文集《野草》中。

[13]魏谦:《两代文人与小石虎胡同》,载《西成往事》第二部。

[14]黄宗江:《胡同挽歌》,载《胡同九十九》,第25页。

[15]张宗昌住西四北石老娘胡同,今天西四北五条。

[16]张恨水:《小月旦》,时代文艺出版社2015年版,第193页。

[17]林语堂:《大城北京》,载《林语堂经典作品集》,中南博集天卷文化传媒有限公司2016年版,"壹 老北京的精神"。

[18]参见张北海:《侠隐》,上海人民出版社2018年版,"1.前门东站"。

06　深藏不露洋车夫

上一节说的是城，郎家住的地方，这节说说城里的人。

打 1920 年代就来到北京城的张恨水说："若写北平的人物，就以目前而论，由文艺到科学，由最崇高的学者到雕虫小技的绝世能手，这个城圈子里，也俯拾即是，要一一介绍，也是不可能。"[1] 但要按同一时期住在北京的蒋梦麟[2]的说法就简单多了——"除了美丽的宫殿和宫内园苑之外，我们第一印象是北京城内似乎只有两个阶级：拉人力车的和被人力车拉的"[3]。

按此分类法，那由最崇高的学者到身怀雕虫小技的绝世能手，不是拉车的就是被拉的。既然城圈子里的人物一一介绍不可能，那单说拉车的，也算是摸准了民国时北京城的脉。而本书的主人公郎绍安，是会"雕虫小技"的绝世能手，最喜欢捏的题材之一是拉洋车，同时，他自己就是拉车的人。

三分之一都是拉车的

人力车，1873 年从日本传入中国，所以在北京叫洋车。到了民国初年，洋车迅速发展，成了北京一景。1919 年，陈独秀说有打国外回来的朋友总结了北京的十大特色，第五条就是"十二三岁的小孩子,六十几岁的老头子,都上街拉车"[4]。郎氏父子都拉过车,当年十几岁的郎绍安,在会捏面人儿之前已经是"北京特色"了。[5]

拉车的是穷人,"北平人穷得无可奈何时只有两条路,一是不活了,二是上街拉车,穷人越多,拉车的越多"[6]。有多多?1927年,全市130万人,每25人中就有1位人力车夫;1936年,全市150万人,每15人中就有1人。家里指着拉车吃饭的人数就更多,1927年,每8人中有1人,1936年,每5人中就有1人。据1932年12月北平市社会局统计,当时全市有工作的人有26万多,而人力车夫就有8万。也就是说,北平市每3个有工作的人中,就有1个是拉车的。[7]

不知道这统计里包括不包括赵阔明、郎绍安这种兼职的。1920年代,像《骆驼祥子》里"人和车厂"那样的洋车厂,当时北京有八九十家,人力车近6万辆。据说以阜成门内大街路南"吉田车行"的黄色人力车最多,有250多辆,车厢后都印着"吉田车行制造"的字样[8],一街之隔,住阜成门内大街路北的郎绍安和师傅赵阔明也许就是在这儿赁的车。

谁也别小瞧了谁

在北京,千万别小瞧了拉车的。先抄录三个事:

其一,初冬某日,雨雪,安定门内酒缸(旧京指以大酒缸为桌儿的酒铺),一洋车夫披着破棉袄前来打酒,拿着的却是一个极精细的瓷碗,碗底有红印"鸳鸯社"字样。某酒客一见极惊,问:"您家的坟地在皂夹屯吗?"车夫答"是"。酒客叹曰:"纳兰氏后人一至于此乎!"原来"鸳鸯社"是大词人纳兰容若室名,纳兰家坟地就在皂夹屯。后酒客与车夫攀谈,证实车夫确为纳兰氏后人,那酒客是后来北京民俗大家金受申[9]。

其二,1920年代初,一个星期天,王府井大街上,齐白石和几位朋友从某书画店里出来,偶遇一拉车人,双方都吃了一惊。拉车的神情慌张,刚要躲避,齐白石大叫一声"还不过来,送我回家"。原来拉车人是日后的大画家李苦禅。那时他已考入国立北京美术学校油画系(即后来的国立北平艺专),并拜了齐白石为师,为了生活费才去拉洋车,躲着是因为怕丢了先生的脸。可齐白石告诉他:"丢谁的脸?我是当木工出身的,也算丢脸吗?都是凭力气吃饭,是正当的。"[10]

其三,1936年,宇宙风杂志社出过几期北平专刊,里面一篇《北京的洋车夫》中写:北平市的人力车夫"有的是北京时代的政客与前清的秀才举人,以及旗人的公子哥儿,为生活所迫,干这一行的。大多数人全认得字……他们常被发现在街头巷尾,停车路旁,十分潇洒地坐在车子水簸箕上,以小报作消遣,也许拿时局作为与雇主谈话的资料,这真不愧为北平号为'文化城'的特色"[11]。

以上三则也说出北平拉车的三个与众不同的特点:一、旗人多;二、认字儿的多;三、藏龙卧虎。这三条儿,赵阔

图3 《拉洋车》,郎绍安作品

明、郎绍安师徒二人都占全了，旗人，上过私塾，有面人儿的绝活儿。

如果说上面是个案，那再看几组数字：

旗人多。从当时人力车夫的构成看，以旗人为最多。"占到总数百分之二五，农民出身的百分之二四，工役出身的百分之一八，小贩出身的百分之一三，游手好闲的有百分之十，军人出身的百分之五，其余都是失业的一般工徒"[12]。拉车的四分之一都是旗人，据说其中身份最高的就得属大清国第十七位克勤郡王晏森了，当年《铁帽子王拉洋车》连人带照片上过1931年北平的报纸，轰动一时。

认字儿的多。据实业部1932年的调查，在北平市8万名人力车夫中，识字的3万6，占全体车夫的40%。而1930年代，据南京国民政府教育部估计，全中国人口中"除去既识字者约百分之二十，其不识字者约百分之八十"[13]。北平车夫的识字比例远远高于全国平均水平。

至于藏龙卧虎，拉车的人里面有家世不凡的，有身怀绝技的，但绝对不仅仅指这些个，更是指整个这个群体骨子里有种让人不能小瞧的美。

北京最大美点是拉车的人

林语堂说："北京最大的美点却是普通人，不是圣哲和教授们，而是拉人力车的人。从西城到颐和园去，距离大约五英里，每次车资大约一块钱，你也许认为这是低廉的劳力，那是对的，可是，那是没有怨言的劳力呢。你对于那些车夫们的愉快心情要感到奇怪的，他们一路互相滔滔不绝地笑和笑别人的倒运。或是晚上你回家时，有时你偶然碰到一个年老的车夫，穿着褴褛……如果你认为他年纪太老不好拉车了，想走下车来，他一定坚持拉你回家；可是如果你跳下来，却意外地把车钱全数照样给了他，那时他便要感激涕零地向你再三道谢了。"[14]

这种美在老向笔下是北京人特有的幽默："最教人难以索解的是，有时他向你报告沦为车夫的惨史，或是声明八口待哺，车费无着的当儿，还是用一种坐在茶馆品茶的闲适与幽默的口调！难得他们是怎么锻炼的！"[15]这种美在郑振铎笔下是青春涌动的荷尔蒙："走在大街上，如果遇见一位漂亮的姑娘或一位洋人在前面车上，碰巧，你的车夫也是一位年轻力健的小伙子，他们赛起车来，那可有点危险。""各地对人力车有不同的称呼，比如北平叫洋车，上海叫黄包车。在北平坐洋车你得注意："如果你是南人，叫一声黄包车，准保个个车夫都不理会你，那是一种侮辱（黄包，北音近于王八）。或酸溜溜的招呼道：人力车，他们也不会明白的。如果叫到'胶皮'，他们便知你是从天津来的，准得多抬些价。或索性洋气十足的，叫到'力克夏'，他们便也懂，但却只能以'毛'为单位的给车价了。"[16]

这个美还曾榨出过鲁迅"皮袍下的小"。上学时都读过的《一件小事》[17]中，当车夫搀着被碰倒的老女人一步一步走向巡警分驻所的时候，"他满身灰尘的后影，刹时高大了，而且愈走愈大，须仰视才见。而且他对于我，渐渐地又几乎变成一种威压，甚而至于榨出皮袍下面藏着的小来"。鲁迅说，那个车夫"叫我惭愧，催我自新，并增长我的勇气和希望"。

这是坐车人心里的拉车人，拉车人心里的自己呢？

拉车人心里的拉车人

最大的美下面往往是特别深的苦。拉车的人自己有歌谣:

一什么一,穷的没法拉胶皮
二什么二,就怕车厂子刨车份儿
三什么三,两三吊钱累一天
四什么四,巡警见了就发刺
五什么五,什么人没有拉车的苦
六什么六,不拉大兵就挨揍
七什么七,电车兴了拉谁去
八什么八,一家大小指着他
九什么九,不敢当兵走一走
十什么十,跳河投井有谁知[18]

这种苦,赵阔明、郎绍安都受过。

拉人力车是件苦活儿,北京城街上的大兵多,他们经常让拉车的跑很长的路却不给钱,稍有不如意便解开皮带连抽带打。赵阔明平日里看到这样的人都远远地躲着走,但也冷不防碰到过好几回。有一回,一个背着枪的胖大兵让赵阔明拉车从东交民巷跑到朝阳门外,为了少挨鞭子,他奋力跑了一路,却还是因为体力不支慢了下来,大兵马上暴跳如雷,解开皮带就抽,还不解气,又拿枪托砸。实在受不了,赵阔明就瞅准一条小胡同,趁大兵没留神,把车一丢,躲了进去。很久以后再出来,发现那车已经被大兵毁得不成样子了。车是租来的,回去好说歹说,车厂才同意继续把车租给他,还要赔上修车的钱。为了多拉几趟,别人拉一趟需要三个子儿,他就收两个,下暴雨别人不出车,他跑出去揽生意,三伏天烤得人喘不过气,三九天,拉车的手处处皲裂,血肉都粘在车把上……[19]

上面的事出自师傅赵阔明的回忆,看看郎绍安自己怎么说?

我舍不得扔下手艺,可是我十六岁了,人长大了,吃的也就多了,不能总饿肚子啊。没别的办法,只好一面捏人儿,一面拉车,对付着过。

有一天,我由西单到三家店拉个座。拉到五里屯的时候就拉不动了。那是冬天,拉车出白毛汗,汗都冻上冰。车座下车喝茶去了。可我浑身湿透又冷又累。等车座吃完饭,我也干干湿衣服。这时候,正巧遇见了熟人请我去吃煮疙瘩。饭还没吃到嘴,又有人叫车回阜成门。我赶紧拉上车,可是没走到八里庄就听说关城门了。搁车吧。城外店都住满了,只好把车放在店门外,我就坐在车里,挂上车帘,还露着半个身子在外边。天下着大雪,把车轮都埋上了。真冷呀!半夜里,巡逻的马队把我从昏迷中叫醒,代我叫开店门说:"给他找个地儿,不然要冻死他,住满了也得给挤个地方,不然就冻死了。"我这才进店去。店掌柜在地上的人堆儿里连蹬带踹的给我撑出了地方来。我侧身躺下了。身子累,想翻翻身,可一动就摞到别人身上去了。就这样将就了一夜。天刚亮,城门一开我就赶紧起来张罗拉车去了。

我拉车，路不熟，不知远近，不分早晚。凭着年轻，有力气，紧跑。很远的路跑一趟才挣一毛五。租车很贵，有时还租不到车。生活艰难，吃不饱，人又累，手艺也受影响。[20]

——郎绍安

郎绍安说因为拉车手艺受影响，但在他手里，拉洋车的内容捏过不知多少回，《摔虎妞》《厂甸归来》等都是他特别重要的作品。

打人力车在中国出现起，拉车的群体就太多次出现在文艺作品里：胡适早期的白话诗《人力车夫》；蒋兆和第一幅代表作《黄包车夫的家庭》；老舍家喻户晓的《骆驼祥子》……可拉车人自己把自己放在作品里的，郎绍安不说是绝无仅有，至少也是凤毛麟角。那双"处处皴裂"的拉车的手，捏出的拉车人却穿得永远那么精神，车收拾得永远那么利落。人，上身浅灰色对襟褂子，下穿扎着腿的缅裆裤，白袜子配黑色圆口千层底儿布鞋；车，黑油漆的车身，白色的雨棚，车轮子瓦圈钢条擦得锃亮，车座旁，一边一个明晃晃的黄铜电石灯。车上坐的姑娘也漂亮，深蓝的旗袍白色的高跟鞋。看那隐隐飘起的旗袍边儿，看拉车的小伙子边跑边朝旁边瞄的神态，透着种神气与不服，甭问，准和谁赛着呢……

无意把洋车夫的美做庸俗的浪漫化，无论是被拉的人在诗里、画里、散文里、小说里写的画的，还是拉车的人手中捏的。洋车夫无疑是旧时北京城里最苦的一群人，穷得没辙了才拉车。可也正因为穷和苦，他们身上那种美，那种利落、神气才更珍贵。

注释

[1]张恨水:《五月的北平》,载姜德明编:《北京乎》(下),生活·读书·新知三联书店1992年版,第773页。

[2]20世纪二三十年代,蒋梦麟在北京住了15年。

[3]蒋梦麟:《西潮·新潮:蒋梦麟回忆录》,新星出版社2016年版,西潮·第五部"中国生活面面观",第二十四章。

[4]陈独秀:《北京十大特色》,载姜德明编:《北京乎》(上),生活·读书·新知三联书店1992年版,第4页。

[5]详见本书"穷小子下街讨生活"一节。

[6]张恨水:《小月旦》,时代文艺出版社2015年版,第126页。

[7]参见杜丽红:《20世纪二三十年代北平的人力车夫》,文中数据引自李景汉:《北京拉车的苦工》,载《现代评论》1926年第3卷第62期。

[8]参见王隐菊、田光远、金应元编著:《旧都三百六十行》,北京旅游出版社1986年版,第10页。

[9]金启孮:《忆金受申》,载胡玉远主编:《燕都说故》,北京燕山出版社1996年版,第581页。

[10]周简段:《画坛旧事》,新星出版社2017年版,"轶闻趣事 李苦禅拉洋车"。

[11]吞吐:《北平的洋车夫》,载陶亢德编:《北平一顾》,宇宙风社1936年版,第165页。

[12]参见杜丽红:《20世纪二三十年代北平的人力车夫》。

[13]参见杜丽红:《20世纪二三十年代北平的人力车夫》。

[14]林语堂:《林语堂经典作品集》,中南博集天卷文化传媒有限公司2016年版,"爱与讽刺,动人的北京"。

[15]老向:《难认识的北平》,载《北京乎》(上),第295页。

[16] 郑振铎:《北平》,载《北京乎》(上),第259—260页。

[17] 鲁迅:《呐喊》。

[18] 赵晓阳编:《旧京歌谣》,北京图书馆出版社2006年版,第156页。

[19] 摘录自陈凯峰:《沪上奇葩:海派面塑》,中州古籍出版社2017年版,第27页,有删节。

[20] 郎绍安口述:《面人郎自传》,1979年,金静文整理。

07　咱们都是手艺人

说过了城，郎家住的北京城，也说了北京城里的人，这节说说郎家的面人儿手艺与京城手艺人。

有一艺之长而无憎人之貌

在《北平的四季》里，郁达夫说"在当时的北京——民国十一二年前后——上自军财阀政客名优起，中经学者名人，文士美女教育家，下而至于负贩拉车铺小摊的人，都可以谈谈，都有一艺之长，而无憎人之貌"[1]。

郁达夫笔下的旧京读来多少有些侠隐的味道，从学者名人到下街的小贩，身怀技艺的不少，但你未必看得出。他们各自隐在各自身份的背后，与你擦肩而过，而你要无意间和他们谈起来，没准儿会发现——那个白天卖烧饼焦圈儿、晚上卖牛肉面的，可能就是得艺于曹雪芹的风筝高手风筝哈[2]；胡同口卖烤白薯、捡煤核儿、给人拆洗被褥的老姑娘，没准儿是"骗过"慈禧的葡萄常[3]；学校里每天给学生摇铃扫操场的工友大叔，也许就是内画壶高手叶奉祺[4]；而大街上正拉着座儿跑的小伙子，原来是会捏面人儿的郎绍安……谁说得准呢？[5]

为了生活身兼数职,那时很多身怀技艺的手艺人都有类似的经历。有一艺之长,说的是各自的看家本事,而无憎人之貌呢?怎么讲?讲个卖馄饨的。

前门外,北京最有历史的戏院广和楼[6]前,晚上曲终人散时,黄宗江喜欢坐在戏楼门口一个馄饨摊儿上,他说那是"世界上最好吃的",他还说"你若想和那卖馄饨的攀谈,他必有几车子学问,你若不想和他说话,他也绝不打搅你,默默地瞧着屋檐上的砖,大清朝的砖"。我以为,无憎人之貌,说的就是这种"可以说话可以不说话"之间的分寸拿捏,而这也一语道出旧时手艺人有阅历知人心的动人之处。黄宗江感慨"过去了,都曾在这馄饨摊旁过去了……不用花十年,不必走千山万水,你就能领悟沧桑……"[7]

确实,旧时的北京藏龙卧虎,从来不缺身怀绝技的手艺人,三百六十行,各有各的门道,只要你认得出,随便找一个谈一谈,都自有一片天地几番风霜……对他们,自有人识得,还经那么几个有心人记录过。

记下三百六十行

旧京的手艺人,陈师曾画过,齐如山写过,郎绍安捏过。

父亲最爱捏老北京三百六十行的形象,因为那是他身边儿的、最熟悉的。像锔碗的、推车卖菜的、卖花儿的、卖大小金鱼的、算卦的、要饭的、拉洋片的、吹糖人的、卖风筝的、卖糖葫芦的、磨刀的、卖茶汤的、卖豆汁儿的、卖豆腐脑儿的……他捏的剃头的面人儿,一个剃头匠手里举着把剃刀,正在给人剃光头,顾客围着块大白布,低着头,剃头挑子上有个脸盆架,架子上还飘着手巾!他捏的打糖锣的面人儿,小贩挑的担子只有半个火柴盒大小,摆上了三个假面具:孙悟空、关云长、还有《女起解》里的崇公道,每个都只有黄豆粒大……很多人都点名要他捏三百六十行。

——郎志丽

三百六十行泛指各行各业,于旧京是否只是虚指?还真不是,单单北京的手工艺,行当只多不少。1941年,齐如山说:"北平的工艺,可真值得谈一谈,而且也应该谈一谈。宋朝在杭州有三百六十行之目,我在北平很下过一番工夫,详细调查过,大约有九百多行。我写过一本书,名曰《北平三百六十行》,书名不过用的现成的名词,其中已列有七百多行,后来又多知道了一百多行,尚未列入。然此还只是工艺,只是商业而无工艺者,尚不在内。"[8]

三百六十行,人人口中都有,又人人都说不清楚是什么,齐如山详细调查给一笔一笔整理出来了,他觉得这是知识阶级的责任,"不但宋人笔记中所记的工艺,后来有不知道是怎么回事的,就是北京的工艺,现在失传的也已经不少了"……"把人人所必需的东西却看得一文不值,知识阶级的人无人去管,所以各种工艺都是日渐退化,不用说进化发达,就是保存旧有的已经很不容易了"。

如果说齐如山记下来的是北京三百六十行的技和艺,那陈师曾画下来的就是民、是情。民国初年,刚到北京的陈师曾就画过一组《北京风俗》,有执旗人、吹鼓手、磨刀人、卖货郎、赶大车的、卖烤白薯的、说书的、算命的……王蘧为图册作跋,说"北京旧为帝王都,典章冠冕今成陈迹，唯民间风习未尽变易，犹有足资存纪。……此虽燕京采风小景，直可作民俗图志观"[9]。画中这各色人物都是陈师曾在街上观察得来的，画界流传着他"追花轿"的故事正与此画有关。据说一日陈师曾和几个朋友走在街上，路遇办喜事的，他马上挤进队伍里跟了一路，朋友笑他定是要追看新娘子，谁知道他追的是打执事的人，是吹鼓手。北京风俗图里的执事人、吹鼓手就是这么画得的。

陈师曾为了画儿跟着打执事的队伍，郎绍安不用，他自己就在队伍里。前文说过，打执事、拉洋车、卖冰核儿、卖半空儿、卖烤白薯……他捏的这些个他全干过。旧京街头做买做卖的郎绍安究竟捏过多少种多少件？郎志丽说："这也没数，多了去了。三百六十行，没捏三百也得捏了八九十种。这个还是指捏的比较多的，重复总捏的。至于捏过多少件？那真没法算。"

郎绍安没怎么说过自己为什么总捏三百六十行，捏的时候应该也没特意去"调查"过，可街头那些人，自然地就全在他心里、手上呢。那他捏过自己吗？捏面人儿的？好像还真没有。为什么？郎志丽说"我琢磨着可能因为太难了吧"。怎么回事？过去捏面人儿的人什么样，比别的行当难捏在哪儿？

捏江米人儿的

先看看书里对捏面人儿的行业定义。

因为捏面人儿用的面是白面与江米面混合的，所以捏面人儿也叫捏江米人儿的。齐如山的《北平三百六十行》中，工艺部玩物类有"捏江米人儿的"：用各种颜色和好江米面，捏制成各种人物。这行人虽多来自乡间,但均系久住北京,都有相当的技术。可惜面质一干便容易破碎,近来已有新的发明,永远不坏,但尚未普遍耳。

2015年中华书局重印此书更名《北京三百六十行》并配图片,新版书封面上画的就是捏江米人儿的——一个穿大襟棉袄、戴棉帽子的中年手艺人,正坐在一个马扎儿上捏面人儿,他对面,还有一个马扎上放一只箱子,做好的小面人儿一个个都扦着棍儿,插在箱子上。

我看现在有人画的捏面人儿的那个画,都是插棍儿的,我们不是那样的。我父亲那时候做好的面人儿都固定在硬纸托儿上,上面还有玻璃罩。马扎也只有一个,特别大。下街找好了地方,把马扎一支,跨坐在马扎后半边,箱子就放在前半边。箱子上面的平台可以放做好的面人儿当展品,箱子里有抽屉,抽出来就是备用的面团和工具……

——郎志丽

同样是捏面人儿,为什么不一样?画错了吗?也不是。看看另一本《旧都三百六十行》里怎么说:

捏江米人儿的可分为两种。一种是技艺比较低,只能捏一种简单的穿着裙子与花衣,打着小花伞的妇女形象,面型也不好看。另外还能捏个手拿金箍棒的孙猴儿,其他的就捏不出来了。购者都是儿童,铜元一大枚买一个。卖不出去时插在小柜上。一种是捏细江米人儿的,捏出的人物特别小,能在半个核桃内捏两三个人物,也能捏戏出,或少数民族人物,形象逼真,栩栩如生。北京西城区宫门口西岔有位郎绍安,江米人儿捏得极好,人称"面人郎"。[10]

原来面人儿有粗细之分,那种插棍儿的是粗活,在粗面人儿的基础上又发展出放在硬纸托上、玻璃罩里,可以在案头陈列,人物形象精美的细面人儿。面人儿不但有粗细之分,还有大小之分。

面人儿有两种,一种是山东曹州府的大面人儿,个大、制作快、价钱便宜。一种是小面人儿,这属于特种工艺,最大个也就十公分高,小的才一公分。可以放在核桃皮里(有人管这叫核桃人儿)。我学的就是小面人儿。做工要细,仕女头发上的首饰,耳环,衣裙上的各种装饰,金锁玉佩,以及香罗带;武将头盔上的花纹,铠甲上的扣子,胸前护心镜,背上的旗子,旗子上的字迹、图形,都要一一模拟出来,才显得造型逼真。[11]

——郎绍安

记得《京华烟云》中,北京城外来的舅妈说新婚的姚木兰像"过年人家买的那面人儿一样啊"。姚木兰可是林语堂笔下集美貌与智慧于一身的完美女子,有多美,书中写:"造物自然赋予她如此的完美,奈何!奈何!"[12]这乡下舅妈说不出什么"奈何",面人儿就是能想到的最高评价了,说的时候,她心里想的必不是高大粗憨的大面人儿,更不是那些个插在竹签子上的孙猴子、猪八戒。可见,清末民初,细面人儿已见于京城、京郊。郎家捏的就是这种细活小面人儿。

郎氏面人儿,细节最动人,要不1950年代,冰心看到郎绍安捏的"打糖锣的"怎么会想起自己的小时候——拇指大小的风筝、黄豆大小的花脸面具、绿豆大小的空竹、大米大小的糖球、半个米粒大小的小白鸭子——一个比一个小的玩意儿,细细捏出来,又被作家一笔一笔写出来,层层递进地深入人心里,涌起"甜柔与辛酸杂揉"的味道。

郎氏面人儿最厉害的地方就是细节,而对细节的坚持也多少解释了为什么郎绍安没捏过捏面人儿的。郎志丽说:"我印象里没见父亲捏过捏面人儿的,为什么没捏过也没问。但我自己确实想过要做一个,可太难了,因为要做就得做的是那么回事,下街卖面人儿这个场景,不光要做捏面人儿的人,旁边看的人,你还得做正捏着的面人儿、展示用的面人儿吧,平时做的人儿大的也就几公分高,小的核桃人儿就更别说了,你让那个几公分的小人儿手里再捏个核桃人儿,按比例那得多小啊,还有箱子上展示的那些,还要放在玻璃罩里……不好弄。可要不做那么细吧,我们是细面人儿,你不把细的这些地方捏出来就不对了。"

虽然没捏过自己下街捏面人儿时的样子,但郎绍安曾经捏过一个"吹糖人的"也许和他有点像。1980年代初,一个记者采访郎绍安,他指着自己刚捏好的面人儿问人家:"你瞧,像不像我?"他塑的是个枣核大的"吹糖人的"手艺人。"那艺人坐在一副担子上,戴顶破草帽,穿得很单薄,佝偻着腰,正鼓着嘴用一块糖稀吹出个小猴儿。担子两头,挂着铜锣,插着刚吹罢的豆大的小耗子、小兔儿。不知道是面光还是什么,我看到那小艺人的脸上闪着泪花。面人郎叹了口气,对我说:'旧社会那会儿,我们还不是一样?背个面人儿箱子到处流浪……'"[13]

一天不干一天没饭吃

每天下街,卖出一顿饭钱吃一顿饭,这是每个走街串巷的手艺人的日常。郎绍安说曾经在北平打磨厂带着自己的孩子卖面人儿,孩子们小怕照顾不过来,他就用粉笔画个圈。孩子只许在圈里玩,出圈的不给吃的……面娃娃一两毛钱一个,一会儿卖够了贴饼子钱就买了饼子,孩子们吃着,郎绍安再去捏再卖……一天不干一天没饭吃。

一天不干一天没饭吃,这话同时期在北平的张恨水说过。张恨水也是一个父亲,他女儿说父亲"大约每日九点钟开始写作,直到下午六七点钟,才放下笔吃晚饭,饭后稍事休息,然后写到夜里十二点钟,日复一日"。传说每晚9点一到,各报馆编辑就在张家门口排队等稿,最高纪录是6部长篇小说(《春明外史》《春明新史》《金粉世家》《青春之花》《天上人间》《剑胆琴心》)同时在不同的报刊上连载。友人佩服张恨水的恒心,他却笑人家外行,"因为我们干的这个职业,是做一天事,才能拿一天的钱。一天不干,一天不吃饭。他见我天天发表文字,却没见我天天吃饭用钱……"这话出自他1928年发表在《世界晚报》上的文章,题目就叫《为吃饭而努力》。[14]

为吃饭而努力的还有另一个更著名的手艺人——齐白石。这个曾经的芝木匠不但说过自己是手艺人,当木匠改行做了画匠后,他还说:"家里靠我这门手艺光景有了转机……祖母笑着对我说:阿芝,你倒没有亏负了这支笔,从前我说过,哪见文章锅里煮,现在我看见你的画,却在锅里煮了!"为此,齐白石还写了个横幅——甑屋,挂在屋里,意思是"可以吃得饱啦,不至于像以前锅里空空的了"[15]。

凭手艺吃饭，为吃饭而努力，街头捏面人儿的郎绍安是手艺人，坐在家里画画儿写字儿的齐白石、张恨水又何尝不是呢？当年有人去白石老人家，看见门上、墙上贴的都是润格，开始还觉得有失风雅，[16] 可就如张中行所说，北京雅人雅事多，但"我们是俗人，俗是本分事，不矫情"[17]。旧京的手艺人，他们手艺精湛、生动鲜活，多少也得益于这种"一天不干一天没饭吃"的本分吧。

胡同里的总灶王爷

旧时的手艺人，不是闭门造车，更不是空中楼阁，他们是整个北京城每条胡同每个居民从早到晚的衣食住行，也是每个居民打小到大的娱乐审美。每个走街串巷的手艺人都有自己的老主顾，每个住家也都有他们信得过的小买卖人。作家老向说得更直白，他们就是"每条胡同里的总灶王爷"。

跟着老向，走进1934年北平黎明的一条胡同里：

一家烧饼铺门前，一个小伙子正炸着油条：那个炸油条的半大小伙子，因为把掌柜的所给的剃头钱赌输了，所以头发养得长长的，蓬松着，颇有点儿艺术家的风度。他腰里系着的那一块白布围裙，历史已经把它变成铁的颜色。他眼睛瞪得很大，专心一志地用一双二尺多长的竹筷子，拨弄那翻上翻下的油条，那神气，好像"任你天塌地陷，油条我自炸之"的样子。其实他和别的小贩子们一样，都称得起是这条胡同里的总灶王爷，对于每一家的"或长或短"，比户籍警还知道的多。[18]

若问这家长里短和手艺、手艺人有甚关系？从小在北京，天天把胡同口的烧饼油条当早点的梁实秋说过，油条，离开北京，外省的、台湾的、纽约的全不是味儿，哪怕纽约那个炸油条的人手艺说不定还是付过二两黄金学来的。[19]"不是味儿"，变了的除了食物的味道，是否还有做食物的人，人所处的地儿？手艺、手艺人从来就不是凭空而生孤立存在的，他们在市井、在民间。二两黄金，也许学得来手艺，但还原不了那个市井民情。现在说传承，也是一样。

民间的"真诗"

说到市井、民间，讲一个面人儿的近亲泥人儿的事。前些年，苏州博物馆要复制一批清末民初的惠州泥人，找高校雕塑系的教师半年却一件也没做出来。[20]不是说谁难谁易谁高谁低，而是雕与塑，实在和"捏"是两回事。泥人的重要手法之一是捏，而面人儿根本就全是捏出来的，一个捏字，充满了民间性。

民间性有多宝贵？先听几句老北京的歌谣——"出了门儿，阴了天儿，抱着肩儿……飞雪花儿。老天爷，竟和穷人闹着玩儿！"胡适说这是"真诗"。提倡白话文那会儿，1922年，胡适在《北京的平民文学》中专门选了俗歌16首，介绍给国中爱"真诗"的人。他说："现在白话诗起来了，然而做诗的人似乎还不曾晓得俗歌里有许多可以供我们取法的风格与方法，所以他们宁可学那不容易读又不容易懂的生硬文句，却不屑研究那自然流利的民歌风格。这个似乎是今日诗国的一桩缺陷罢。"[21]文中还明确指出："根据在这些歌谣之上，根据在人民的真感情之上，一种新的民族的诗也许能产生出来呢。"

诗是这样，手艺更是。愿意挤进打执事的队伍，画风俗画的陈师曾一定是懂真诗的人，既打过执事又捏过红白喜事的郎绍安和众多那些身怀绝技的手艺人可能没想过作诗，但他们却是活在民间、创造"真诗"的人。

想起有人回忆吴作人晚年与老友重聚，颤巍巍站起，端了酒杯，第一句话就是"咱们都是手艺人……"举座皆惊！[22]我想，凡懂"真诗"的，创造着真诗的人必然能懂得这句话，无论捏人儿的、卖文的、"煮"画的……尽在此七字中。而这些手艺人，在20世纪二三十年代，北平，西城，晚上，可能真的同在这样一个画面中：跨车胡同的齐白石在甑屋作画，纸上还是家乡的鱼虾瓜菜；北河沿儿的张恨水在电灯下奋笔疾书，《春明外史》已近尾声，《金粉世家》正入佳境；横四条的郎绍安在菜油灯下，捏着白天街头看到的一幕幕，打糖锣的、吹糖人的……几家人离得都不远，电灯、菜油灯，在旧京，各自闪着各自的光。

注释

[1] 郁达夫：《北平的四季》，载陶亢德编：《北平一顾》，宇宙风社1936年版，第53页。

[2] 胡金兆：《风筝哈的业余生活》，载北京燕山出版社编：《旧京人物与风情》，北京燕山出版社1996年版，第107页。

[3] 常玉龄：《葡萄常》，载中国人民政治协商会议北京市委员会文史资料研究委员会编：《文史资料选编》第十六辑，北京出版社1983年版，第

229 页。

［4］参见北京市地方志编纂委员会编著：《北京志·工业卷·纺织工业志、工艺美术志》，北京出版社 2002 年版，第 289 页。

［5］解放后，常玉龄、叶奉祺、郎绍安都被评为老艺人，叶奉祺成了郎绍安的同事，风筝哈成了郎志丽的邻居，见本书"街头艺人坐进办公室""尾声：就想留下点东西给后人"。

［6］广和楼，北京历史最久的戏楼，富连成的大本营。

［7］黄宗江：《广和楼》，载姜德明编：《北京乎》（下），生活·读书·新知三联书店 1992 年版，第 706 页。

［8］齐如山：《北平杂记》，当代中国出版社 2015 年版，第 99 页。

［9］陈师曾：《北京风俗》，《读库》出品 2016 年版。

［10］王隐菊、田光远、金应元编著：《旧都三百六十行》，北京旅游出版社 1986 年版。书中涉及行当共 302 种，其中第 222 种是"捏江米人的"。

［11］郎绍安口述：《面人郎自传》，1979 年，金静文整理。

［12］林语堂：《京华烟云》，载《林语堂经典作品集》，中南博集天卷文化传媒有限公司 2016 年版，第二十一章。

［13］韩静霆：《小面人儿，远行吧》（散文），发表出处佚失。

［14］张恨水：《为吃饭而努力》，载《小月旦》，第 146 页。

［15］参考自齐白石口述：《白石老人自述》，张次溪笔录，生活·读书·新知三联书店 2014 年版。

［16］罗家伦：《看完白石老人自述后的感想》，载齐白石口述：《白石老人自述》。

［17］张中行：《步痕心影》，中国旅游出版社 2000 年版，第 79 页。

［18］老向：《庶务日记》，华夏出版社 2011 年版，第 89 页。

［19］梁实秋：《雅舍小品》，陕西师范大学出版总社有限公司 2011 年版，

第三章"老饕漫笔　烧饼油条"。

［20］北京汉声文化信息咨询有限公司：《惠山泥人》第一册，吉林美术出版社2005年版，第62页。

［21］胡适：《北京的平民文学》，载《北京乎》（上），第66页。

［22］徐城北：《老北京：巷陌民风》，江苏美术出版社1999年版，第173页。

08 "黄金十年"面人郎

城、人、手艺人、面人儿手艺都说过了,这节,说说时局。

"人生一世,总有一个比较好些的日子。这个日子,就叫作黄金时代"[1],此话出自1929年5月20日的北平《世界晚报》。从1927年到1937年,有民国"黄金十年"[2]之称,北京经历了什么,住在那里的郎绍安又经历了什么?那时郎绍安正是从十七八岁到二十七八岁的好年纪,民国的这个"黄金十年"算是面人郎的"黄金时代"吗?

谁爱来谁来

前文说过,郎绍安生在清末民初新旧交替的根节儿上,之后,时局就没消停过。听听那时候北京的歌谣就知道:

钟楼高鼓楼矮,
假充万岁袁世凯,
铜子改老钱,
铁杆打老袁,
要过太平日,还得两三年。[3]

这说的是袁世凯称帝那会儿，过了两三年，非但没太平，更乱了。

炮队马队洋枪队，

曹锟要打段祺瑞，

段祺瑞，充好人，

一心要打张作霖，

张作霖真有子儿，

一心要打吴小鬼儿（吴佩孚），

吴小鬼儿真有钱，

坐着飞机就往南，

往南扔炸弹，

伤兵五百万。[4]

这就是1927年以前的北京，拿某接壁儿（音界瘪儿，北京话隔壁的意思）老太太的话总结一下就是——"谁爱来谁来，反正穷人是饿死算！"[5]而北京时局动荡来回折腾的这几年，也是郎绍安从开始学面人儿苦练手艺到手艺精进的那几年。手艺是练出来的，也是逼出来的。

指上的弦歌不辍

谁爱来谁来，用在这时的郎绍安身上也算贴切，因为他已经顾不上其他，完全沉浸在面人儿这项手艺之中，通过面人儿，一个完全不同的世界在他眼中展开，街头的行人小贩、寺庙里的各路神仙、戏出儿里的忠奸善恶、大自然的花鸟鱼虫，平日里司空见惯的一切突然都变得鲜活起来，每天都让他有新的发现……

要想捏得像，就得拿实物做标准。真东西就是老师。真东西就是资料。艺海无边，要敢闯，得苦练，功夫就这么练出来的。逛庙的时候，就注意看殿里的佛像。走路的时候，就注意看行人的姿态，要捏动物了，就去动物园观看。虎狼犬马龟蛇都仔细看过，各有特点。要捏马就先看马。拉车的马，吃草的马，动物园的斑马，各有各的区别。白菜叶上的蝈蝈，青草地上的螳螂，柳树上的花牛，我都能捏得出来。它们各有各的神情姿态，仿造得像样就能活灵活现。蝈蝈的样子要捏得像振着翅膀叫着的才逼真。捏出来的东西跟真的一样，有时候比真的还漂亮，这才有人要，捏出来才卖得出去。[6]

——郎绍安

练得时间长了，我父亲脑子里的东西多起来，捏起面人儿来，也不像开始那么吃力了。他的手越来越巧，作品也越来越精。做的都是大家都知道的民间传说：天女散花、嫦娥奔月、麻姑拜寿、老寿星，还有小孩喜欢的娃娃抱鱼、娃娃拿糖葫芦、娃娃举风车。

——郎志丽

除了这些零散的作品，郎绍安最爱捏的两大主题，一是前文说的旧京三百六十行，另一个就是戏出儿。

赵阔明师傅到天津去了，我无师可循，只好买香烟，拿香烟盒里的"洋画"[7]照着捏（从前每一盒香烟里都装有一张小画片）。可是，每张洋画上只有一个动作一个场面，想捏几个场面或换个姿势，又苦于不知如何着手，于是我就攒钱到戏园看戏。买不起前排看票，便在最后排的长凳上翘首遥望。一边看，一边把剧中的情节、人物的精神面貌和动作姿态、服装的颜色式样，甚至演员走台步在起步时先迈哪条腿等，都牢牢地默记下来，然后就细细地回忆咀嚼，一到家就把戏中人物给捏下来。捏好后如果看着不像，就立刻毁掉，重新边想边捏，直到满意为止。

我更喜爱捏穿盔甲的戏剧人物，如《长坂坡》《黄鹤楼》《华容道》中的人物和《西游记》的孙悟空。这些武将头盔上的花纹、铠甲上的扣子、胸前的护心镜，连同背上的旗子，以及旗子上的字迹图形，我都注意做到纤悉无遗。孙悟空左手搭凉棚，右手抓耳挠腮，腋下夹着金箍棒，蜷曲着一条腿站在棉花般的云朵里，其活灵活现的神态，赢得了观众们的称赞。[8]

——郎绍安

爱捏戏出儿，不是郎绍安有多爱看戏，而是二三十年代的北京人太爱看戏了。就拿郎绍安曾拿来做样子照着捏的洋画来说，那是香烟公司为了推销香烟才在每盒烟里放的小画片，正面印画，背面印广告，画的内容自然是老百姓最喜欢的。那时香烟洋画大量印制成套的戏剧人物，一个画面就是一出折子戏。老北京无人不知无人不晓的哈德门牌香烟[9]里就曾放过系列京剧洋画，什么《二进宫》《四进士》《八大锤》《宇宙锋》《连环套》《群英会》……"戏中人物表演动作栩栩如生，服装、化妆、道具入木三分"[10]，全套76枚，一出来风靡全国，除了烟民，不抽烟的人，老幼妇孺都一盒盒地买烟、一张张地攒画。

北京人对京戏的痴迷，曾让厌恶京戏的周作人感到"道地的绝望"，他说连"白昼无聊以及黑夜怕鬼的走路人口中哼哼有词，也全是西皮二黄……可知京戏已经统治了中国国民的感情"。但就在同一篇文中，还写了一句话——"黄连树下弹琴，苦中作乐，中国人很有这样的精神"。

想来，这样的精神本无所谓好坏，但如果一定要走夜路，那几句"皮黄"能为夜行人驱走些心里的怕，多少也是种精神上的安慰。古人说："孔子绝粮三日，而弦歌不辍。"[11] 弦歌于读书人是教化，是精神的传承，而京戏对于老百姓又何尝不是呢？再说到郎绍安，从连吃都不够的粮食里挤出一点白面，在动荡的时局中静心于一门手艺，面人儿手艺于他，就是指上之弦歌。

市面穷，看的人多买的人少

1927年4月18日，蒋介石在南京成立国民政府，1928年6月28日定都南京，一迁都，北京改北平了，日子好过了吗？"自去年以来，北京城里的市民，就成了冷水打鸡毛，越过越少。""我们见着商家，只一谈起来，他便愁容满面地说，市面穷。在这市面穷三个字里，包含着无限的焦虑与痛苦。只觉得前途是不得了，环境是无办法，要埋怨也埋怨不了谁。所以实实在在地说一句话，就是市面穷。"[12]

1928年阴历年正月初六，《世界晚报》上有人替北京的小买卖人发愁："去年阴历正月，老是刮大风，那个露天娱乐场的厂甸，刮得没个人影,摆摊子的人,都是叫苦连天……再说到目前三十晚上的爆竹,本来就大大减少,老百姓过年不乐,也就可知,还是一定随便的了。偏是老天爷初三下起大雪,一下三天,好容易晴了,又吹起北风来。眼见今年厂甸的生意,又去了一半,以后如何?还不可知,我真替做小生意买卖人发愁。"[13]

到了1928年的中秋,连兔儿爷都稀稀落落。"往年过了八月初一,兔家兔眷,一望无隙……这年头儿,大家天天只愁着饭没法儿到嘴,谁还有闲工夫来捧兔儿爷。"[14]兔儿爷都寥落如此,人何以堪?

老百姓生活苦,饭也吃不上。达官贵人,倚仗权势,买东西不给钱欺辱人,咱们惹不起他。所以手艺学成了,也时常挨饿。捏出的东西价钱定高了卖不出去,定低了不够工夫钱。旧中国的艺人呀,常常因为这样那样的缘故就改行了。可我舍不得扔下手艺。

不管酷暑严寒,暴雨风雪,我总停在街头巷尾或牌楼檐底下。五颜六色的面塑作品,倒也曾吸引过无数儿童的围观笑闹,却很少有人花钱购买。[15]

——郎绍安

这样的辛酸,多少手艺人都经历过。作家废名在隆福寺、白塔寺遇见过那瘦高的唱戏人,唱完之后每每骂人没有良心,说"我这也实在不容易啊"[16],因为听戏的人不给钱,一到收钱就全散了。作家果轩在家门口为孩子买豌豆粉、江米糕,豌豆粉转眼捏成了小鱼小兔子,江米一分钟就蒸成了梅花样的糕。"一个铜板买这样多把戏看","我诧异他那繁杂的手续,但并不见有几个小孩子买他的糕吃,况即买也不过一两个铜板,然则这种艰难的生意,又如何来维持他的生活呢?"[17]

差点儿当了兵

赚不出钱来,怎么生活呢?师傅赵阔明说:"咱们不如去当兵吧。"我也没什么牵挂,当时就答应了。师徒二人走到天桥碰见了熟人,听说我们是去当兵,当时就劝师傅不要去。还说什么师傅家他姐姐不知道,我家我爸爸也不知道。去当了兵,家里找他要人怎么算。师傅一想又犹豫了。又由天桥走回西四,饿了也没饭吃。我看着大兵穿着军装吃着馒头,我就跟师傅说:"咱们还是当兵去吧,干什么听人一劝又回来呢?还不是没生活,当兵反正有吃穿。师傅要是不去,我就自己去。"师傅一想就同意跟我去了。我们就来到西什库那儿。在光明殿一带报名。人家一看我们都年轻力壮,宽肩膀,挺胸脯,挺精神,就同意收下,让我们等着检查身体。这时候一个当兵的问我们是哪儿人,干什么的。我们告诉了他。他说:"你们是本地人还来当兵,有手艺当兵干什么?"他又说他是武汉人,离家远回不去,这次要打南口了(当时占着北京的张作霖正跟吴佩孚联合起来打冯玉祥),招兵买马拿人堵枪眼,一个也别想活着回来。一听他这样说,我和师傅也不等检查,赶紧溜。听见当官的在骂,我们也顾不得,忙忙地快跑了。

当兵不成怎么办呢?在偌大的北京城里,我挣不来一顿饱饭,一边捏面人儿一边拉洋车对付着过。我十八岁的时候经人介绍到消防队干事。头三个月不给钱,到第四个月才给钱,一个月八块,还扣了三块五的饭钱。干了三年,到二十一岁不干了。收拾了工具再捏面人儿。[18]

——郎绍安

从此有了面人郎

在消防队的三年，郎绍安并没有放下面人儿，一直琢磨一直练。"以面人儿为职业，靠面人儿安身立命"才是他的愿望。既然北京捏面人儿挣不着钱，他就想外地兴许成。

二十一岁后，我收拾工具去青岛捏面人儿。在青岛，我寄居在辽城路，南全胜里一个朋友家。我背着工具箱，有时去东镇、西镇赶集，在集市上捏戏出儿卖；有时阔家主死了人，请我去大饭庄做祭席。中山路商店前，黄岛路菜市上，都有我的足迹，大街小巷，我都走遍了。在青岛就靠着捏面人儿生活。[19]

——郎绍安

有一回，郎绍安在一家大饭店门口捏面人儿，一个大官儿看见了，叫进去。大官说要给蒋介石祝寿，让他即席捏一个八仙庆寿。郎绍安也没含糊，当场捏了出来，那大官很满意，留下了作品，至于是不是真给蒋介石当寿礼就不得而知了。[20]

在青岛，郎绍安没干过别的，这是他第一次完全靠卖面人儿养活自己，也是他靠面人儿闯江湖的开始。他的工具箱上放有一块铜牌，上面刻有"郎绍安承做面人坚固耐久"这几个字。街头捏人儿时，人们看到铜牌时，就知道郎绍安的姓名。在青岛过了三年，郎绍安手艺精进不少，二十四岁时，他决定回家，那时的北平好像有了些转机。

1933年底，时任北平市长袁良主持制订了自1935年1月至1937年12月的"市政三年建设计划"，希望通过修建道路、疏浚河道、修复古建筑、改善公共娱乐场所等措施，发展北平的旅游业。1934年胡同立了牌子，1935年各个牌楼一律重修吸引游人[21]……郎绍安日日经过的景德街牌楼、西四牌楼也焕然一新了。

也许多少借了点北平发展的这个势，1935年，郎绍安的作品参加了在中山公园举行的北平物产展览会。一天，市府袁良、邢大安、冷家骥等人看了他的现场表演后，颁给他一张奖状，上写"评定及格，应给一等奖"（后来，这张奖状在"文革"中被他自己烧了）。

获奖之后，郎绍安又遇到一件事，那是他在苦日子里难得一次的高兴的回忆。

那年冬天赶厂甸，来了个烫发、穿翻毛皮大衣的女人。她拉着一个孩子，孩子穿着绿毛衣毛裤，手里拿着大糖葫芦、风车、气球。她让我捏她们母子俩。我当时就捏出来，还像模像样。人家特别满意，看到我铜牌上写的姓氏，就称我"面人郎"。我的面塑这时有了些成就。

——郎绍安

在厂甸做的这件作品成了我父亲最重要的作品之一，后来又根据这个改成一个拉洋车的，上面坐着一个妇女，手里拿着两大串糖葫芦，后背还压着一个十个轮的大风车，虽然没写着是厂甸，但叫人一瞧就是刚逛完厂甸坐着洋车回家了。那之后，"面人郎"的美称就到处传开了。

——郎志丽

手艺人，把你从事的行当后面加上姓，比如泥人张、风筝哈、葡萄常，那不是随便叫的，那是响当当的名号，手艺得好。按冯骥才的话说就是："手艺人靠的是手，手上就必得有绝活。有绝活的，吃荤，亮堂，站在大街中央；没能耐的，吃素，发蔫，靠边待着。"[22]所以，尽管郎绍安学艺之初就做了箱子，箱子上写了自己的名字，但那时的他却还不能叫作"面人郎"。如果说青岛是郎绍安靠面人儿闯江湖的开始，那自厂甸这次后，北京三百六十行里，手艺人的江湖中就真正开始多了个名号——面人郎。

春节里的厂甸

在北京平时下街，一面捏人儿一面卖。到过旧历年时就赶厂甸。厂甸在清末以前就有，那里吃的、用的、玩的样样都有卖的。平常人逛厂甸，是要花钱买东西，买卖人、艺人是要趁着厂甸卖钱维持生活。我平时做出的面人儿没卖净的，这时都拿出来卖。少则五六天，多则半个月，就能把一年的存货都卖光了。卖完这些以后，就得现捏现卖了。除了戏出儿、佛像以外，看到什么就得捏什么。捏得好，人家看着新鲜、满意，才能给钱。[23]

——郎绍安

厂甸也就是琉璃厂。"琉璃厂在北京和平门外，街分东西，与南北之新华街十字交叉。本名海王村,明代因其地有工部所属之琉璃窑,故称琉璃厂。厂甸,原指窑前一片空地,后遂直呼琉璃厂为厂甸。"[24]平时,这里是书籍、古玩、字画的集散地,到了正月初一至十五就成了全城最大的集市。而逛厂甸则是老北京人过年的固定节目。

厂甸集市兴起于清乾隆年间,它的盛衰也算是北京城经济的晴雨表。1928年那个春节生意去了一半,到1930年代以后渐渐变得不一样了,往日的热闹劲儿又回来了。"摊一个连一个,拥挤,人要的正是这种热闹的气氛。人也拥挤,因为各色人有各色所需,都不得不来。妇女和儿童要吃,吃艾窝窝,喝豆汁;要买玩具风车空竹,不等,兴尽,要举着一米长的大糖葫芦回去。"[25]

这其中,玩具更是多到不可胜数,要货本就是厂甸的最大特色。"杂陈两道的摊子上摆满了形形色色的要货,如:空竹、地轴儿、江米人儿、吹糖人、泥人、泥模子、猴戏、鬃人、手推蝴蝶车、大鞍车、铁皮罐头盒做成的鸡啄米、竹木刀枪、鬼脸、戏剧花脸、胡子、小泥鸟登枝、纸蝴蝶、九连环、竹蛇、彩绘蛋壳、蜡鸭子、蜡金鱼、蜡瓜果、玻璃葡萄、玻璃瓜果梨桃、各种料器飞禽走兽、布鞋、布老虎、西洋景、转花筒、氢气球、金鱼缸、袖箭、弹弓、高粱秆或砖料做的楼台殿阁,以及各种花炮、灯笼,不一而足。"[26]这些个现在听说过没听说过的玩具,厂甸都有,春节去那儿的商贩近千个,卖玩物的就有二百多,这里面就有郎绍安。

正月里成了家

厂甸可真算是郎绍安的福地。在这里,第一次有人叫他面人郎;在这里,他的面人儿在众多"耍货"中大受欢迎,一年的存货都卖光了。而且他肯定想不到,二十多年后,1963 年的春节,他的女儿也在厂甸,展示面人儿手艺,大照片还登上了《人民画报》,这是后话。此时,还没出正月,郎绍安又琢磨着一件大喜事。

正月里探妹啊正月正,
我带着小妹妹去逛花灯。
逛灯是假的呀,
妹呀试试你的心呐,
一呼呀呼嘿……[27]

这是旧时庙会上卖花人常哼唱的一首小曲儿,不知郎绍安听到没。但那一年春节,他一定心情不错。

古老的北京,我都走遍了,也积蓄了一些钱。二十八岁这年赶厂甸卖了不少钱,将历年积蓄的钱凑起来,我们在院里搭了个棚,请亲朋好友吃了顿饭,算是办了终身大事。我的妻子叫赵淑清,是我的一个朋友的妹妹,比我小十一岁。[28]

——郎绍安

搭大棚,贴喜字儿。

牛角灯，二十对儿。

娶亲太太两把头，

送亲太太大拉翅儿。

八团褂子大开禊儿，

四轮马车双马对儿……[29]

这是旧京旗人办喜事的歌谣，郎绍安成亲时虽然没有这样的排场，但也算靠着自己的双手完成了人生中的一件大事。立业成家，日子眼见在往好的方向走，谁想到，马上又不行了。仅仅过了半年，因为生意不好，郎绍安就不得已放下新婚的妻子，离开了北京。

又是危城一座

1936年，可能是北平沦陷前最后的"繁荣"。1936年12月，宇宙风社出版《北平一顾》，全书最后一篇文章中说"据报载北平今年游人特别的增多"，原因是可能有今天没明天——"国人大有眼看山河变色，如此锦绣江山，不知尚能保存几时……"之感。还说北平是"未来的失地"……至全书最后几个字直接落到——"于危城中"！[30]果然，7个月后，七七事变爆发，北平成了失地，民国政府的那个到1937年底才完成的市政三年建设计划自然也随炮火灰飞烟灭了。

回到本节开篇的那个问题：自从北京变成了北平，十年里，北平经历了民国的黄金十年，郎绍安经历了人生的两件大事——立业、成家。民国的黄金十年就是郎绍安的那个黄金时代吗？

这个"黄金十年"于国家、于北平，始于市面穷而终于危城一座,于郎绍安从苦练手艺到最后背井离乡。答案似乎不那么肯定,可是,也是在这十年里,作为手艺人的郎绍安经历了几次重要的转变——开始是为了吃饭学个手艺,因为只有捏得好才卖得出去,逼得他苦练技艺;当他因为痴迷磨练技艺而忘了自身的处境时,他成了一个真正的有技艺的手艺人;而当他又意识到自己的处境,并对自身处境、身边的人、事做有意的观察并通过自己的手反映出来时,他就已经开始成为一个有"匠心"的手艺人了。最终,当有人把姓氏和行当连在一起称呼他时,江湖上就有了一号——面人郎。

面人郎的称号是靠真本事赢得的,而唯有真本事才是真正靠得住的。时局动荡中,张恨水曾写过篇文章叫《瓦片也靠不住》(瓦片,北京人指房屋不动产),"说来说去,还是各人预备一点儿本事好,东方不亮西方亮,本事是可以带着跑的,并不受地点的限制"[31]。

唯有真本事是可以带着跑的。新婚不久,于危城中,有手艺傍身的郎绍安决定去上海十里洋场闯一闯。

注释

[1] 张恨水:《小月旦》,时代文艺出版社 2015 年版,第 173 页。

[2] 是指 1927—1937 年间由中国国民党领导的国民政府执政时期。"黄金十年"一词,最早由驻华美军指挥官魏德迈提出,1951 年 9 月 19 日他在美国国会的演讲中说:"1927 年至 1937 年之间,是许多在华很久的英美和各国侨民所公认的黄金十年。在这十年之中,交通进步了,经济稳定了,学校林立,教育推广,而其他方面,也多有进步的建制。"

[3] 李素:《北平的歌谣》,载陶亢德编:《北平一顾》,宇宙风社 1936 年版,第 44 页。

［4］李素:《北平的歌谣》,载《北平一顾》,第45页。

［5］吕方邑:《接壁儿老太太言》,载《北平一顾》,第34页。

［6］郎绍安口述,郎志丽、冯国定、张子和执笔:《我的面塑艺术生涯》,载中国人民政治协商会议北京市委员会文史资料研究委员会编:《文史资料选编》第十六辑,北京出版社1983年版,第234—246页;《面人郎自传》,1979年,金静文整理。

［7］老北京人说的洋画儿即烟画或香烟牌子,就是香烟盒子里附的小画片,题材众多,成套。因为来自国外,所以在北京也叫洋画。世界第一套彩色烟画是1894年英国威尔斯香烟公司出品的100张一套的《步马军》,中国最早是1904年上海三星烟草公司出品的一套《清末仕女牌九》,1920—1930年代是烟画繁盛期,1945年以后渐渐消失。洋画正面多为戏曲、民俗、人物等各种老百姓喜闻乐见的内容,背面多为烟厂广告,印有"请吸某某烟"等字样。

［8］郎绍安口述:《我的面塑艺术生涯》。

［9］哈德门香烟由英美烟草公司于1919年在中国注册,曾风靡中国四十余年。其烟盒内所附画片均为彩色,印刷精美,内容多为戏曲,以此增加销量。

［10］参考自沈国平主编:《老香烟牌子:京剧》,上海文化出版社2012年版。

［11］(明)冯梦龙:《东周列国志》,第七十九回。

［12］张恨水:《小月旦》,第122页、第126页。

［13］张恨水:《小月旦》,第91页。

［14］张恨水:《小月旦》,第133页。

［15］郎绍安口述:《我的面塑艺术生涯》。

［16］废名:《北平通信》,载《北平一顾》,第19页。

［17］果轩:《北平的豆汁儿之类》,载《北平一顾》,第101页。

［18］郎绍安口述：《面人郎自传》。

［19］郎绍安口述：《面人郎自传》。

［20］参考自巩华：《面塑生涯》，《纵横》1989年第5期。

［21］参考自马芷庠：《老北京旅行指南》(《北平旅行指南》重排本)，北京燕山出版社1997年版。

［22］冯骥才：《俗世奇人》，作家出版社2000年版，第9页。

［23］郎绍安口述：《面人郎自传》。

［24］刘闻选编：《刘叶秋讲北京》，北京出版社2005年版，第61页。

［25］张中行：《步痕心影》，中国旅游出版社2000年版，第112页。

［26］常人春：《老北京的风俗》，北京燕山出版社1990年版，第51页。

［27］歌谣名称：《十二月探妹》也叫《十二月痰迷》。

［28］郎绍安口述：《我的一生》，1992年，记录者佚名。

［29］常人春：《老北京的风俗》，第192页。

［30］吞吐：《北平今日的三多》，载《北平一顾》，第244—247页。

［31］张恨水：《小月旦》，第122页。

09　少不征南，遇险上海滩

早年间，北京旗人里有句俗话——"少不征南，老不扫北"，话是清代八旗兵留下的，指打仗，年轻的新兵不往南，因为南方风气开化，易受诱惑；而岁数稍大点儿的不奔北，北方气候寒冷，会受不住。[1]郎绍安正好相反，1937年到1947年间，凭着可以带着跑的本事——捏面人儿，他先南下，去上海十里洋场寻出路；再北上，在京包线上讨生活。本节先说南下。

面人儿第一次成了艺术品

新婚不久的郎绍安一个人来到了上海滩。人生地不熟，开始生意并不好。

我流亡到上海，没想到穷人难到处难，上海也不两样。一开始，我背着工具箱下街捏人儿，从早到晚，面人儿摊上闹哄哄的，总是看热闹的人多，拿钱买玩意儿的少。接连几天不开张，真是进退无路，求告无门。[2]

面人儿捏的细价钱高，看的人多，拥挤得很，可是买的人少。当时有一个有文化、明事体的先生告诉我：这街上贫苦人多，喜欢看可买不起,在这里捏人儿不容易开张。他很赏识我的面人儿,让我回去捏几个细致的,点缀讲究些,装潢漂亮些,放在静安寺交通银行的窗台上,那里热闹,碰到有钱人准能开张。我就照他的话办了。过了一个礼拜,东西往窗台上一摆,很显眼。当时就围上不少人。一会儿又过来一辆汽车,车停住后,下来一个外国人,中国人就赶快闪开。他说英语,问多少钱,我告诉了他价钱,他竟统统买走了。当时就卖了五十块钱到手。[3]

——郎绍安

有了好的开端,郎绍安又找到了他在北京的一个朋友胡五。"经胡五介绍,他认识了梅兰芳的师叔徐老板。徐老板在上海开着三个昆腔戏园子,很有钱。在徐公馆里,郎绍安捏了200多个戏出儿,挣了不少钱。上海生意好了,他在极司菲尔路荣庆里116号租下了房子,然后又回北京把妻子接了来。"[4]郎绍安准备好好靠着面人儿手艺在上海安家过日子,不成想,上海也打仗了。

1937年,继北平"七七事变"后,日本为扩大侵华战争,在上海再次制造"八一三事变",进而引发了抗日战争中的第一场大会战——淞沪会战。8月13日,那天郎绍安正在徐公馆里捏面人儿。

徐老板对他说:"上海要打仗了,你火速回家,把女人接到我这儿来吧。"郎绍安急忙往家跑。到家一看,妻子已经不见了。这时候,上海的街道上尽是军队、担架和逃难的人群,许多人往租界里跑。他也随着人流跑,边跑边找自己的妻子。当时天还下着雨,远处不时传来枪炮声。他心急如焚,直到第二天才找到妻子,两人只带一把雨伞躲进了徐公馆,已身无分文……[5]

上海陷落了，可日子还得过。郎绍安面人儿的主要买主儿就是租界里来自欧美的外国人。在他身无分文的时候，那个徐老板曾请来10位外国侨民，看郎绍安捏面人儿，每人每小时大洋两元，3个小时他挣了60元。洋人喜欢他的面人儿，惊叹于他的手艺，说"我们只懂得用面粉做面包吃，而你，却把面粉变成了艺术品"。有人看到了郎绍安手艺的价值，这为他带来了不少的收入，可也引来了祸事。

做外国人的生意，被黑帮盯上了

那天，在静安寺交通银行窗台前买过郎绍安面人儿的那个外国人找到他，约他去表演……

那个外国人邀请我到他的住所去表演。我给他们捏了"贵妃醉酒""苏三起解""穆桂英"等几套戏出儿。那个外国人还邀请了他的朋友们来看，他们都很喜欢。一一定好日期，邀我去表演。我都答应了。外国人付了钱我就告辞出来了。回家路上，遇上青红帮劫我，把我钱全抢去，还把衣服鞋袜抢走，只给留条小裤衩。他们管这叫"扒赤佬"。没钱没衣服没工具了，走了二十多里路才到家，到家已经三点了。后来定好的几个外国人家我就都没赴约。

先前的那个外国人后来怒冲冲来到我家，瞪着眼睛说："你这个中国人没信用！我的朋友们家，你约好表演怎么不去？我对我朋友失信了，你能免责任吗？！"我把从他家出来碰上路劫"扒赤佬"的情况告诉了他。翻译译完我的话，那外国人脸上的怒容变成了同情的神色。他说他要打电话告诉他的朋友们我没去成的原因。这个外国人和他的朋友们赞助了我一些钱。我买了衣服、材料、用具等，制备齐全才又捏人儿。几个外国朋友再邀我去他们住处表演时，用汽车接送，这样就不会再碰上路劫了。

青红帮的人看抢劫无从下手，就想办法骗。白天我出去捏面人儿，他们派几个人来装成邻居牌友，邀我老伴打牌。先让她赢，后来愈输愈多，赢了别人给了钱，输了自家不好不给。我辛辛苦苦挣来的血汗钱，就又这样被骗去了。我回来同老伴争吵，她也明白上当受骗了。人家再邀打牌，她不肯打了。[6]

——郎绍安

惹不起，躲还不行吗？可躲也躲不开。郎绍安做外国人的生意，挣了些钱，早被帮会的人盯上了。

有一次，一个外国人点名要"唐僧取经"，他精心制作，又配了玻璃罩子，小心翼翼用手托着，早早出门去交货。外国人最看重的是信用，千万不能出岔子。不成想，刚走到弄堂口，就被一个瘪三样的人拦住了。

"叫你站住听见没有，叫你呢！"

郎绍安只好站下。

"过来！你手里这面人儿卖多少钱？"

"这是人家订做的，不卖。"郎绍安赔着笑脸说。

"今天我偏要。"

"你要喜欢，我可以再捏一个送给你。我就住在本弄堂，116号，你喜欢什么，我都可以给你捏。咱们是邻居嘛。"

"不要你多说废话，我今天偏要买你手里的。"

"我说了，不卖。"

这时，又有三个人起着哄凑了上来。先前纠缠的那个瘪三突然飞起一脚，踢在郎绍安手腕子上。"唐僧取经"连同玻璃罩子飞起来落在地上，摔个粉碎。郎绍安再也按捺不住了，扬起手一去一回，连扇了他两个耳光！四个人一齐扑上来，"打死他，不要让他跑了！"向郎绍安拳打脚踢。郎绍安被打倒在地，没办法，就死死咬住了一个压在他身上的人的耳朵……

正在此时，"各位老大，请住手，我有话说。"一声大喝，喝住正动手的那四个人。原来此人是胡五，就是郎绍安北京同乡，还给他介绍过生意的那个人。胡五"在家里"（就是加入了青红帮），而那四个也是青红帮的人。只听胡五说道："我这位弟兄从北京来到上海，凭手艺混饭吃。诸位有什么话，好说。"[7]

他给说和着大家停了手。他们说要讲和得我请客吃西餐。人家劝我愈打仇愈大，讲和请客吧。我就出了三十三元钱请了这顿西餐。打我的时候是四个人，吃饭时候来了十个人。花了钱才算结了这笔账。[8]

——郎绍安

一顿饭吃了三十多，那时候，一袋面才一块九。郎绍安的手艺路，那拦路的"妖魔鬼怪"真比他捏的"唐僧取经"路上的还得多。不是被劫被骗就是被打，郎绍安不敢再住在原来的弄堂里了，就从极司菲尔路搬到了大西路。

被迫搬家又被偷

以后住在那儿总不放心就搬了家。搬到另一个弄堂里。头一天搬迁,一进弄堂口就站出一个教师爷类型的人来,用上海话说"三块洋的!"意思是搬进这里来住,不给三块钱就别想进弄堂。没办法,凑齐三块钱送上,这样才过了这一关。搬进去住下后,我认识了附近一个教会的伊太太。

伊太太是外国人,据说以前在北京协和医院工作,当时带着女儿住在上海大西路。她女儿是北京长大的,会说一口流利的北京话。母女俩都很喜欢面人儿,几次接我到她们家中,让我给捏耶稣降生、耶稣遇难、圣母玛利亚。

……

她很同情我们,给我介绍买卖,让我在一个会场里表演,卖票,票价一元。每卖一元就给我七毛,给她三毛,这三毛也不是她要,是救济难民的。这样生活又有着落了。谁知好景不长。我们住的房子有一面窗户临街。有一天晚上没关窗户我们就睡了。半夜里孩子(我的长女志英)哭闹。我们醒来一看:屋里的一堆衣服、桌上的暖瓶、地下的火炉,以及怀表,整袋的白面等全没了。原来土匪们抢骗不成,又跟踪我们,偷光了我们的衣服财物。半夜里一家人大哭起来。邻居听见过来一看,知道了原因后就劝我想办法。我借邻居一件大褂,只好再到那几个外国朋友处求助。这几个外国老主顾帮了我的忙,给了我一些钱。我又重新买了衣服用具,以及回北京的火车票。[9]

——郎绍安

在上海郎绍安有过美好的回忆：手艺得到了认可，还被称作艺术品，他和妻子赵淑清的第一个女儿也诞生在这里。但是"上海这近4年里挣的钱不少，都是我的心血。可是被抢、被骗、被偷，最后竟落得两手空空。多让人心痛啊！这里再不能待下去了。在朋友们的周济之下，我们两口子带着才几个月的女儿志英，像逃难一样回了北平"。

注释

［1］参考自爱新觉罗·瀛生、于润琦：《京城旧俗》，北京燕山出版社1998年版，第97页。

［2］郎绍安口述，郎志丽、冯国定、张子和执笔：《我的面塑艺术生涯》，载中国人民政治协商会议北京市委员会文史资料研究委员会编：《文史资料选编》第十六辑，北京出版社1983年版，第234—246页。

［3］郎绍安口述：《面人郎自传》，1979年，金静文整理。

［4］巩华：《面塑生涯》，《纵横》1989年第5期。

［5］巩华：《面塑生涯》。

［6］郎绍安口述：《面人郎自传》。

［7］被打内容摘录自巩华：《面塑生涯》，有删节。

［8］郎绍安口述：《面人郎自传》。

［9］郎绍安口述：《面人郎自传》。

10　日据的北平，活着就是反抗

南下北上，游艺期间，郎绍安带着一家大小也回过几次北平。在日伪统治下的北平，对以卖面人儿为生的郎绍安来说，第一大难题就是没有面。因为细米白面这些物资全成了日军的军需品，价格疯涨，还很难买到。1940年2月21日一个普通北平市民的日记如下：

自阴历年以后，物价飞涨不已，白糖迄今已一元八分一斤，比肉还贵，肉有行无市，有钱买不着肉，豆腐四分一块，昨买三块豆腐，两把菠菜代价二毛……面一元八一斤……下午买米一百廿三斤，代价四十四元七毛，合三毛六分一斤，从前亦只一毛余，三元一袋之白面，今涨至七倍。[1]

据当时住在北平的居民回忆，白面基本没有，大杂院里"家家做饭各自在各自屋前，中午晚上笼屉里全蒸的是窝头，吃的是咸菜……"偶尔有见吃面的，肯定是家里有人过生日。那时候买粮食很少有用口袋的，没那么多让你买，也买不起，全是用布兜上几斤或用纸包上。"一早去，粮店虽然开了门，但不见得马上就卖，要等商会通知了价钱，然后把一个一尺多长，一寸多宽，下面漆白漆，上面有个绿色桃形的价钱板插在盛粮食的笸箩里才开始卖。"[2]

没有白面蒸馒头可以用棒子面蒸窝头，但棒子面可捏不成面人儿。

那时在日寇统治下，人们连混合面也吃不饱，捏面人儿生意做不下去了。第一，捏面人儿没有白面；第二，人们也没有闲钱买面人儿。逼得我没办法，就改行做了小买卖。[3]

——郎绍安

做炸丸子，警察赖账

解放前有句老话儿——凡欺负人的人，没有不欺负摆摊的。"拿警察来说，无论警官、警长、户籍警、交通警或便衣警，在小摊上全是白吃白拿……按他们的逻辑是：拿你东西这是给你脸。"[4]这是1930年代在北京东单摆小摊的人的回忆，那时的郎绍安也一样。

从上海回到北京，正是39年抗战时期。人们吃不上饭，卖面人儿就开不了张。我只好改行卖炸丸子。白菜和面做成丸子卖一毛钱五个。

马市桥，白塔寺，有个警察站岗。他脑门上有个包，一脸凶相。他吃了十个丸子，不给钱，总说开支给，让记上账。过两个月了，我父亲找他要钱，他不给还说妨碍他站岗了，就连踢我父亲好几脚。我一听就怒冲冲地找了他去。

那警察说："我没从你手里赊账，挨不着你！"我说："我是掌柜，我们没白送你，你就得还我！"那警察恼怒了，从岗楼上下来就对我连踢带打。我也气急了，心想，我一家老小挨着饿，他倒白吃不给钱还打人。这些警察不敢惹鬼子，专欺负老百姓。我为什么受他这口气!一怒之下,我一把揪住他,把他按在地上痛打了一顿。谁知,他喘过气来逃走之后又找来了三四个警察。他们仗着人多把我捆了起来,押在十字路口的东北角。

后来围过来好多人,人们都忿忿不平。那几个警察就想把我押到报子胡同西四区警察局了事。可是人们也跟到了警察局。这时有两个刚从胡同里出来的学生不明真相,只听说我殴打站岗的警察,就要过来打我。人们一面拦住他们俩一面嚷着说:"警察吃人东西不给钱还打人、捆人,太不讲理了!"局里的警官没办法,只好当众骂那个不还钱的警察败坏了他们的名誉,又让那两个捆我的警察给我解开绳子。我一面骂着他们一面离开了警察局。

我那时候住在宫门口横四条。一个月后的一天,听门外吆喝"冰棍儿!"出门一看,卖冰棍儿的原来就是那个不还钱的警察。[5]

——郎绍安

卖贴饼子,饥民抢粮

1940年,郎绍安的父亲去世了,享年67岁。郎绍安继续做着小买卖。

小买卖养活不了一家子人,卖丸子又惹了祸。我就换了个地方,到帅府胡同东口(现在西四二条)卖贴饼子。我和一个同伴合伙做的这个买卖。饼子五分一个,菜汤一分一碗。我们每人买五斤棒子面,贴了。他卖够五斤面的钱就去买面,我接着卖饼子。我卖够了钱去买面时再换他。不过当时做这个买卖可也不是个容易事。记得,我们第一锅饼子贴熟了的时候，我们两人都要累晕了，饿瘪了。这时候，他的老婆带着仨孩子，我的老伴也带着仨孩子找下来了，两家十口人。孩子哭着叫唤饿。一锅十个饼子，只好每个人先分一个吃。饿太狠了，吃了一个还不饱，可做买卖尽自己吃了怎么赔得起，只好让他们去粥厂打粥喝了。

那时候老百姓真苦啊！整天没饭吃。我们卖饼子也有时候碰上熟人、街坊，饿极了抢一个就跑，一边跑一边吃。有个给鲁迅先生拉过车的工人，他脸上有麻子，人们叫他麻二哥，50岁左右。这时候他正失业没钱吃饭，就这么抢过。有什么办法呢？人饿急了，你卖吃的，他就抢。你买到手，他也敢夺。记得阜成门北顺城街有个老太太65岁了，她儿子夜晚拉车挣回两毛钱来赶紧交给老太太。老太太饿得连生火撮煤的力气也没有了。她儿子还得忙着继续出车，就让老太太买点现成东西吃。老太太拄着棍子晃到切糕张那买年糕。卖年糕的看老太太背后还站着一个人，虎视眈眈地正注意着这块年糕，可能要抢，他便一边把年糕递给老太太，一边一再说："注意，拿住了！小心，拿住了！"老太太还没明白他的意思，年糕刚拿到手里就让背后那个饥饿的人夺去了。那人一边跑一边快往嘴里塞。老太太连饿带急哭倒在路边……那景象真惨呀！当时就是那个世道，我亲眼见的。[6]

——郎绍安

卖贴饼子那会儿还能买到棒子面，到了1944年，连棒子面也没的卖了，开始卖混合面。混合面说是面，其实是稻糠、谷皮、树皮、花生皮、野草根等乱七八糟的东西磨成的，咖啡色，里面可能还会有老鼠屎，根本难以下咽。那时有歌谣：

混合面，真难嚼，

吃到肚里如刀绞。

大人吃了难拉屎，

小孩吃了命难熬。[7]

可就是这种东西，还配给，每月每人只能买十斤，还得排队抢。"一早到粮店门口排队，人很多，互相拥挤，警察在外面维持秩序，用粉笔把人胳膊上全写上号码，谁要乱挤则用皮带抽。好不容易排几个小时才能买上几斤混合面"[8]。

在这种景况之下，郎绍安的小本生意再也没办法混下去了。把贴饼子的工具卖给别人，只够两顿饭钱。生意没得做，受穷饿肚子，日子怎么过，可是，在沦陷中的北平，这些还不是郎绍安遇到的最恐怖的事。

亲历"虎利拉"

1943年盛夏的一天，丰盛胡同西口，郎绍安看到了这样一幕：

眼瞅着两辆日本人的汽车开来了。车在一条小胡同前停下，一个汉奸指着那条胡同说："太君，就是那儿，统统的拉肚子！"一个当官模样的一挥手，一伙带着口罩儿的日本兵挨家挨户砸门，门砸开了，就进去抓人，押出来逼着他们上那辆大卡车。忽然，一个院里传来一个女孩子的哭喊声："别抓我，我没病，我没病啊！"接着，看见两个日本兵拖着一个梳辫子的姑娘从院里出来。那姑娘拼命地挣扎哭喊，那声音听了让人瘆得慌！姑娘再怎么挣扎也没用，终于被日本兵扔上了卡车。装满了中国人的卡车开走了。这是拉到城外去活埋！[9]

那个女孩子口中喊的病，一定是指霍乱，日本人叫"虎利拉"，郎绍安看到的一定是那次北平霍乱大爆发，日本人以"防疫"为名，对中国病人、疑似病人"赶尽杀绝"的一幕。

"1943年7月到8月间，日本军队在北平的细菌部队工厂泄露出大量病菌，致使北平霍乱流行。"[10]"日本人要对家家进行防疫检查，发现有霍乱，立刻在发生的胡同口拉上线，缀上纸条，上面写禁止通行。染疫人要烧完后埋，烧不用火，而是用石灰。"可往往是"一人患病，全家遭殃，几乎天天都有全家人被日本兵活活烧死的事"，所以凡是在这时候生病的人，哪怕得的是别的病，全家也担惊受怕，"听到有检查动静，即便病再重也要强挺出有精神的样子，以拖过检查，免得被烧死"[11]……

整个北平都处在恐怖与苦难中，这里不是前线，没有与日军浴血的战斗；这里不是后方，不能慷慨激昂地反侵略；在沦陷区，有的好像只是无尽的忍耐与敢怒不敢言……可是，对于提心吊胆过日子，挣扎在生死边缘的老百姓来讲，活下去，可能就是最好的反抗。就在霍乱爆发的头一年，1942年，中秋前夜，宫门口横四条三清观，郎家的三女儿，郎志丽出生了。小家伙熬过了那场大疫情，一家五口，继续艰难度日。

注释

[1] 曾毅著，王金昌整理：《北平日记》（二），人民出版社2015年版，

第 350 页。

[2] 关仁杰:《沦陷区人民的痛苦生活》,载北京市西城区档案局(馆)编:《北京西城往事 8》2015 年版,第 40、41 页。

[3] 郎绍安口述,郎志丽、冯国定、张子和执笔:《我的面塑艺术生涯》,载中国人民政治协商会议北京市委员会文史资料研究委员会编:《文史资料选编》第十六辑,北京出版社 1983 年版,第 234—246 页。

[4] 刘恩禄:《几经沧桑的东单大地》,载中国人民政治协商会议北京市委员会文史资料研究委员会编:《文史资料选编》第二十九辑,北京出版社 1986 年版,第 256 页。

[5] 郎绍安口述:《面人郎自传》,1979 年,金静文整理。

[6] 郎绍安口述:《面人郎自传》。

[7] 赵书:《抗战时期的北平歌谣》,载《北京西城往事 8》,第 6 页。

[8] 关仁杰:《沦陷区人民的痛苦生活》,载《北京西城往事 8》,第 41 页。

[9] 巩华:《面塑生涯》,《纵横》1989 第 5 期。

[10] 霜林:《抗战时期的中央医院》,载北京市西城区档案馆编:《北京西城往事 3》,中国文史出版社 2008 年版,第 69 页。

[11] 关仁杰:《沦陷区人民的痛苦生活》,载《北京西城往事 8》,第 40 页。

11　老不扫北，游艺京包线

经历了南下上海，被劫、被骗、被偷；回到日据的北平，警察赖账、饥民抢粮、霍乱爆发；1940年，父亲去世；1942年，三女儿郎志丽出生……郎绍安一家五口，在北平过不下去，就琢磨着还是要到外面找生路。这次郎绍安决定往北走，经人介绍，第一站去丰镇。

一个"唐僧取经"换三口袋土豆

丰镇现在属于内蒙古自治区，位于内蒙古、河北、山西的交界处，自古就有"塞外古镇，商贸客栈"之称。

丰镇当时是属蒙古（应为伪蒙疆联合自治政府，作者注）境内的地方。去那里要出国证。证上得贴相片，照相要等七天才能取出来。我从表姐家借到了6块钱，要花钱照相，买车票就差不多了。等七天取相，这七天里一家人吃什么呢？我东奔西跑总算找到了一个照相摊子，摆着相匣子，墙上挂块布帘。一问照相师傅能不能当时取。那师傅满口答应，说是可以照快相，当时取走。我一听非常高兴，坐在布帘前照了一张。等了一会儿，师傅把照片给了我。我领了证件，贴了照片，买了车票，收拾了东西，然后就带上一家大小去车站了。

谁想一进站，收票的人告诉我说："你的照片不合格，这是快相，一抹浆糊就走了样儿。这根本不像你。你证件上贴了这样的照片，下车时日本人要怀疑你的，说不定要关进宪兵队挨耳光、受苦刑呢！我是好意告诉你，你还是回去照一张正规的吧！"我一听真着急呀！去吧要受刑，不去吧票都买完了……想来想去只好再回到表姐家借钱吧。表姐一听我一再向她借钱照相、买票，都不信了，以为我是不是不务正业敲诈她。我们一家大小全给表姐跪下，我流着泪诉说了去车站的情况。表姐也不是阔人，可是一听细情，很可怜我们。她又给我凑了十元钱。我去照相馆照了相，等了七天。七天里不敢正经吃饭，全家每天吃半饱，对付一点东西糊口饿不死就得，钱不够有什么办法呢？这次总算顺利地上了车，到了丰镇。

在丰镇站上遇见了熟人，很顺利地住了店。捡点儿煤渣生了火就先蒸面。当天捏了一套"唐僧取经"，被一个地主家的孩子看见，赶着牛车老远的送来三口袋土豆，一家大小的口粮算解决了。

口外不缺粮食，当地没见过面人儿，人们看着新鲜就肯买。不过面人儿不是粮食，不是饭，谁也不天天买。买得起的买过就不再买了，买不起的光看着不买，我们就没有收入。所以我每到一个地方就只停留三四天，第五天就换地方。生活也无定居。在南口到包头这一条线上，我转了三年。后来绥远、萨拉旗、磴口、毕克齐等大小站我全去过。[1]

——郎绍安

游艺路上的世态炎凉

我就像要饭的似地，老是带着家眷，背着箱子乘火车到各地游动。火车到站我们就下来，赶紧找个地方捏面人儿。小面人儿的手艺出在北京，外地人看着新鲜，往往里三层外三层地围着看，争着买。我捏了十来个，算计算计够我们一家吃喝一顿了，就收摊休息两个钟头，等吃完饭再捏。卖的多全家就饱餐一顿，馒头就熏鸡，卖不出去全家就大眼瞪小眼，饿着。在哪买卖好就在那儿待两个月、三个月，买卖不好待了两三天就换地方。我就这样游来游去。

有时候也转回北京来，把老伴和孩子安置在前门站外，用粉笔画个圈。孩子只许在圈里玩，出圈的不给吃的。老伴看着孩子，我去打磨厂卖面人儿。面娃娃一两毛钱一个。一会儿卖够了贴饼子钱就买了饼子送回去，孩子们吃着，我再去捏再卖。挣够了两个大人的车票就打票上火车去丰台。

算准了乘午后两三点到丰台站的车。下火车后，开店掌柜的看我们一家大小破衣烂袄，面黄肌瘦，怕给不起店钱不收留我们。我就给掌柜的说，明天早上我给你店钱，要不给，我把被子卖了给你钱。（掌柜的同意了）第二天，我就在他店门外摆摊捏面人儿。（上一站）生意不好就有存货，刚到新地方，存货很快就卖光了。一会儿就挣了八块钱。当时就给掌柜四元钱，掌柜的非常羡慕我，说他开一天店也挣不进八块来，于是对我们就热情招待了。热情招待我们也不能多留，住到第五天，面人儿卖不出去要赔钱的。所以我们又离开了丰台来到保定。那里开店的不知我们身份不敢收留，我们只好住在破庙外，一面流浪一面卖艺。

后来我又下关东到过锦州、沈阳、怀来、张家口、包头等地。走得远,接触人多。遇上朋友自然是雪里送炭,遇上坏蛋那就会被趁火打劫。记得有一回,我捏面人儿的面没有了,便托一个糊玻璃罩的同伴去买面,他说这面好找,有的是,我便信了他,给了他30斤面的钱和口袋,谁知他竟连钱带口袋一块儿拐走再不露面了。在关外也碰到过这种倒霉事:我住在一个姓关的朋友家,当时偏巧有个叫韩月川(原名韩增君)的,来求关家帮忙找工作。我去捏面人儿,他就要求背着工具箱子,收钱。不料,卖到30块钱的时候,他竟悄悄拿钱跑了。朋友们劝我别惹事算了,不过时隔多年,想起来还很令人气愤。人家愈困难,他愈趁火打劫。当时原料都没有了,钱也没有了,怎么活呀!

　　我们在哪一个地方都待不长,不流浪是不行的,我们又走了京汉线,东北、西北,到处都受着欺凌。不说别种坏人吧,就是旧军人,国民党的士兵……那年在八达岭外的康庄,我在一个兵营门口,正捏着一个胖娃娃吹号,一个号兵过来看见了,就瞪眼问:你捏的这是什么?你不是在形容我?我也气了,我说:我捏的是胖娃娃,我想捏你还捏不好呢!他狠狠地飞起一脚,把我的箱子踢翻,玻璃都粉碎了!有时候呢,一个大兵把我的面人儿拿走了,我跟到营门口,另一个大兵出来就给我一个大嘴巴……还有日本人的时代,就更别提了……从前的苦日子,说它三天三夜也说不完![2]

——郎绍安

　　京包线、京绥线、京汉线,郎绍安和妻子拉着大的抱着小的,背着工具箱子带着铺盖卷,一站一站走。游艺路上,他捏面人儿、卖面人儿,历尽人情冷暖。回忆是苦的,但可能郎绍安自己都不知道,他捏面人儿的样子,他捏出的小面人儿,曾带给过两个小孩子怎样的惊奇与温暖。

两个小孩的记忆,最可贵的教育

先说一个保定的小孩。

我结识郎绍安颇有些传奇性,是日本侵略中国时期,我还是一个十一二岁的小孩子,一年冬天年底在家乡保定城隍庙街见到一个面人摊子,塑的面人与其他艺人不同,生动精细,而且装在玻璃框里,售价也自然高,他穿着一件破皮袄,在寒冷的街头当场制作,显示出高超的技巧,这便是从北京到保定讨生活的郎绍安。我虽然不太懂得艺术,但却看得入了迷,在寒假期间几乎天天站在他旁边"观摩",也引起了他的注意,一天竟将他捏的一个漂亮的娃娃赠送给我,我也成了他的艺术的"知音"。他住在一个非常简陋的客店里,也欢迎我在晚上去访问,看他蒸面团加工原料等准备工作和赶制别人的订货。和我聊起北京的白塔寺庙会,叙说他有一次在南方坐海轮没钱买票,在甲板上捏起面人竟得到解决。他还告诉我为什么塑钟馗要加一只蝙蝠,那叫"恨福来迟",我从他那里最早得到了民间艺术的"专业教育",竟成了他的"忘年交"。他回北京时又送给了我一件钟馗面人……[3]

上面的回忆出自薄松年,他说自己从郎绍安那里得到了最早的民间艺术的专业教育,后来1950年代,这个小孩子上了中央美院,又成了中央美院的教授……

郎绍安的面人儿曾让保定的小男孩入了迷,而他捏面人儿的样子则是另一个孩子心里最早的记忆、最温暖的画面。她就是那个被郎绍安卖面人儿时圈在圈里的三女儿——郎志丽。

> 那时候,我只知道全家五口人(上有两个姐姐)跟随父亲走东闯西,靠父亲卖面人儿过日子。我们到过关东和绥远、山海关、张家口、大同、包头、丰镇等地。去这些地方多是靠两条腿步行,有时候也坐两站火车。每到一处不是住大车店,就是找一个私人开的小客栈。住小客栈还好,一家人能住在一起干什么都还算方便,要是住大车店可遭罪了。一个大炕上睡的什么人都有,男的、女的、老的、少的,但大部分都是年轻力壮赶大车的赶脚人,就这样有时一家人还是住不下。每逢这种情况父亲就在大炕的一头背靠墙慢慢坐下用一只脚蹬着睡觉人的背,另一只脚蹬着睡觉人的屁股,一使劲就能挤出一两个人的地方,我们就都能睡了。集市和庙会是我父亲必去的地方,他没白天没黑夜地忙碌着,为全家人每天能吃上土豆或喝上一碗玉米面粥而奔波。那时候没有电灯只能靠油灯或蜡烛取亮,父亲每天就在微弱的蜡烛光下捏着他的面人儿。
>
> ——郎志丽

蜡烛下捏面人儿的身影就是郎志丽对父亲最早的记忆。对三四岁的郎志丽来说,撑着一个家的郎绍安是最好的父亲,白天爸爸会在地上画个圈,只要不出圈儿,一会儿自己和姐姐们就会吃到爸爸给的贴饼子；晚上，在鱼龙混杂的大车店里，爸爸也会为小姐妹挤出一块安全的地儿，孩子睡了，他还在捏面人儿……对十一二岁的薄松年来说，只在他童年出现过几天的郎绍安却把他领进了民间艺术的门，面人儿手艺让他入了迷，又引发了好奇心，面人儿里的民间传说，捏面人儿的人走南闯北的传奇经历，他都想知道……这一切，对于游艺路上的郎绍安也许不是有意的，但对郎志丽、薄松年，对那个年代的小孩子，这不就是最可贵的教育吗？

注释

［1］郎绍安口述：《面人郎自传》，1979年，金静文整理。

［2］综合自郎绍安：《我一定好好学习，多捏新样式的面人》，《北京日报》1955年4月17日；巩华：《面塑生涯》，《纵横》1989年第5期；郎绍安口述：《面人郎自传》；冰心：《"面人郎"访问记》，1957年。

［3］薄松年：《中国民间美术》，三民书局股份有限公司2011年版，第184页。

12　三清观里小手艺人的家

记得那是在初冬的丰镇,有一天父亲在街上摆摊捏面人儿,我在一边玩,忽然听到父亲叫我过去,我往他那儿跑时没留神,掉进了污水沟,喝了两口脏水,结果得了痢疾。虽然叫郎中(当地的大夫)看了两次,但高烧不退。没办法父亲带我们重回北平。

——郎志丽

瑞雪兆"疯"年

这两天,雪落得这样大,一连落了四十个小时,雪有一尺深的样子……昨天清早,在一条胡同里走过,我瞧见一个现象,如同尖刀刺入,在一处贴了某某特派员封条的大厦门洞里,蜷缩着一个缩成一卷的乞丐,他已随这场大雪离开这世界,但这封条与死乞丐的对比,总似乎对人生故意加一种讽刺。[1]

这是抗战胜利后,刘白羽眼中北平的一个大雪天。那时的北平冬天雪特别多,也是在一个大雪纷飞的日子,郎绍安带着妻小,回到了阜成门内宫门口横四条三清观里的家。

那时北京的天气特别冷,我们姐仨就挤在一起取暖,等母亲捡煤核儿回来生炉子做饭。父亲继续找大夫给我看病。一天父亲从外面回来手里托着一块熟肉,我妈问他,你还有钱买肉吃,父亲笑着说用一个面人儿换了一块牛肉给三儿(郎志丽)吃。后来他告诉我们:你们不知道咱们满人有个风俗,每年冬至日消灾祈福。意思是说冬至时请来亲朋好友,磨刀杀猪,开始祭拜。就是在大门的东南角竖起一长竿,称为祖宗杆子(类似旗杆),顶端挂个葫芦,杆稍上放一个筐,内放猪肠或猪骨头拌米饭,用以祭祀乌鸦。据说乌鸦是满族古老氏族的图腾,祭祀完毕,亲朋好友围坐一起吃俗称"神余"的白肉,这样就能求得祖宗的保佑和神灵的庇护。说也奇怪,吃了肉,我的病竟然慢慢就好了。

——郎志丽

郎志丽说,自从她那次病好了后,可能爸爸也怕再出事,再也不带着他们去外地东奔西跑了,就在北平熬日子。那是抗战胜利之后,1949年之前的北平。摆脱了日本人的统治,日子好过了吗?

这是经过沦陷八年后的第一个春节啊,照理说,二百万人民应该多么欢喜,多么骄傲。可是,除了天上隆隆的盟机或自己的飞机声音不断,与偶一挂出的国旗外,我想问问老百姓们:你们触摸到我们的国家了吗?你们贴依到我们的政府了吗?这个春节与那些个春节有什么不同吗?[2]

今天是废历正月二十三,旧年除了给投机者带来喜悦外,对北平一百七十万人民带来的只有噩梦一样的物价、粮价直线上升。旧年前后下过三天大雪，那时人民有的说是"瑞雪兆丰年"，而今天小型的《北平日报》副刊《太平花》里有人写瑞雪兆"疯"年，作者引证战事、金价、物价三事说，这是一个疯年。[3]

"瑞雪兆'疯'年"是1946年在北平的记者彭子冈给文章下的小标题，而且从那年起，日子一年比一年"疯"。只说和郎家关系最密切的，物价里的粮价，1946年初已经高到"八万多一袋，一袋四十四斤，合两千元一斤"。两年后，物价更是像断了线的风筝，扶摇直上，抄一段一个普通北平人1948年1月3日的日记：

听说兵船面已经一百一十五万了，我很着慌……在后门大街上一问，面都买不到了。我买了一斤甜酱菜，一斤牛肉，这些都是没有涨价的。买布，没还妥价钱，没买了。转过鼓楼，有肯出卖洋面的了，二等，一百一，头等一百一十五。我跑了几家，用一百一十万的价钱买了两袋头号环球粉……[4]

从几千元到几百万元，冥币似的币值，连涨价带通货膨胀，已经没法算清面粉涨了多少倍。在一个又一个"疯年"中，那个被一个面人儿换回来的牛肉救活的郎家三女儿郎志丽，开始记事儿了，能帮家里干活了。

手艺人家庭的日常

在那兵荒马乱的日子里,父母带着四五个孩子(1945年到1949年,妈妈又生了两个弟弟),光靠捏面人儿一家人吃不上饱饭,父亲不得不同时拉洋车(后来是蹬三轮儿),母亲卖烤白薯,领着我们捡煤核儿拾菜叶,到广济寺打粥……

——郎志丽

这就是北平最普通的一个家庭,一个捏面人儿的手艺人——郎家的日常。先说郎家的孩子。在郎志丽的记忆里,小时候最早帮家里干的两件事就是——拾菜叶子、捡煤核儿。

煤核儿就是没烧透的煤球,人家扔了不要了,砸开后里面还有黑的。那时候垃圾就倒到街上,我们就拿着棍儿,翻翻,敲敲,把外面的灰敲掉了,瞧瞧,里面有黑的就捡了,放到小筐儿里,回家烧。

——郎志丽

关于煤球与煤核儿,1940年代在北平上小学的李敖曾说过,冬天,买煤球,大部分"用户都三五百斤的买,或找摇煤球的到自己家里来摇,穷苦的人家也有一次买50斤的。再穷苦的人家就无所谓买多少斤了,而变成了捡煤核儿的"。他常看到"缩着脖儿,冻得流出两行清鼻涕"在垃圾堆上寻找"剩余价值"的小孩儿,煤核儿"积少成多,也够自己家里烧个一天半天的"。当然这些小孩子是没钱念书的。

好大的西北风啊，飞到一座树林里。
它叫树林跳舞啊，一二三四呼呼呼。
它对树林大声说，现在已经不早了，
大家都要用些劲儿，一二三四呼呼呼。[5]

寒冬，当李敖坐在新鲜胡同小学的教室里，带劲地唱着刘半农、赵元任写的《好大的西北风》，唱得热气直冒时，在大西北风中，没钱念书的郎家姐妹要捡煤核儿。可能就是因为太冷了，郎志丽一只小手冻成了关节炎，后来指头尖都变了形，[6]可当时她自己都不知道。

除了捡煤核儿还有捡菜叶子。那时候卖菜城里面胡同里都是小摊儿，咱不能上这地儿，得上批发的地方，城外。我们就出阜成门，过护城河，河沿儿边上就有菜市。农村的人种的菜，早上拿到那儿。人家觉得菜外面稍微有点不好的就择了扔了，怕影响菜价，我们就捡那个。菜市离横四条也近，和姐姐还有街坊，都是小孩，搭帮去。

——郎志丽

捡了白菜帮子白菜叶，熬着吃。想起汪曾祺曾说过北京人易于满足，有窝头就知足了，再来个"虾米皮熬白菜，嘿！"[7]郎家的熬白菜里可没虾米皮。那时候觉得苦吗？辛酸吗？过去有报道这么写，可郎志丽说那时候也不觉得苦。

也不觉得苦不苦的，从小就那样。街坊小孩说去菜市啊，走啊，还特高兴，不是去买菜，是去捡菜，是营生。吃得饱，冻不着，有爸妈，就不觉得苦。

吃，白面肯定是吃不上，家里的白面都是留着做面人儿的。逢年过节吃饺子才吃白面，平时吃棒子面，好的时候顶多在里面掺一点儿白面，两种面蒸个馒头就不错了。穿，穿的不是很讲究，挣钱不多，孩子吃喝还顾不上呢，不讲究穿，就是中式的和普通人一样的衣裳，当然也不是破破烂烂补丁摞补丁那种，也没到那个程度。大的穿完小的穿。也从来不比较，看人家家吃这个咱们家不吃，人家穿这个咱们家没有，反正从来没比过这个。比半天自己不舒服。你要问我那时候面多少钱，房租多少钱我真不知道，我们小孩子不操那个心。吃、穿、住都有爸妈呢。

——郎志丽

"都有爸妈呢"是郎志丽回忆起小时候感觉最踏实的一句话。同样是苦日子，父亲郎绍安因为母亲早逝而过早面对生活的重压，而郎志丽和姐弟们再苦也有父母庇护着。

父亲说话声音不高，不但对我们，对家人对任何人都是。从来没有大嗓门呲答（北京话意思是批评）过我们。我在外地掉水沟那回，我爸害怕了，当时决定回北京，说再也不到外地做生意了。那以后也没呲答我，就嘱咐别再乱跑了，就在我边儿上，谁叫也不能去。

我妈就是一个特别老实的家庭妇女，生了我们姐弟9个，一天到晚缝缝补补，弄我们这么多孩子。我妈怀了10个，真正生了9个。

在大弟弟和二弟弟之间还应该有个孩子，流产了，就是在 1945 年到 1949 年之间。我妈因为什么事走到院门口，门那儿有个花盆儿，没注意，被绊了一下，孩子就没了，流产了。那时候女的真不容易。

父亲每天都出门卖面人儿，天亮出门，看不见了回来，有路灯的胡同就多待会儿。快解放那会儿吧，面人儿生意不好，我妈在家附近一个小庙儿门口摆了个烤白薯的炉子。每天我妈先去笼火，卖烤白薯。白薯要去城外买，每隔四五天，母亲就拉着排子车，天不亮就出门，等阜成门一开就出去，去西边模式口拉白薯，得有三十里地，赶在关城门前赶回来。

晚上我们和爸妈一家人挤在一间屋子里。最多的时候有 9 口人。屋子也就十平方米多点？一进来一张桌子，然后一个土炕。后来因为什么把炕拆了，买了一双人床，睡 6 个人，晚上爸妈再搭一个铺板。其他的没了。我们都睡了，我父亲就着桌子边儿做活，点着煤油灯。吃饭也在这张桌子上，夏天在外面吃，一人端个碗。父亲做好的面人儿怕孩子碰着，就在桌子上面快到顶棚那儿钉了个吊板，做好的活儿就放上面。

——郎志丽

郎志丽说的这间小屋子，就在阜成门内宫门口横四条三清观。

三清观是个大杂院

北平小庙多，佛教的道教的都有，1940 年代，从郎家住的横四条到白塔寺，走路十分钟，小庙就有七八个[8]。佛爷、神仙、关公、土地爷就守在老百姓身边儿，不光能保佑，有时候连自己的房都腾给人住了，三清观就是。三清观是清朝道光年建的道观，距今180多年。2018年，西城区要恢复古迹，迁出了三清观里的所有住户。有媒体说这里是解放后成的大杂院，其实不是，打郎志丽父亲那会儿，这里就住了很多家儿人。

我们家一直都在阜成门内一带住。我爸爸小时候就搬到宫门口横四条三清观，就一直住到1956年。横四条，南北方向的胡同，就是现在鲁迅故居西北边一点。

三清观是个老道庙，院门在路西，有一个像白塔寺那样的圆门（拱门），但没那么大。正门北边有个小门，我们都走那个门儿。进门第一进院子，两个大殿，一东一西，南北两边各有六七间房，院子里有两棵大槐树，特别粗，抱不过来都。后面还一进院子，有枣树，南北还有两个小跨院。南边的跨院里有个厕所还有一口井，井里的水洗菜洗衣服，不喝。院门口有个压水井，喝那儿的水。

前院西边那个大殿，里面有塑像，那时候也不懂供的是谁，后来就锁门不让进了。我小时候里面还有个老道呢，老道姓范，四五十岁，头发梳着个鬏，看着院儿，解放以后就走了，不知道去哪儿了。

原来所有殿里应该都有塑像，后来把塑像拆了就住人。我们住在前院儿南侧边的房子里，第二间，第一间是我大爷住。从我们家屋里就能看见大殿的台阶。我就是在这个院子出生的，一直到1956年，住了14年。

从父亲小时候到我小时候，三清观里面一直就住满了人，得三四十家儿。观里除了有塑像的那个殿，全住人。做小生意的、卖唱的盲人、机关上班的、印刷厂的、拉车的、卖菜的都有。我印象最深的是后院一个小女孩，她父母都是盲人，卖唱的，她眼睛是好的，跟我特别好，经常约"走啊，明儿上早市捡菜叶子去"。

——郎志丽

童年的郎志丽和众多在大杂院儿里长大的穷孩子一样，捡菜叶子、捡煤核儿，帮妈妈打粥、卖烤白薯，但她又不一样，因为她可以跟着父亲下街赶庙会，她可以捏小面团。

跟父亲下街赶庙会

我八九岁才去上学，从四五岁就跟着爸爸下街了。我爸每天早上把面准备好，出去带着姐姐和我。院子里孩子多人多怕出什么事，带出来在眼皮底下可以看着。每次顶多带两个孩子，带三个的时候少，多了看不过来。光管孩子就没法挣钱了。

父亲背着箱子、大马扎，我们小的时候什么都不拿，就跟着。下街就是走街串巷，找个人多的地方，别太背，但人堆儿里也不行，碍人家事。把摊子支上，嘱咐我们别瞎跑，跟姐姐说"看好了三儿"。再小的时候还在地上画过圈儿，谁出圈儿不给谁吃的。然后我父亲就开始做面人儿，卖面人儿不吆喝，就坐在那儿捏，能围上来人就多待会儿，没有就还得换地方。如果走的离家不远，中午就回来，到我妈那儿拿个烤白薯吃。要是走的远了，爸爸就买个烧饼给我们吃。

开始跟着下街要我说纯属瞎起哄，没想着跟爸爸学。后来，我们在外面疯跑，疯跑够了也站旁边看。等看多了，就上手捏。六七岁的时候我就能捏个小玩意儿了。有时候捏个小兔子什么的,我爸就说这个行,留着吧,等我捏个娃娃让娃娃抱着。再往后,做之前我会问:爸,是拿着还是抱着?拿着,是拿大糖葫芦啊还是那扑棱棒儿啊?说了以后就做。如果是抱着的就捏枣儿、梨、苹果,还有兔子什么的。冬天的时候,天特别冷,面一会儿就能冻上,就没法捏了,所以我爸在捏人儿的时候,我就拿团面给揉着,这样就能不冻,好捏。

最热闹的是赶庙会,白塔寺离我们最近。干吗的都有,平日里吃的穿的用的全有的卖。吃的,稀的稠的干的,摊儿可多了,现在护国寺小吃里的都有,还多得多。做小生意的,剃头的,锔锅锔碗的,拉洋片的,卖小孩玩具的空竹、风车、风筝。有的有摊儿,有的就挑挑子。

——郎志丽

每月逢五、六开的白塔寺,逢七、八的护国寺,逢九、十、一、二的隆福寺……这些定期轮着开的庙会曾是多少老北京的孩子最美好的回忆。那时的萧乾说自己是个穷孩子,"可穷孩子也有买得起的玩具。两个制钱就能买只转个不停的小风车。去隆福寺买几个模子,黄土和起泥,就刻起泥饽饽……"[9]可对于郎志丽,穷孩子买得起的玩具她也从来没买过,就连自家做的孩子都喜欢的小面人儿,她也从没当玩具玩过,"那是钱啊,怎么能给我们玩儿"。

要问庙会这么多好玩的好吃的买过吗?从来没有,吃饭都困难,哪想提那个要求。是去庙会挣钱去了,不是逛去了。当然我们也四处跑着玩玩,但从来没想自己要花钱,兜儿里也没钱。

那时候在庙会上捏面人儿也没固定摊位，看哪有空地儿，就摆上，比如今天的地方，明天去晚了可能就被别人占了，就换个地方。卖的反正比下街要好点儿，最好的时候能卖五六个。人家点什么就捏什么，要娃娃的多，因为都是哄孩子吗。要碰上喜欢戏出儿的，人家说我要哪出，当时做不了，就说哎，您明天还上这儿来，我还在这儿，您来取。这样他还可以白天给别人捏那些个简单的，晚上再做预定的。再一个，如果碰上人家点的他不熟悉的戏，他晚上还得听戏去。第二天再捏，再给人家。要付定金吗？不用，说好价钱，定金随人家，人家要方便就先给点儿，不方便也没关系，取活的时候再给。如果万一说好了人家没来取，那就等一天，再不来这个活还可以卖给别人。要问那时面人儿卖多少钱一个，不记得，我们小孩儿不操心挣钱的事，就知道有的时候哪天挣钱多了，爸妈说今天咱们改善，就吃鱼，或者包饺子。

——郎志丽

这就是郎家的日子。张玄在《北平的庙会》里有句话，说"人生任有多少幻想，也终不免于过小家日子，这是快乐的事，也是严肃的事，而庙会正包含这两种情调"[10]。这话，没在北平的胡同里住上过三五年的人怕是不能懂。作为手艺人、小买卖人，庙会是生意，挣钱养家；作为北平的老百姓，庙会是日常，可以吃可以玩可以逛，可以买针头线脑日用杂货……但无论买的还是卖的，庙会都是为他们一个个住家而设的，是过日子。

北平的精神在住家

说回到住家过日子。"严格说起来北平的情调应该拿住家来代表,也唯有住家的生活才真正够得上北平的。"[11]北平的精神由住家维持,可,是怎样的住家呢?

是殷实的?天棚鱼缸石榴树,厨子肥狗胖丫头,这是住四合院的富裕人家的标配。是中等人家的?"正院子里可能就有一两株槐树,或者是一两株枣树。尤其是城北,枣树逐家都有,这是'早子'的谐音,取一个吉利……"[12]还是某个小庙隔壁的大杂院?"晚上回来,你总可以看见车夫和他的大肚子的妻子'举案齐眉'式的蹲在地上用晚饭"[13]。再或,是三清观里,那个小手艺人的家?

张中行笔下理想的住家是"丁香小院共黄昏","枣颗小院共黄昏"[14];林语堂说,清晨在花园中拔白菜的时候,抬头可以看到西山……[15]问童年的郎志丽在三清观的院子里看得见西山吗?看不见,但在胡同口就能看见白塔尖儿,上面挂铃铛,有风的时候"叮铃铃"地响,附近的人都听得见。出了胡同口就能看见阜成门,城外护城河的水里有鸭子……郎志丽还记得她们的大杂院里也有树。

三清观的前院里有两棵大槐树,特别粗,一个人儿都搂不过来。后院有枣树,结了枣儿有人打了分给全院儿吃。小孩儿在院子里跳皮筋、拽包儿、欻拐、跳房子。弄块布,缝个包儿,三角的,省布,里面搁点小石头子儿。听到胡同里有吆喝声就跑出去,卖金鱼的、打糖锣卖小孩儿玩意儿的。我们从来没买过,就是一听吆喝就跑过去,看看也高兴(这些后来也成了郎志丽常捏的小面人儿)。

——郎志丽

富人、穷人、文人、手艺人……究竟哪种住家代表那时的北平精神？那时的北平精神又是什么？当时就有作家说，对北平"你要逛就要钻入她的内心，靠城根儿租个房子，住上三年两年……你若走马观花，她只给你残破相"[16]。最后，抄北京孩子萧乾的一句话："春天，大院的天空就成了风筝世界。阔孩子放沙雁儿，穷孩子也能用秫秸糊个屁股帘儿。反正也能飞起，衬着蓝色的天空，大摇大摆。小心坎可乐了，好像自己也上了天。"[17]

注释

[1]刘白羽：《北平的春天》，载姜德明编：《北京乎》（下），生活·读书·新知三联书店1992年版，第709页。

[2]子冈：《北平岁寒图》，载《北京乎》（下），第733页。

[3]子冈：《愁城记》，载《北京乎》（下），第727页。

[4]喻世长著，王金昌整理：《建国日记》（上册），东方出版社2009年版，第3页。

[5]刘喜峰、曲铁夫、李英荔、戴正光、张凌波编著：《名人忆童年·中国卷》，哈尔滨出版社2000年版，第445页。

[6]因为这只被冻坏的手还引出了一段故事，详见本书"手上的缘分"一节。

[7]汪曾祺：《胡同文化——摄影艺术集〈胡同之没〉序》，载《汪曾祺集》，河南文艺出版社2018年版。

[8]参考自侯仁之主编：《北京历史地图集》人文社会卷，文津出版社2013年版。庙的数量是从地图标注中数出的。

[9]萧乾：《老北京的小胡同》，载徐勇策划、程小玲主编：《胡同

九十九》,北京出版社 1996 年版,第 2 页。

[10] 张玄:《北平的庙会》,载陶亢德编:《北平一顾》,宇宙风社 1936 年版,第 145 页。

[11] 张玄:《北平的庙会》,载《北平一顾》,第 143 页。

[12] 张恨水:《五月的北平》,载《北京乎》(下),第 775 页。

[13] 朱光潜:《慈慧殿三号》,载《北京乎》(下),第 517 页。

[14] 张中行:《步痕心影》,中国旅游出版社 2000 年版,第 81 页。

[15] 林语堂:《动人的北平》,载《林语堂经典作品集》,中南博集天卷文化传媒有限公司 2016 年版。

[16] 张玄:《北平的庙会》,载《北平一顾》,第 141 页。

[17] 萧乾:《老北京的小胡同》,载《胡同九十九》,第 2 页。

13　承平就是好年头

二十八把面发，
二十九蒸馒首，
三十儿晚上熬一宿，
大年初一去拜年，
您新禧，您多礼，
一手白面不换你，
见到父母道新禧。

又到了唱这首歌谣的时候，又过年了，但 1949 年的这个年，不一样。

1949 年·北平·过年

1949 年 1 月 28 日，除夕，北平白塔寺宫门口横四条三清观的那间小北屋里，郎绍安 40 岁（虚岁）了，而他的几件人生大事——出生、成亲——都发生在过年的时候。当年，那个生在宣统元年除夕、大喜鹊胡同、被取名叫双喜的小男孩，出生后就没遇见什么喜事，生在大清到民国的裉节儿上，出生后是军阀混战，等刚一成亲又赶上抗战爆发……近40年,"动荡"一直是郎绍安乃至整个北京城、整个国家的关键词。到1949年的那个春节,年届不惑、已为人父的郎绍安和420万北京人一起,又一次站在了国家转折的褃节儿上。

那年春节,经历过的人这样回忆[1]:

> 1949年的春节特殊。在北平城里苟延残喘的国民党兵临走之前把老百姓家扫荡一空,但即将解放的消息却让大家想方设法借米借钱的脚步轻快起来。有时能听到孩子闹着嫌"菜不好",家里大人就会这样说:"别闹了,这是最后一次这样了,要解放了,咱们明年肯定就能吃上好的了,而且肯定一年比一年好了。""解放"带给人们精神上的愉悦已让大家忽视了物质上的匮乏。
>
> ……
>
> 三十晚上包饺子是重头,大街小巷听的都是"咚咚"的剁馅儿声,其实那年并不是家家都买得起肉,做些老北京的咯吱盒儿,绿豆面摊个饼,上面撒上香菜、胡萝卜丝、水疙瘩丝,卷起,油炸,再剁在素白菜馅儿里全充肉了。这顿年夜饭可能让很多苦苦盼了一年的孩子们失望了,但"解放"的临近,却让人们觉得这是有生以来过得最好的年。

大年初三,1949年1月31日,国民党军队全部开出城外,听候改编,中国人民解放军开进城内。北平宣告和平解放。抄一段亲历者当天写下的笔记[2]:

> 一九四九年的一月三十一日,将是我们这座文化古都最值得纪念

最值得夸耀的日子。

当那以三十六排的乐队为前导的人民解放军,于十二时半跨进西直门的时候,北平人民的热血沸腾了,古老的城市年轻了。

北平的新的历史揭开了序幕。

伟大的人民解放军的行列在北平城内出现了。颈上挂着加拿大冲锋枪的行列、肩上扛着闪亮刺刀的行列、战防炮的行列、汽车的行列……一队队一排排从夹道欢呼的人山人海中穿过。

……队伍以胜利者姿态大步前进,庄严、肃静、威武,不唱歌子,不呼口号,汗也不揩,眼里充满了光彩。

……

一月三十一日,这是北平天翻地覆的日子。从这天开始,一座六百多年的五朝古都及封建堡垒,变成人民的城市了,人民做了自己城市的主人。

这篇文章的题目就叫《人民的狂欢》,激昂、喜悦与希望在字里行间洋溢。二月三日,北平又举行了人民解放军入城式。在《北京市西城区志》中有这样一张照片,"一辆汽车正行驶在西四牌楼下,车上立有以五角星为衬的毛主席半身画像,车头前挂有'庆祝北平解放'的横幅标语,车上的战士们用竹竿举起印有'中国人民解放军东北野战军政治部宣传队'的横幅,路两旁挤满了欢呼的群众"[3]。

西四牌楼那儿,欢呼的群众里就有郎绍安一家人。郎绍安这个40岁生日,北平老百姓这个大年,因为解放而不同寻常,人们拜年不再磕头,不再说过年好,而是说"大喜,解放了,好日子终于盼来了","芝麻开花节节高,那年春节人们对踩芝麻秸尤为钟情,因为解放,日子会真的节节高"。[4]

朝而出,暮而归

  北京解放后,父亲又背起了面人儿箱子早出晚归地下街赶庙会。我记得父亲在家门口白塔寺的时候最多,也往远处走,有时去哈德门(现在叫崇文门)外东便门那儿的娘娘庙。这个庙会每年的三月三(阴历)才有,据说这一天是女人们的节日,非常热闹,卖什么的都有。这个庙宇不大,进了庙门就是正殿,殿堂里坐着一位娘娘,两边各站立着一个女童。殿外东西两侧各有一间配殿,进进出出的人很多。还有的说是托娘娘给个"娃娃"什么的。父亲还常去东郊的太阳宫庙会。据说从前有个皇帝外出游玩路过此地时,正值太阳光照在这个村子里,风景特别好看,他特高兴便赐名叫"太阳宫"。村里的人知道后为感谢"皇恩"就在村子里修了一个庙,取名太阳宫,现在这俩庙都没了。还有,白云观和妙峰山也是父亲常去的地方。

——郎志丽

  从月初到月末,庙会天天有,前文说过,旧时京城的庙会不是过年才有的节目,那是居家过日子,到1950年代初也还是。而踏踏实实下街赶庙会,凭手艺养活一家人,就是郎绍安,就是所有小手艺人、小买卖人要过的日子。

  每天一早,出了横四条三清观的家,郎绍安背着箱子领着闺女走在阜成门大街上。

在街上走着时会有人追着看："嘿，有点意思。"这时候，父亲就停下来说："别追着了，我坐下您慢慢看。"这样停下，就可能会聚些人围你一会儿。卖面人儿不吆喝，有人就停下，如果没人问就继续走。

——郎志丽

继续走。旧京有对联：

自街东望街西，恍若无，恍若见；
由城南往城北，朝而出，暮而归。

阜成门大街，郎绍安走了多少年，从 1920 年代初跟着师傅，到 1950 年代初领着女儿……从北京走到北平又走到北京[5]……走到历代帝王庙门前，看着刚被修缮过的景德街牌楼时，郎绍安是否能看见十几岁时在牌楼檐儿下的自己？回头向西，街尽头，古老的阜成门城楼正修呢[6]，妻子拉白薯，女儿捡菜叶子，郎家世代居住的阜成门大街，好像还是那个样子，又好像不太一样——解放了，不打仗了，日子太平了，街道干净了，堆积在城根儿的粪便垃圾被清除了[7]，连城门、牌楼都见新了，一切应该都往好的方向变化着。

捏了出新戏《小女婿》

一天，郎绍安在西四丁字街摆摊捏面人儿，来了一位主顾，要他给捏一出《小女婿》。这可是出为配合新的《婚姻法》新排的戏，讲的是解放初，东北姑娘香草争取婚姻自由的故事。1951年10月，评剧名伶小白玉霜因为演出评剧《小女婿》红遍京城。

郎绍安擅长捏戏出儿，那些个旧戏难不住他，可这个戏，他还一次没看过，香草长什么样，田喜哥儿什么打扮，他全不知道。可他不愿意说不会捏，就说一个人儿五毛钱，心想对方没准儿嫌贵就不要了，没想到对方一口答应"行"。[8]

顾客出手一万六千元（旧币，约一块六）要我捏一出"小女婿"面人儿。起先我捏不像，一没灵感二没表情三没动态，交不了活儿，后来我狠着心花一万元到大众剧场看了一场"小女婿"。哪儿是看戏呢？我瞪着两只眼睛，尽琢磨香草怎么笑，怎么说话；小女婿怎么哭闹；陈快腿怎么抬肩、怎么走道……连他们穿什么衣服、梳什么头我都记住了。回来一宿没睡觉，第二天我就捏出来了。顾客很满意，说挺像。这次我虽然花了戏票钱、车费，没赚顾客一个钱，还一宿没睡觉，但是我挺高兴。[9]

——郎绍安

这也不是他第一次为了活儿去看戏。父亲谈不上爱看戏，从小也没这个条件，但人家点名要，想把活儿做得好，就得去看。心里没谱就得看。哪儿票便宜去哪儿，原来白塔寺庙会也有戏。根据自己手艺经验，这活儿能成，就不去，稍微有点二虎，就去看去。还不敢买坐票，贵，买站票，省钱。有的时候也有邻居朋友认得他的知道他会捏戏出儿，人家有戏票就问他，你捏这个，这儿有戏票去不去，他肯定去。再有就是总去的那个戏院，人家也认识他了，快开场的时候在门口等着他,把他带进去看看。其实说认识,也不知道人家姓什么叫什么,就是看他捏活,大家都脸儿熟,一看脸面,就打招呼,哎来来来,就进去了。但这种时候也不多。

——郎志丽

因为会捏戏出儿,解放初郎绍安还在戏曲改进局当过几个月的合同工。在西四丁字街捏面人儿时,他的手艺被戏曲改进局的人看上了,把他请进局里捏面人儿。据说田汉进行戏曲改革时,还找郎绍安捏过一些戏曲人物。田汉怎么找的郎绍安,见面具体细节,捏的什么都说不准了,只知道有这么个事儿。按说为田汉捏戏出儿也算件大事,但郎绍安自己没有细说过,女儿郎志丽也没特别记,"家里也没特别说过这个事,没留那个心"。让郎绍安忘不了的是捏《小女婿》那回,也许,在这个手艺人心里,把面人儿捏好比为谁捏更重要。

不久后,因为工资的事,郎绍安离开了戏曲改进局。当时在局里,按临时工待遇,每天两块钱工钱,这可算是高薪了。戏曲改进局的负责人瞧郎绍安一个捏面人儿的比他挣得还多,就要给他减工资,减成每月400斤小米,合40块钱。郎绍安不干,他决定继续下街卖面人儿,在太平的日子里,自己又有手艺,还怕养不了一家人?

承平就是好年头

七八岁的郎志丽又开始和父亲一起下街捏面人儿了。问起那个时候下街的情景,老太太总说,也没什么特别的故事,就是每天准备好面团,带着做好的活儿,背着箱子、大马扎,出门……70年前的故事老太太讲不出几个,但关于面团怎么准备的、工具怎么维护的,事无巨细,问答间哪怕最细碎的一点一滴她都说得出。

吴:头一天做好的面人儿放箱子里面,不用棍儿插着,下街时背着走不会倒吗?

郎:人儿湿着的时候粘在板儿上,板儿放箱子里,不倒,不用棍儿插着。背的时候加小心,不乱晃就不会倒。

吴:除了做的面人儿,下街用的面也得在头一天在家蒸好了吧?

郎:对,那时候做饭、做面就家里那一个锅,竹笼屉,不像现在做面都是单用一个锅。面团做好了用一条半干半湿的毛巾盖着,拧不出水来的那种,保湿。下街的时候主要是带做好的本色儿的面团,少量带色儿的面,再带点颜料,带色儿的面要用完了,就用本色的面兑点儿。

吴:那时候用什么颜料兑面?

郎:彩色的就用染布的颜色,粉末的,一小包一小包的,我现在还有。白色的从前是用铅粉,黑的是烧柴锅下面的锅烟子。染布的那颜色缺点就是太阳底下晒长了就容易掮色(北京话,褪色的意思)。那东西我现在还留着点儿呢。

说着郎老太太起身打开抽屉翻东西,找出几个小玻璃瓶,里面有彩色的粉末,瓶子上写着槐黄、粉红晶、豆青。

郎:就这种颜色,每次下街出去每种拿一点儿。这几个色又能兑出很多色,深浅也不同。豆青和黄的加起来就是绿的,粉红晶很少很少一点加上白的就是肉色……

吴：工具呢，也要准备好？

郎：对，工具总得打磨。比如做眉眼的拨子，现在是有机玻璃的、塑料的，那时是牛角的。我一开始也用牛角的，那东西如果掉地上特容易把尖儿摔掉，就总得要磨。磨起来还得费点儿劲，但要那头儿不尖，眉眼就没法做了。

吴：磨拨子用磨刀的石头？

郎：对，磨刀石有粗的、比较粗的、细的、最细的。（又转身从抽屉里拿出从粗到细，长条的、细长条的、片的、圆的、砂轮五种磨刀石，摸起来手感不同）攒了几十年了。

吴：这磨刀石您没找就拿出来了，肯定现在还在用吧？

郎：用，有时候偷懒就用砂纸，比如出去干活，不能带石头就撕几块儿砂纸。（用手抻出一堆杂志下面压着的一摞砂纸）这个也分粗细，还有用水的不用水的。这些我都留着，摆着，一收就找不着了。孩子们老说给你搞卫生都没法搞。是，他们一收我就找不着了，等什么时候不干了才能彻底收拾呢。

新中国成立之初时的颜料，用了好几十年的磨刀石，摊了一桌子，郎老太太总念叨："我说这都没有用吧，因为当时没留那个心，也没故事。"也许，没故事才是好日子。

当承平之时，北平人所谓"好年头儿"，在这个日子，也正是故都人士最悠闲舒适的日子。在绿荫满街的当儿，卖芍药花的平头车子整车的花蕾推了过去。卖冷食的担子，在幽静的胡同里叮当作响，敲着冰盏儿，这很表示这里一切的安定与闲静。渤海来的海味，如黄

花鱼、对虾，放在冰块上卖，已是别有风趣。又如乳油杨梅、蜜饯樱桃、藤萝饼、玫瑰糕，吃起来还带些诗意……[10]

这是动荡的年月，北京还叫北平那会儿，住在城里的人对好年头的向往。到1950年代初，这样的日子真的来了。胡同里做买的、做卖的，你来我往，郎绍安也是其中之一，可以凭手艺吃饭，可以在家门口买到过日子的一切，日子琐碎又踏实，这就是承平之时，这就是北京的好年头儿。

注释

[1] 章诒和：《建国那年的春节》，来自网络。

[2] 吕剑：《人民的狂欢》，载姜德明编：《北京乎》（下），生活·读书·新知三联书店1992年版，第829页。

[3] 王梓：《西四牌楼六想》，载金子成主编：《北京西城往事》，作家出版社2005年版，第183页。

[4] 章诒和：《建国那年的春节》。

[5] 1949年9月27日，北平改为北京。

[6] 1951年9月，景德街牌楼、阜成门城楼修缮。1950年9月初，政务院遵照周恩来总理关于"要保护古代建筑等历史文物"的指示精神，发文给北京市人民政府，要求对城楼、牌楼等建筑采取必要的保护措施。参考自孔庆普：《北京的城楼与牌楼结构考察》，东方出版社2014年版。

[7] 1949年3月，市政府成立清洁运动委员会，在全市开展大扫除运动……垃圾成山、蚊蝇滋生、臭气弥漫的状况得到初步改善。参考自中共北京市委党史研究室、中共西城区委党史资料征集办公室编：《西城建设史》，

北京出版社 2008 年版，第 18 页。

[8] 参考自巩华：《面塑生涯》，《纵横》1989 年第 5 期。

[9] 郎绍安：《我一定好好学习，多捏新样式的面人》，《北京日报》1955 年 4 月 17 日。

[10] 张恨水：《五月的北平》，载《北京乎》（下），第 777 页。

14　从自杀到归队

猴皮筋，我会跳，三反运动我知道，
反贪污，反浪费，官僚主义也反对。

1952年，10岁的郎志丽已是北京市福绥境小学的一名小学生了，这个歌谣是她和同学们边跳皮筋边唱的，一直记到今天。当她每天高兴地边唱边跳时，并不知道，唱词里的三反运动[1]会和自己家、和捏面人儿的父亲有什么关系。

捏面人儿是浪费面？

离开戏曲改进局后，郎绍安继续下街捏面人儿。一直走街串巷的他先是被告知——摊儿不能随意摆了，有了指定的地方。根据1949年6月颁布的《北平市人民政府管理摊贩办法》，郎绍安所在的第四区，分别成立由公安、税务、纠警组成的整理摊贩委员会，设立摊贩管理处。对摊贩采取"择地迁移"或"就地整理"的方法进行整顿。第四区组织全区干部，将阜内大街和马市大街全部摊贩，约一两千户，迁到北沟沿市场。[2]北沟沿就是赵登禹路，所以，平时郎绍安就常在赵登禹路上卖面人儿。

再是1952年3月,毛泽东发出"动员起来,讲究卫生,减少发病,提高健康水平,粉碎敌人的细菌战争"的号召,第四区采取"卫生工作和群众运动相结合"的方针,在3月、9月和11月,分别开展三次大规模的"突击灭蚊蝇""捕鼠运动月"和"饮食行业突击月"运动。[3]在这个卫生运动中,派出所找到郎绍安,让他担任卫生小组长,管街道上的打扫卫生、消灭老鼠,都是尽义务,没工夫捏面人儿了。

1953年全国进入大规模经济建设时期,北京城市人口增加和工业发展对粮食的需要日益增大。……由于当时粮食实行自由购销,私商套购国家粮食,囤积居奇,哄抬物价,加剧了粮食供求紧张。据统计,北京市粮食销量1953年比1950年增长了118.1%,细粮销售比重更是逐年增大,从1950年占总销量的30%增大到1953年的83%,其中面粉占60%。粮食已成为关系国计民生、对国民经济计划实施产生重大影响的特殊商品。因此,1953年10月中共中央做出《关于实行粮食计划收购与计划供应的决议》(统购统销)。北京市委根据中央精神决定,北京市从11月1日起实行面粉计划供应。[4]

1953年12月,郎绍安和北京市民都从所辖派出所领到了一张"面粉购买证"[5]。一般北京市民每人每月的面粉供应定量为8市斤,需当月持证到国营粮店或代销粮店购买,过期作废。面粉不可以随便买了,可一个做面人儿的,没面怎么成?

前年冬天(1953年),面粉计划供应了。前西四区北沟沿市场管理处的同志不明白捏面人儿也是一种艺术,说我浪费面,不给我分配面粉……[6]

有一天,我在赵登禹路卖面人儿,一位工商税务干部问我"你捏面人儿每月要用多少面粉？"我说"二斤"。"啊！？一年就得二十四斤面，这么多面你就捏着玩儿？你浪费面！你不能捏面人儿！"[7]

——郎绍安

郎绍安一听，顿时就蒙了，这不是要砸我的饭碗吗？！不让捏面人儿，一家人吃什么？你真不叫我活了！回到家他就背着人吞了铅粉……多亏女儿发现后赶快叫人，福绥境派出所的民警和邻居们帮着把郎绍安送进了人民医院，人民医院离郎家不过一二里地，命被保住了。

铅粉，过去我们做白色的面就用铅粉，有毒。我父亲自杀那回，那也是生活所迫，当时也是没办法，家里就指着父亲捏面人儿呢，再加上我妈卖烤白薯有点收入，这面一不给了就等于断了大半条活路了。得亏送医院送得及时，救回来了。抢救我爸那个大夫头三四年我还见过一回。那是参加一个非遗的活动，有一个老头到我那个台子前坐了会儿，有点想说话的意思。后来他说："我原来是人民医院的大夫，抢救的你父亲。"当时我在那个展台上，也乱，人太多，我也没好好问问当年怎么回事，人家就走了。你看我现在连人家姓什么叫什么也不知道。真该好好谢谢人家。

——郎志丽

省出口粮

当我被抢救过来，恢复了知觉以后，我不知道送我到医院的是福绥境办事处的小商同志。出院以后,派出所给我钱照顾我生活,还关照我增加营养。当时我虽不懂党的政策,可心里也感到热乎乎的。

——郎绍安

后来派出所的干部来看郎绍安,给他送来些鸡蛋和5元钱,出院以后,派出所又给他5元钱,让他当本钱做点小生意。此后,郎绍安不再下街卖面人儿,就在白塔寺宫门口卖起了烤白薯。[8]

烤白薯,郎绍安的妻子赵淑清一直在卖,原来天儿不好的时候,不下街卖面人儿,郎绍安也帮着卖烤白薯,现在成专职的了。干活儿他不怕,从小到大,从卖半空儿、臭豆腐到卖贴饼子、拉洋车,什么苦没受过,但郎绍安心里放不下的始终是面人儿。他还是想捏面人儿,手艺不能扔。说浪费面不让捏,他就白天卖烤白薯,晚上在家捏。没有面,就从口粮里省,这期间还有个街道干部也帮了他。

其实做面人儿一个月二斤面肯定不够,那时候买粮食都问你干嘛使,不敢多说。还好我们家人口多,姐妹几个一个人去买一斤,5个人买五斤也够他一个月做的。做细活还能省点面。但后来每个人的面粉都是有定量的,就那么多,面人儿还得捏呀!我们就从口粮里省点,把窝头每个做小点,少掺点儿白面,小孩儿就知道按个儿吃,就数我吃几个了,这样每顿就省点儿,人多就能攒下点儿。这些情况被当时的街道干部李主任看到了,他和我们家的关系不错,就把自个的口粮省下来,再加上全家省出白面来让我父亲捏人儿。

——郎志丽

就这样，在全家人和那个好心的街道干部的帮助下，卖烤白薯的郎绍安，捏面人儿这手艺一直也没放下。手艺不但没放下，他还琢磨着捏点新东西，原来看戏捏戏出儿，后来，电影里的人物剧情他也想着能不能用面捏出来。1953年5月5日，电影《智取华山》在京上映。电影是根据中国人民解放军在解放大西北的战役中的真实事件改编，讲述了解放军侦察小分队机智、勇敢地攻取华山的故事。郎绍安看过这场电影后，回来就捏了一组面塑"智取华山"，有山有水有人物，再现了电影情节和解放军的英雄形象。成组的大作品郎绍安并不常做，上一次捏这样的大场面还是捏孙中山出殡那回。这种人物众多又带场景的大型现实题材的面塑，在当时很少见，也正是因为这个作品，引起了一个人的注意。

卖烤白薯的遇朱德！归队

1954年11月10日，国务院决定成立中央手工业管理局。同年12月8日，中央手工业管理局在北京召开第四次全国手工业生产合作会议。朱德在会上指示："应该保护和发展各种工艺美术行业，有很高手艺的老师傅是勤学苦练成功的，应该受到国家和人民的尊重和爱护，给他们优待。老师傅们把很高明的手艺传给青年后辈，是新社会给他们的光荣任务。希望他们不要保守，否则人亡艺绝，绝技就要失传了。中国民间恐怕有许多绝技已经失传了，那是很可惜的。"

……我本来在宫门口针线胡同卖烤白薯，1954年二轻局的安局长找我，让我参加中山公园的一次展览会。会上展出了我的作品"智取华山",朱德总司令看到了就问:这位艺人在哪个单位?答说"没有单位,是卖烤白薯的"时候,朱老总说"不像话,要赶紧归队"。他当即叫随行人员记了下来……[9]

——郎绍安

也许,中山公园真的是郎绍安的福地,这是他的作品第二次在中山公园展出,第一次还是1935年民国时,当时北平的政要看过展,他的作品展出还得了个奖,但那次获奖并没给郎绍安带来什么本质的改变,他依然靠卖面人儿拉洋车艰难度日。19年后,他的作品再次摆进中山公园,被新中国的领导人看见,一句"归队",让郎绍安的生活发生了彻底的改变。一个月后,1954年年底,就有个干部模样的人找到了他,通知让他年后(即1955年1月)到手工业产品供销经理部上班……

翻开《当代北京工艺美术大事记》[10],1955年1月那一栏,第一次提到了郎绍安的名字:

1月 北京市特种工艺公司将在某中学当工友的内画壶艺人叶奉祺和卖烤白薯的面塑艺人郎绍安安置在手工业经理部,恢复了原来从事的艺术品生产;把改行搞缝纫的戳纱艺人重新进行了归队工作。组成了生产组,使多年无人从事的内画壶、面人及戳纱得到恢复。

郎绍安"归队"了,这不是针对面人郎或某个手艺人的,"归队"这个词绝对是新中国成立初期全北京乃至全国手工艺者的关键词。在1956年2月北京市手工业生产合作社联合总社的一篇工作报告中[11]，特别提到了"使改行了的老艺人恢复了原来的生产"：

> 北京市特种手工艺有象牙、玉器、珐琅、漆雕、刺绣、面人等26种类型，产品很有名。但是解放前由于反动统治的摧残，已经日趋衰落，1954年年底以来，市手工业生产合作社联合总社加强了特种手工艺工作的领导，对特种手工艺的老艺人进行了安排，情况已经有了好转。
>
> 解放以前，不少技术较高的老艺人都被生活所迫而改了行，以致解放后有些手工艺品如戳纱、内画壶、铁花等已经无人生产。一年来市手工业合作总社积极帮助改行了的老艺人恢复了原来的生产。例如将改行从事缝纫的原戳纱艺人，重新组织成生产组，从事戳纱生产，帮助改了行的内画壶老艺人叶奉祺和改行卖白薯的捏面人儿的老艺人郎绍安，恢复了原来的生产，将因为年老而不从事生产的象牙雕刻老艺人王彬和雕漆老艺人吴盈轩，分别安置在象牙手工业合作社和雕漆手工业合作社内做技术指导工作……

那时，把有绝活的手艺人组织起来、保护起来，让他们有正式的工作，恢复生产，这叫作"归队"。这项工作从1949年就已开始，到1954年年底以后更是加快进行，京城手艺人纷纷入社入厂，归了队。

阜成夕照

1955年1月23日，又到除夕，又是家家户户揉面的日子，又到了郎绍安的生日。这个生日后，46岁的郎绍安就是正式的国家职工了。新中国成立五年，从卖烤白薯到归队手工业经理部，这对郎绍安的改变是决定性的。五年间，发生着决定性改变的不仅是郎绍安，整个北京城都在变，郎家世代居住的阜成门内大街也在变。

一年前，1954年1月11日，阜成门内大街历代帝王庙前，有京城最美牌楼之称的景德街牌楼因为影响交通，正拆呢。旧日，夕阳里，楼鸽归巢，晚霞漫天，阜成门城楼就随着霞光伸展出长长的影子，慢慢延伸到正东边那两座四柱三间七楼的楠木牌楼中间。只要不阴天下雨，那个明正统年间重修的城门楼子和嘉靖年间盖的大牌楼，老哥儿俩准能在傍晚时聚上一会儿，算是京城一奇，极美。牌楼拆了十天，十天后，1954年1月21日，黄昏，当阜成门的影子再次缓缓而下，没碰到他的老伙伴，400多年的美景，不再，只剩下瓦灰色的楼鸽在城楼上久久盘旋。下面的阜成门瓮城已在1953年被拆，十二年后，阜成门自己也与夕阳彻底告别。

1954年12月底，西四路口那四个牌楼也因为阻碍交通被拆除，先拆"行义"，再下"履仁"（西四牌楼匾额上，东曰行义，西曰履仁，南北曰大市街），三间四柱三楼，拆了五天。[12]也正是在那时，郎绍安被通知归队，通知他的干部去郎家时，也许正路过搭着脚手架的四牌楼。这个做着保护传统手工艺工作的干部可能没见过下街的郎绍安，但那四个牌楼可记得自己的大柱子旁，常坐着个面人郎。

回到过年，1955年的那个除夕，全北京城花炮喧天，流光溢彩中，再没有履仁、行义、敷文、振武（东西交民巷牌楼），北海大桥东西两头的金鳌、玉蝀（牌楼）也将在几个月后烟消云散……想起旧时京城有个吉庆堂花炮史家史惠林曾做过一大型花炮就叫"花牌楼"，在慈禧那会儿，"额嵌万寿无疆四字，牌楼下排列狮象虎豹，呈百兽庆寿的样子。燃着火线，牌楼子一明，象身宝瓶花筒随着放出烟火，高及四五丈，以后百兽有的吐火焰，有的射花筒，兽眼皆放莲花。至烟火放尽，百兽跪伏地上，一时灯暗烟消……"[13]

所谓"千里搭长棚——没有不散的宴席"，讲的是正月十八"落灯"之日，旧京街上扎的灯棚、牌楼之类相继拆除，店铺的灯笼收柜存放，一年一度闹元宵结束，[14]节才算过完。节过完了，郎绍安要去正式上班了，再也不用风里雨里的下街赶庙会。阜成门内大街上没了牌楼，也没了下街的手艺人，牌楼下跨坐在大马扎上捏面人儿的画面也随牌楼突然逝去……

一个时代过去了。

都说拆景德街牌楼的时候，梁思成落泪了，他说从这个牌楼的东面向西面望去，有阜成门城楼的依托，晴天时可看到西山，尤其傍晚日落时特别美。他还因为牌楼与周总理恳谈过两个小时，"极富诗意地描述了帝王庙牌楼在夕阳斜照，渐落西山时的美丽景象。周恩来则以'夕阳无限好，只是近黄昏'作答"[15]。

注释

[1] 1951年12月到1952年6月根据中共中央《关于实行精兵简政，增产节约，反对贪污、反对浪费、反对官僚主义（三反）的决定》，开展三反运动，其中对不法粮商给予严厉打击。

[2] 参考自中共北京市委党史研究室、中共西城区委党史资料征集办公室编：《西城建设史》，北京出版社2008年版，第13页。

[3] 参考自《西城建设史》，第20页。

［4］参考自白少川：《北京粮票简史》，煤炭工业出版社 2000 年版，第 2 页。

［5］面粉购买证的面额分别为 1 市斤、4 市斤、8 市斤、10 市斤和根据需要填写的"集体购买证"五种，此证是北京最早的购粮票证，是面票的前身，到 1955 年底废止，正式改为面票。参考自白少川：《北京粮票简史》，煤炭工业出版社 2000 年版，第 3 页。

［6］郎绍安：《我一定好好学习，多捏新样式的面人》，《北京日报》1955 年 4 月 17 日。

［7］郎绍安口述：《我的一生》，1992 年，记录者佚名。

［8］郎绍安口述：《面人郎自传》，1979 年，金静文整理。

［9］综合自郎绍安口述：《我的一生》，1992 年；《面人郎自传》，1979 年。

［10］李苍彦、王琪主编：《当代北京工艺美术大事记》，中国文联出版社 2014 年版。

［11］《北京市手工业生产合作社联合总社注意安排特种手工艺的老艺人》，1956 年 2 月；北京市地方志编纂委员会编著：《北京志·工业卷·纺织工业志、工艺美术志》，北京出版社 2002 年版，第 610 页。

［12］参考自孔庆普：《北京的城楼与牌楼结构考察》，东方出版社 2014 年版，第 291 页。

［13］金受申：《老北京的生活》，北京出版社 1989 年版，第 6 页。

［14］穆雪松：《年关话俗谚》，载胡玉远：《燕都说故》，北京燕山出版社 1996 年版，第 248 页。

［15］王军：《城记》，生活·读书·新知三联书店 2003 年版，第 175 页。

15　面人郎献艺在伦敦

郎绍安1955年"归队",第二年,他就接到了一项做梦也想不到的任务——到英国伦敦去表演捏面人儿!

给外国人捏面人儿做表演,郎绍安倒不陌生,前文讲过,1930年代在上海,他的很多主顾就是外国人[1],有几个因为总买面人儿,约他上家里表演,还成了朋友,在他几次有困难的时候帮过他……郎绍安也算是走南闯北几十年的手艺人,但说到要把面人儿捏到国外去,真是从来没敢想过。这要从在北京苏联展览馆的一次表演说起。

在苏联展览馆里受邀请

1956年7月26日到8月8日,北京市工艺美术生产合作社联社主办的"北京工艺美术品展览会"在北京苏联展览馆[2]举办。1954年刚建成的苏联展览馆是当时北京最大最重要的展览馆,许多重要的对外交流展览都在那里举办。

郎绍安去苏联展览馆参加那次北京工艺美术品展览会时,他已经从手工业经理部调到了位于王府井的北京工艺美术服务部。展览会上,郎绍安在现场做面塑表演时,见到了曾经帮他归队的朱德,还见到了郭沫若。[3]郭沫若花了两元钱买了他捏的"李密挂角读书"[4]。

那回让郎绍安印象最深的是，他的表演台前来了两个英国人。

王府井工艺美术服务部的苏立功经理陪着一男一女两名英国人来观看郎绍安表演。郎绍安正在捏"霸王别姬"，捏完后就把"楚霸王"送给了那个先生，"虞姬"送给了那个女士。他们非常高兴，连声道谢之后，还说了一句让郎绍安想不到的话……

我把那"虞姬"送给了那位女士，那位女士对我说："我要在伦敦拿着你送我的面人儿迎接你！"我当时以为她随便说说罢了。不料下班后，人们都对我说："老郎，你要去英国了。"第二天就讨论这事，第三天就给我做了西装……[5]

——郎绍安

五天置办出新行头

去英国是大事儿，喜讯传来，全家欣喜若狂。一切都听单位的安排——量衣服、制工具、做箱子……让干什么就干什么，郎绍安忙得连轴转。

出国前，领导找他谈，说让去英国，告诉他你今儿上哪儿哪儿，明儿上哪儿哪儿，干什么，人家给你量体做衣、做工具箱，做了两套西服，给买的新鞋，做了全新的工具箱。

——郎志丽

做了新箱子？原来下街背的那个箱子呢？怎么不带那个？"那个

箱子太破了，拿不出手，说让做新的"，郎老太太说着去另一间屋子拿过来一个木头箱子，"这是前几个月我让人家按着我爸原来下街那个箱子新做的，也就是看个样子，跟出国做的那个没法比"。

去英国的那个箱子外面有皮套，真皮的，可以分几片打开，打开里面是小箱子，一合起来一扣，就能提着走。箱子是硬木的，上面一层抽屉搁面盘，白搪瓷的面盘儿，上面放各色的小面团；下面两个小抽屉，一个搁工具，一个搁颜色、小道具；箱子最下层还有一个大抽屉，放大剪子什么的。

白搪瓷盘儿，去英国前，人家特意给他烧的，盘儿有坡面，搁面团使，侧面有"北京面人郎"几个字儿，烧上的。他以前那个盘儿也是搪瓷的，但上面没字儿，时间长都磕的掉瓷儿，边儿上也生锈了，出国前给扔了。小道具，比如做人物用的胡子本儿。胡子本儿，也是真皮面的，像笔记本儿，打开是各种色儿的细丝线，做戏人儿经常会用到胡子。黑的白的红的。捏人儿用的工具，拨子、剪子、小刀什么的也不是直接放抽屉里，是插放在一个小皮夹子里。

——郎志丽

这个小皮夹子郎老太太还留着，黑色的，一只手大小，里面有大大小小的口袋，插放着各种尖的扁的长的短的小工具，看着有点像现在的护甲套装。从里面抽出一把小刀，细长精致，看上面有三个小字儿：王麻子。"这个小刀也是当年定做的，还有小剪子这些，做这个多少钱不知道，都是人家准备的。"老太太又拿出个黑皮面儿的小盒子，铅笔盒大小，里面有把小梳子，不到一个手指长，梳子齿又细又密，有点儿像笸子，捏面人儿时做珠串用的。"这种东西现在定做都没有。还有一种更小的，小盒，也是皮面儿的，搁颜色，现在没了。那个箱子从国外回来后放单位仓库了吧应该，平时也不用，再后来也不知上哪儿去了，我们也没留那个心。"

除了准备工具、工具箱，置办西服也是必需的。去英国表演中国的手工艺怎么不穿中式的衣服？"不穿中式的，那时候出国都得穿西服。"

时间太紧了，鞋、衣服、衬衫，从里到外……你想那时候哪有那个礼帽领带啊，一个做小买卖的，真是从头到脚都要置办，都是人家给做的，全是新的。西服做了两套，一套灰的、一套蓝的……

——郎志丽

《北京日报》：面人郎今天出国

1956年8月8日，我乘飞机真的去伦敦了。报上大标题也登着：面人郎今天出国……[6]

——郎绍安

1956年8月8日《北京日报》刊登消息《面人郎今天出国》：

捏面人的老艺人郎绍安昨天在家收拾新的工具箱和行装，准备今天一早动身去参加英国伦敦手工艺品家庭爱好品国际展览会。郎绍安从十四岁起就学捏面人的手艺。三十多年来，他苦苦钻研，经常琢磨,已经积累了比较高的捏面人技艺。他看了一出戏,就能捏出戏中人物;他看着一个陌生人,在十来分钟里就能够捏出这个人的模样,因此人们称他为"面人郎"。在一次展览会上,国际友人看到他的手艺,都很称赞。这次,中国国际贸易促进委员会就请他出国表演。

1956年8月11日上海《新民晚报》也刊发了消息《面人郎出国》,同时刊登了新华社记者杜修贤拍摄的两幅图片,一幅是"老艺人郎绍安在捏制面人",另一幅是"他用面捏制的艺术品——白蛇传中的断桥"。图片中,郎绍安头戴干部帽,身穿半新不旧的干部服,鼻子上架着一副圆框老花镜,正聚精会神地捏着一个仕女人儿……

图片上还是郎绍安平日里上班的样子,此时的他正坐在飞往伦敦的飞机上,穿着浅灰色的西装,打着红领带,带着全新的工具和工具箱,还有在家精心做好的大面团以及一口蒸锅加笼屉。"因为得馏面(把面团上锅蒸),面团每天用之前都得再馏一下。也不知道英国有没有蒸锅,所以就都带上了。"

我从一个走街串巷的民间艺人一下子坐上飞机,驰骋于湛蓝的天空,去参加万里之遥的国际盛会,真是百感交集激动万分。[7]

当时还有不知是哪位漫画家画了幅漫画:一架飞机在天上飞,飞机顶上坐着一个捏面人儿的。后来郎绍安一看就乐了,"要这样,还不把我掉下来摔死!"[8]

——郎绍安

900 件中国手工艺品，轰动伦敦

面人儿艺人郎绍安、刺绣艺人顾文霞等人和 900 件中国手工艺品于 1956 年 8 月来到了伦敦。

在这次国际手工艺品家庭爱好品展览会里，几十个国家和地区的琳琅满目的工艺品，吸引着来自世界各地的观众。展览会上，要算中国馆最大了。在大约九丈见方的屋子里，摆了 900 多件展品，参观的人总是挤得满满的。不管是象牙雕刻品、地毯、刺绣、服装、绒花、陶瓷工艺品，还是皮影、草编的帽子和手提包，英国观众都说好。许多人看了象牙雕刻老艺人杨士惠等七人雕刻的"北海全景"，老要问是怎么雕刻出来的。他们仔细看过以后，还要买一张这件雕刻品的照片。有的人还要求杨士惠等也到伦敦去。苏州刺绣艺人顾文霞在展览会上作刺绣表演，也很受欢迎……[9]

——郎绍安

这是中国手工艺品第一次在英国大规模展出，这不仅是郎绍安个人的大事，也是北京手工艺界的大事，中国对外交流的大事。《人民日报》驻伦敦记者苏蓝全程报道了这次展览，并于 1956 年 9 月 22 日在《人民日报》发表"伦敦通讯"——《最好的赞美，最高的评价——记中国手工艺品在伦敦的展出》，抄录几段：

沿着回廊挂着大红宫灯，八角亭榭的窗格上爬满了葡萄藤，紫红色的葡萄沉甸甸地垂在绿枝梢头，就在这个中国式的庭院建筑下面，展览着九百种中国手工艺品。这些手工艺品每天接待着一万多名客人。逢到星期六下午,观众更增加一倍。中国精致美丽的手工艺术,轰动了整个伦敦。

……

在这里不妨摘录一些人的感想。

"这些雕刻器具,只能是对人民和国家有深刻感情和爱的艺术家,才能创造出来的。"

"这是一个最好的展览,它表明自由的人民可以做些什么。"

"这样美的东西,只能来自聪明和善良的人民。"

"这个展览会清楚地表明了,我们有很多东西是要向东方学习。"

参观者对中国的每一件展览品,都感到新奇。他们中间有很多人都是第三次或第四次来参观这个展览会。妇女们在刺绣和花边的展品前不肯移步,男人们则对象牙、玉石的雕刻特别欣赏;在象牙雕刻的展品旁边,参观的人排成了长队。

……在郎绍安捏面人的表演台前,经常是拥挤不堪。人们引颈翘首,兴趣盎然地看着一小块面粉,如何在他的手中变成各种各样的活生生的人物。花十个先令买一个小面人,这对普通的英国人来说是一项不算小的开支。但,面人却是供不应求。一个小面人刚刚捏出个头,就有许多人大声喊"我要预定一个"。我看到一封沃特尔斯给郎绍安的信。其中这样说:"看到人的双手能够如此精细巧妙地把很小一团面粉揉成个身着花衫、头戴花朵的雅致的小姑娘,真使我大吃一惊!即使我在这个大厅里什么也没有看到,只看到中国的展览馆,特别是你的工作的话,我到伦敦的这次旅行也是值得的了。"

另外一群人把刺绣名手顾文霞团团围住,看她作刺绣表演。他们吃惊地看到她用一根比线还细的细针，绣成这么栩栩如生的两只小猫。小猫张着口舞着爪，跃跃欲出。看到这里，妇女们往往"啊"地长呼一声，或者伸出自己的舌头。

……中国手工艺品在伦敦所引起的轰动，还可以从这样一些事情上看出：有一对夫妇刚刚离婚，男的来到中国馆参观以后，总觉得如果不通知他过去的妻子前来看看，真是桩不能饶恕的罪过。他没有等到回家，就在展览馆里给她打了个电话。另外，有一位老太太，二十年前曾买过一个面人，可惜在第二次世界大战时弄丢了。这次听说中国馆有面人出售，她顾不得自己身体的多病，非要赶来买一个不可。但因为年迈力衰，在来到中国馆后，就晕倒了。

在卖品部里，人们经常拥挤不堪。展览会开幕的第一天，卖品部的八套中国烧瓷茶具，不到两小时就卖出了七套。家庭主妇们则细心地挑选草编提篮和美好的花边……

小面人儿一英镑一个，供不应求

《人民日报》记者苏蓝文中提到面人儿卖十先令一个还供不应求。郎绍安说"那些精致仕女、盔甲人差不多卖一英镑一个"。一英镑在当时的英国可真不算便宜，什么概念？在英国著名作家阿加莎·克里斯蒂笔下，仅次于大侦探波洛的第二号侦探马普尔小姐，1950年代在英国的生活费是7英镑一个月[10]，一英镑，一个面人儿，足够马普尔小姐过四天了。

在伦敦共五十五天，展览会上我工作了十三天，每天表演三次，每次一个半小时。面塑作品种类很多，但是，细致的作品不适合表演，讲究的佛祖、仕女、盔甲人要捏一两天呢，所以要事先制好，在会上展销。表演时只捏一些比较简单速成的，像小动物之类的作品，小兔、金鱼、青蛙等，只一两分钟就捏完，小狗需用十五分钟。人像里，面娃娃也用十五分钟，简单的古装人用半小时。表演时一会儿一换样儿。每当捏完一个作品，抽出竹签一摆出姿势的时候，观众就鼓掌称赞。作品售价不同，精致仕女、盔甲人差不多卖一英镑一个。小件表演作品就随着大件作品售出而赠送。尽管售价不低，也还是供不应求。

我一天捏十三四个面人儿怎么够卖呀！我还没捏得就都被订下了。有几次，我下班吃过饭了，还见一些观众等着要买，只好在休息时间又给捏了几个。[11]

——郎绍安

图4 郎绍安在伦敦表演捏面人儿

翻拍自 1957 年 1 月 6 日北京《大公报》。

郎绍安每次表演，观众总围个风雨不透，为了使站在远处的人都看得清楚，工作人员还在工作台顶上装了两面大镜子。在这些观众里，有一个蓝眼睛的小姑娘让郎绍安特别感动。

记得在一次表演上，有个英国小姑娘挤在最前面，她凝视着我舞动的双手，一动不动地发呆出神。我对她瞄了一眼之后，就照她的模样捏了一个活泼可爱的英国小姑娘，还按上了两个小酒窝。[12]

——郎绍安

特别有意思的是，这个七八岁的小姑娘，看见面人儿腮上按了酒窝时，她也像面人儿一样笑了。小姑娘站在工作台前面，从头看到末了，一看就是一个半钟头，看郎绍安用签子给面人儿挑个鼻子，栽个眼珠子，她都指手画脚，看完了表演还舍不得走开。"我看见这个小姑娘怪叫人心疼的，就花了两分钟，给她捏了一个小金鱼、一个小白兔。这个小姑娘高兴得不知说什么好，刚接过手去，又连忙递给我，要我在上面签名。"[13] 在中国做面人儿还从来没有买家要签名的，应小姑娘要求，郎绍安在面人儿的纸托板上签上了"面人郎"。像这样的小朋友有好多个，郎绍安在表演时送出去的小兔、小鱼、小鸭子有好几十份。那时曾有一位英国朋友对他说，你交的这位小朋友，一辈子也忘不了你。还真让他说着了，二十多年后，真有一个英国人站在了郎绍安的女儿郎志丽的展台前，说家里还留着当年郎绍安送的小鸭子，这是后话。[14]

《人民日报》报道此次展会时，配发了图片《郎绍安同志在伦敦表演捏面人》[15]，图片上郎绍安浅色的西装深色的领带，鼻子上架着的还是那副圆框老花镜,前面摆满了小面人儿,周围挤满了英国观众。他手里捏着活儿,还得回答着观众们各式各样的问题:"你跟老师学过吗?学了多久?怎么学会的?捏人像的面是怎样做的?"还有不少要跟他学手艺的,"你能不能在伦敦多住些时间,把我们教会了再回国?中国有没有这样的学校?"[16]……

在展会上,除了为英国观众表演,郎绍安也去看其他的展览,还结识了几个英国手艺人。

在中国馆的楼下,有许多英国的手工艺艺人在那里搭了小棚子摆摊,展出他们的作品,很像我们中国的庙会。英国没有捏面人儿这门手工艺。他们是用一种胶和淀粉一类的东西制的软料来捏人像。有位英国同行的手艺很不错,他捏的滑稽像,双下巴的大胖子,样子十分可笑……[17]

——郎绍安

郎绍安还记得有个竹刻艺人和用玻璃料子吹人物的艺人,"他们心灵手巧,活儿做得挺细致",郎绍安佩服他们的技艺,也和他们喝茶交换了礼物,他记不住这些英国朋友的"复杂"的名字,但这些英国手艺人还有他们做的活儿,郎绍安总忘不掉。

这样的交流很难得。因为中国的手工艺品展览,伦敦一家电视公司还做了电视广播,一家影片公司还拍了纪录片。1950年代,中国和欧美西方国家交流非常少,虽然1950年英国在西方国家中率先承认中华人民共和国,1954年中英建立代办级外交关系,但那时中英并未建交,而中国手工艺品在伦敦的第一次展出,使英国人对新中国有了不一样的了解，也许还引起了些更深的、不一样的思考。

"制造手工艺品比制造原子弹好"

小标题上的这句话是当时一位名叫克朗普的英国工程师说的，他看过中国馆的手工艺品后，感动地对《人民日报》驻伦敦记者苏蓝说："制造这些东西，要比制造原子弹好得多。我们应该向你们学习如何生活。"[18]

这话乍听起来有些突兀——捏面人儿，做手工艺品的和做原子弹的挨得上吗？还真有关系。当代著名社会学家和思想家理查德·桑内特在他的名著《匠人》中就说："木匠、实验室技术员和指挥家以及奥本海默都是手艺人。"而奥本海默，正是大名鼎鼎的原子弹之父，世界上第一颗原子弹的制造者。

就在展览前三年，1953年罗伯特·奥本海默曾到英国广播公司旗下的电台，做过一次让人高度关注却又令人失望的讲座。他十分担心原子弹可以控制世界的能量与潜在的威胁，却没有为听众提供如何应付它的实际方法。奥本海默本人也不知如何是好，桑内特说"奥本海默是个专心致志的匠人，以便制造出最好的原子弹"。而匠人们的本质就是"努力把事情做好，不是为了别的原因，就是想把事情做好"。可是，当努力制造好的原子弹真的于1945年8月在广岛、长崎投下，30万人瞬间灰飞烟灭，这让奥本海默惊慌失措，他曾在联合国大会上脱口而出："总统先生，我的双手沾满了鲜血。"气得当时美国总统杜鲁门大叫："以后不要再带这家伙来见我了。"[19]

"制造原子弹让奥本海默心里充满了愧疚，他在日记里引用了印度大神奎师那的话：我变成了死神，变成了世界的毁灭者。专家竟然害怕他们自己的专业技能，到底要怎样解开这个糟糕的悖论呢？"[20]这个困惑不仅时时纠缠着奥本海默，也纠缠着与他一起工作的一批专家学者。也许，在伦敦看手工艺品展览的那个叫克朗普的小小工程师，那时也在经历着同样的困惑，寻找着这个问题的答案。

回到1956年，展览前三个月，5月21日，美国一架B52型飞机在太平洋实验场比基尼环礁投下已知的第一颗氢弹。同年，作为世界上第三个拥有核武器的国家，英国宣布在空军装备原子弹。在20世纪前50年，至少有七千万人死于战争、集中营和古拉格，而人类制造更大毁灭性武器的脚步并没有因此而停止，这足以引起每一位有良知的人的困惑与反思。

要解决这个困惑将是长期的、复杂的，但至少，在伦敦这次手工艺展览会上，看着面人郎这样的中国手艺人怀着"把事情做好的心"，用精湛的技艺制作出一件件艺术品，为观众带来一阵阵惊喜，工程师克朗普也许找到了自己的答案：制造这些（手工艺品）比制造原子弹好。

注释

[1] 详见本书"少不征南，遇险上海滩"一节。

[2] 就是今天的北京展览馆，1954年建成，建成时叫苏联展览馆，1958年改名北京展览馆。

[3] 参考自巩华：《面塑生涯》，《纵横》1989年第5期。

[4] 讲的是隋朝时少年李密边放牛边读书，把书挂牛角上的故事。

[5] 郎绍安口述：《面人郎自传》，1979年，金静文整理。

［6］郎绍安口述：《面人郎自传》。

［7］郎绍安口述：《我的一生》，1992年，记录者佚名。

［8］参考自巩华：《面塑生涯》。

［9］综合自辜坚：《小小面人饮誉伦敦　牙刻刺绣大受欢迎》，《北京日报》1956年10月18日；郎绍安口述，郎志丽、冯国定、张子和执笔：《我的面塑艺术生涯》，载中国人民政治协商会议北京市委员会文史资料研究委员会编：《文史资料选编》第十六辑，北京出版社1983年版，第234—246页。

［10］〔英〕阿加莎·克里斯蒂：《马普尔小姐探案全集》，新星出版社2017年版，《谋杀启事》，第八章"名探登场"。

［11］郎绍安口述：《面人郎自传》。

［12］郎绍安口述：《我的面塑艺术生涯》。

［13］周英平：《面人郎在伦敦》，北京《大公报》1957年1月6日。

［14］后续的故事详见本书"1980年代的消长沉浮"一节。

［15］苏蓝：《最好的赞美，最高的评价——记中国手工艺品在伦敦的展出》，载《人民日报》1956年9月22日。

［16］周英平：《面人郎在伦敦》。

［17］周英平：《面人郎在伦敦》。

［18］苏蓝：《最好的赞美，最高的评价——记中国手工艺品在伦敦的展出》。

［19］参考自百度百科，罗伯特·奥本海默词条。

［20］〔美〕理查德·桑内特：《匠人》，李继宏译，上海译文出版社2015年版，序章"作为自身制造者的人类"。

16　街头艺人坐进办公室

　　离开英国伦敦之后,我们又到了苏联的莫斯科。在莫斯科我们停留了三天,瞻仰了列宁、斯大林的遗容,参观了红场、克里姆林宫等。然后,乘飞机回国。飞机经过陕北的时候,从飞机上能看见小河旁有妇女们在洗衣裳,衣裳上的花儿都看得见。我本想趁机会看看咱们这文明古国的名胜古迹,什么万里长城啊、西山啊、颐和园啊……飞机太快了,我虽然一直都在注意看着,但位置、方向不熟,四下张望了半天,也没看到长城。想问问别人,可眨眼间还没弄明白是哪里呢,就已报到机场了。[1]

——郎绍安

图 5　途经莫斯科

离开伦敦回国时,郎绍安一行人又到了苏联莫斯科。左三为郎绍安,右三为同去伦敦表演的刺绣艺人顾文霞。

去英国时还是盛夏，近两个月，回来已是金秋。梦幻般的欧洲之旅结束了，当郎绍安下了飞机回到北京后，他找不到家了。

伦敦归来，房子一间变三间

> 回来后得知，我走后，家已然搬到针线胡同去了。由原来的一间改为三间。[2]
>
> ——郎绍安

原来，在郎绍安去伦敦后，家里就收到通知——马上搬家。从郎家住了近40年的横四条三清观搬到针线胡同5号。两个地方很近，距离也就几百米，但房子一间变了三间。

三间南房，我爸妈一间，我们姐儿几个住一间，弟弟们住一间。房子是一暗两明，我们女孩子住暗间儿，父母和弟弟们各住一个明间。

那时候家里有七个孩子加两个大人，一共九口人，在三清观那儿全挤在一间屋里，我爸去伦敦，报纸上报道很多，可能怕记者上家里采访看见影响不好吧，也说过可能有外宾来，但后来也没来。反正我爸还在伦敦呢，就通知我们搬家。搬到针线胡同5号，离横四条很近，就是从白塔寺西边宫门口西岔拐进去，第二个高台阶那个院儿。给了我们三间南屋，这个院北屋住着的就是那一片儿的派出所领导，他知道有空房，房管所的人也帮着，就把我们家房换了。

搬这个家，全家都高兴得不知道怎么着好了，搬家的时候借了平板儿三轮，弟弟高兴，满胡同疯骑，我们同学也跟着玩儿。到了新家，虽然房子是旧的，但一间变三间啊，原来也没什么家具，所以搬过来屋子也空荡荡的，我从这边跑到那边，觉得怎么这么大啊。

我爸从伦敦回来不认识新地方，家里提前跟单位说的，单位给租的车，送回新地方。回了家，我爸还给我们带了小礼物，每个人都不一样，我记得给我一塑料杯子，那会儿咱没见过塑料的。给别人儿的礼物记不得了，反正是小玩意儿，每个孩子不一样。特高兴，拿着给街坊看，他们也都没见过。

——郎志丽

图 6　1957 年针线胡同新居全家福

在新家里，拿着稀罕的小礼物，听父亲讲着国外的新鲜事儿，比如那个蓝眼珠的小女孩总不走，那个老太太，为了看面人儿，来三次还没见着就晕倒了……一家人感到前所未有的新鲜与幸福。

"这些事儿当时好多报纸上都写过，父亲在家也说过一些。"《人民日报》《北京日报》《新民晚报》《大公报》等，从 1956 年 8 月 8 日郎绍安出国当天就有报道，到转过年 1 月，报纸上还在说这个事。如果说 1930 年代在厂甸，郎绍安为一对母子捏了厂甸归来，让他有了"面人郎"的称号[3]，那这次伦敦之行，真正让"面人郎"在全国扬了名。

图 7　1955 年 4 月 17 日《北京日报》郎绍安文章

坐办公室，面人郎结束漂泊

我走进北京工艺美术研究所的办公室，郎绍安正坐在桌边专心地工作着，桌上琳琅满目摆满大大小小的面人儿。一个艺人安静地坐在一间明亮的办公室里进行艺术创作，这件事看起来实在太平常了，但在郎绍安的生活中却是一次巨大的变化。

这段话出自 1957 年 9 月 29 日《光明日报》记者李家兴的文章《在社会主义的道路上前进 面人郎结束了漂泊生活》。伦敦之行以前，郎绍安就归了队，先后在手工艺经理部和工艺美术服务部工作，回国后，更是以民间艺人的身份进了刚刚成立的北京工艺美术研究所。

对于从下街卖面人儿到坐办公室进行艺术创作这个巨大的改变，郎绍安心里应该是高兴的。在他刚归队 4 个月后，1955 年 4 月 17 日，《北京日报》就发表了署名"捏面人老艺人郎绍安"的文章《我一定好好学习，多捏新样式的面人》：

> 没想到在去年（1954）年底，北京市手工业生产合作社联合总社一位同志来找我，让我到手工业产品供销经理部工作。我第一天到经理部，经理听说我家里有困难，就支钱给我安家。他看我穿得寒伧，又给钱买新棉裤、新帽子、新鞋。经理部借给我一床被窝，让我住在那儿，还给我和画鼻烟壶老艺人叶奉祺一间工作室。经理告诉我可以在工作时间看戏看画报。人民政府像疼儿女似地疼我，我还有什么可说的呢！我不用再愁家里生活，可以安心研究我这手艺了。二十多年来我早就想这样，现在可称了我的心了！
>
> 我一定好好学习，多捏些新样式的面人……

稳定的工作和政府的关心确实让郎绍安感到温暖，也为他全家的生活带来了本质的改变。郎绍安晚年时，1989 年《纵横》[4] 上报道过这样一件事。那是他刚刚从伦敦归来后：

回到北京，已经是满城落叶的深秋了。天气凉了，该换季了，郎绍安却没有御寒的衣裳。原来，他妻子以为他这一出国，就能发大财呢，就把丈夫头年冬天穿的棉衣改给大儿子了。面人郎气得给她嚷起来了，嚷管什么用啊？

同院有个姓时的街坊，是房管局的干部，听见了郎家两口子嚷嚷，就拿着自个儿的一件呢子大衣过来了。"老郎啊，别着急，慢慢想办法。这么着，我这有件儿呢子大衣，我穿不着，搁着也是搁着，您先穿着上班吧。"

不等郎绍安推辞，老时搁下呢子大衣走了。晚上，老时又过来串门儿，手里拿着两张信纸，对郎绍安说："我替您起草了一封信，把情况向上面反映反映。我这就给您念念，您要是同意呢，我就替您发出去。您要是不同意呢，咱就拉倒。"

郎绍安说："那敢情好，您就念念吧。"

老时把信念完，郎绍安一听，是这么回事，没夸大没缩小。就问："您打算把这封信寄给谁呀？"老时说："周总理，国务院总理，周恩来。"

"呦！那，行吗？"

老时说："行，没问题。"

信发出去以后，郎绍安心里一直惴惴不安，这么点子小事怎能打扰总理？没过两天，一辆小汽车停在了王府井工艺美术服务部门前，下来两个干部，来找郎绍安。

进来这两位同志是周总理派来的……拿出120元钱来，说："这是周总理让我给你送来的。总理说，有什么困难尽管向政府讲。"

郎绍安拿着这120元钱，激动得双手颤抖，半天没说出话来！

一个普通的民间艺人，一个捏面人儿的，生活上有了困难，国家总理帮助解决！这要在旧社会，冻死、饿死，谁管呐！直到今天，郎绍安老人提起这件事儿还觉得自个儿短了点礼，怎么也应该当面谢谢总理啊！

这是郎绍安晚年的回忆，1950年代中期确实是让他充满惊喜、充满感激的年代，就像1957年《光明日报》那篇文章[5]结尾所说的：

现在，郎绍安全家九口，住着三间宽敞的房子，每月薪金足够维持全家生活，孩子们也上了学，他自己在研究所里，安心地研究面塑艺术。最近，他又计划到碧云寺、蟠桃宫等处去观摩古代佛像。正当我欣赏着他的作品只说俩眼睛不够用的时候，他又拿过一个二寸高的戏装面人给我看，这是"宇宙锋"中凤冠霞帔的赵艳容，面人儿头上的珠子，粒粒可数。郎绍安不无感慨地说："做这个面人儿花了四小时，以前在街上哪里敢做这样细致的活儿。为了赚钱，只得几分钟做一个，哄哄孩子。"

"游来游去，二十多年来，一大半工夫都为了图生活捏糙活儿了，哪儿谈得到用好大的工夫来研究提高手艺。"郎绍安觉得进了办公室，不用为生活发愁，他就可以全身心地投入到面人儿的创作中去了。当时坐在北京办公室里的郎绍安不知道，他的师傅，远在上海的赵阔明，也坐进了办公室，当年的面人儿大王也不用再下街，而是为新中国的各项工作努力创作着。

阔别十八年，师徒再续缘

这张照片（图8）是1957年师爷来北京开全国手工艺者代表大会，到研究所和我父亲照的，前面左边是我父亲，右边是我师爷，后面是我，右边第二个，还有两个徒弟。

——郎志丽

图8 师徒再见面

1957年，赵阔明（前面左二）、郎绍安（前面左一）师徒重聚。

照片上赵阔明、郎绍安，一个年近六旬一个已快半百。1938年，在上海，师徒二人分开时本来约好不久再见，没想到兵荒马乱，一分别就是音信全无，各自艰难生存。郎绍安在上海和后来的日子前文说过，师傅赵阔明也一样是颠沛流离。他先是在上海，拜了上海滩的泥人名家"粉人潘"潘树华为师，继续精进面人儿手艺，后来又成了粉人潘的女婿。为了生存他曾带着妻子、岳父北上天津,又闯东三省。和郎绍安一样,赵阔明也什么都干过,替人家放牛,在火车站当脚夫,在铁路上当杂差……解放后才又回到上海。[6]

师徒俩一别就是18年,怎么再次联系上的,还要从郎绍安去伦敦前两天说起。

1956年8月8日《北京日报》消息:

本报讯 "面人郎"前天收到一大包从上海寄来的画片,这是阔别十八年的师傅赵阔明寄来的。

三十二年以前,郎绍安就跟当时被称为"面人大王"的赵阔明学手艺。后来因为旧社会艺人生活不安定,师徒俩各奔东西,十八年没通信。

解放以后,郎绍安在1954年参加了手工业合作社,不久又参加美术服务部的研究工作;赵阔明在今年年初担任了上海市美术工艺合作社联合社筹备处美术工艺研究室副主任。今年3月在上海召开的一次展览会上,一位跟郎绍安熟悉的艺人见到了赵阔明,郎绍安闻讯以后立即给师傅写信,赵阔明也马上回信问候。这回,他听说徒弟要出国,又寄来了这一包画片。郎绍安捧着这一大包画片感慨地说:要不是今天党和政府关心我们艺人,我们师徒俩怕一辈子也见不了面啦!

1957年7月26日北京《大公报》刊出一张照片:"不同地区来的同行业艺人,在展览室里相互观摩对方的杰作。这是面人郎将他的作品屈原给他的师傅赵阔明品评。他们师徒阔别18年,这回才碰上头。"

这是1957年7月在北京政协礼堂召开全国工艺美术艺人代表会议时的一幕,赵阔明、郎绍安分别是上海、北京的手艺人代表。

当得知师傅赵阔明当日要来会议大厅报到,郎绍安早早地便等候在了会议大厅门口。时间一个小时一个小时地过去,远处终于出现了上海代表团的影子,人群之中,郎绍安一眼就认出了分别十九年的师傅,冲上去就拉住赵老先生的手,红着眼叫了声"师傅"。在接下来俩人唏嘘之时,郎绍安又从怀里拿出早已准备好了的一双布鞋,对赵老先生说:"我没有什么值钱的东西能送给您,这双布鞋,是我媳妇儿纳的底儿,也是我的心意。"这双鞋子,赵阔明生前特别地珍爱,一直舍不得穿,到后来穿了很久以后又破了的时候,也总是缝缝补补不肯丢弃……[7]

曾一起走街串巷的师徒俩,曾各自四处漂泊的师徒俩,19年后再见面时,胸前都佩戴着24瓣儿牡丹花的徽章,那是全国工艺美术艺人代表会议的会徽,象征百花齐放。他们正一起参加我国历史上第一次工艺美术界的"群英会"。那时的他们已分别在上海、北京"归队"了。1955年,郎绍安在北京归队,坐进了办公室,1956年,赵阔明在上海进了上海工艺美术研究室(上海工艺美术研究所前身)还当了副主任。归队、坐进办公室,与赵阔明、郎绍安师徒类似的经历几乎每个参加会议的艺人都有。

出席那次会议的有全国27个省市自治区,13个民族,106个自然行业的465名代表。[8]因为会议代表的平均年龄50岁,所以又叫老艺人代表大会。而"老艺人"这三个字,在五六十年代中国工艺美术界又有着极其特别的含义。

老艺人和董必武的大合影

图 9　与董必武大合影

1958年董必武视察北京市工艺美术研究所，与全所人员合影。二排中间拄拐棍的是董必武；右边是杨士惠，牙雕；左边大胡子的是陈智光，当时所里岁数最大的，刻瓷；再过去是潘秉衡，玉器；董必武后面露两只眼睛的是郎绍安；第一排蹲着的是研究所的学员们，最左边是郎志丽，跟父亲郎绍安学面人儿，最右边是陈永昌，跟随父亲陈智光学刻瓷。

先看一张郎家珍藏的 60 余年前的大合影，合影上前后四排，共四十余人，照片旁边手写着三行字"一九五八年国家副主席董必武同志视察北京市工艺美术研究所与全所同志合影留念"（此处有误，董必武自 1959 年 4 月任国家副主席，1958 年时应为全国政协副主席）。合影拍摄于 1958 年北京市工艺美术研究所，郎老太太拿着发黄的老

照片,带着老花镜,一个个给我指着上面的人:

中间这个拄拐棍的是董必武,右边这个是杨士惠,象牙雕刻;左边这个大胡子的是陈智光,我老伴的父亲,当时所里岁数最大的,刻瓷;再过去是潘秉衡,玉器;上面一排这个是叶奉祺,小胡子这个,内画壶;路景达,皮影;夏文富,绒鸟……我爸在这儿呢,站太靠后被挡上了,就露俩眼……

杨士惠、潘秉衡、陈智光、郎绍安、叶奉祺、路景达、夏文富……这一个个名号报出来,内行人都知道在京城手工艺界分量有多重,冯骥才曾说过"各行各业,全有几个本领齐天的活神仙"[9],他们就是。

比如牙雕艺人杨士惠,1930 年代受明代竹雕和齐白石国画蔬菜虫草启发,首创牙雕《蝈蝈白菜》扬名国际,《蝈蝈白菜》成为北京牙雕代表作。解放后毛泽东称杨士惠为"很高明的艺术家",并且说:"他和我坐在一个桌子上吃饭,看着我,就能为我雕像,我看人家几天,恐怕画都画不出来。"

再如琢玉艺人潘秉衡,京城琢玉行"四怪一魔"之首,当年有人拿一块一尺二寸见方极品美玉,要做一玉垒、四花瓢、四茶叶罐,这可是"伤一个损一窝"的活儿,四九城大小作坊无一人敢接,可潘秉衡敢。他不但雕出了应承的 9 件玉器,还多做出一花瓶。10 件玉器在日本名古屋博览会上获了金奖,他一套十的"套料取材"的绝活轰动了整个玉器行……[10]

有类似传奇故事的,大合影上手艺人里还有十余位,20 世纪前五十年，他们在业内都各有绝活，他们在江湖上都各有名号，但1957年之后，他们在新中国有了个共同的称号——老艺人。

"老艺人"的提出是新中国保护手工艺的举措。1956年3月5日，毛泽东在国务院有关部门汇报手工业工作情况座谈会上说："手工业的各行各业都是做好事的。吃的、穿的、用的都有。还有工艺美术品，什么景泰蓝，什么葡萄常五处女的葡萄。还有烤鸭子可以技术出口。……提醒你们，手工业中有许多好东西，搞掉了的，一定要来一个恢复，而且要搞得更好一些。提高工艺美术品的水平和保护民间老艺人的办法很好，赶快搞，要搞快一些。"[11]

1950年代中期，北京市工艺美术品生产合作社联合总社下发通知，在全市手工艺行业中推选身怀绝技的"老艺人"。评选程序是先由各单位从下至上推选，再经过合作社推荐上报，最后由总社批准。到1957年，全北京共有56位手工艺者被授予"老艺人"的光荣称号，那张大合影里就有11人。

老艺人里从70多岁的到30多岁的都有，"老"字，并非指年龄的大小，而是指时间累积出的手艺，"纵观老艺人名单，当年工艺美术行业的能工巧匠几乎囊括其中"[12]。老艺人不光是称号，也是一种级别与待遇。老艺人的工资评定参照大学教授级别，最高的像杨士惠、潘秉衡等人，每月工资200元，其他都是100多元。什么概念？1956年6月16日国务院通过《关于工资改革的决定》，把从干部到工人到知识分子的工资都定了级，比如干部就分成30级。从此，"级别"成为中国人最重要的生活指标。而当时老艺人的最高工资是200元，相当于12级干部或者三级教授，而13级是个分水岭，13级以上就算高干了。郎志丽说父亲郎绍安到研究所上老艺人后，工资是

110元,也是高级讲师的待遇了。她说那时真是觉得翻了身了。

"走上共同富裕的路"

"一个艺人安静地坐在一间明亮的办公室里进行艺术创作"[13],《光明日报》记者的这句话,不是郎绍安一个人在1957年时的样子,这是一批手艺人的日常。收入提高,社会地位提高,不再有后顾之忧,那张大合影上的所有手艺人,从街头、家庭作坊、个体小工厂、私营商行集中到照片背景中那个中式的院落中——北京市工艺美术研究所[14]。手工艺者们都坐进了办公室,他们有着共同的组织叫手工业合作社。

1956年1月10日,《人民日报》发表社论《改造私营工商业的伟大胜利》,北京市35个私营工业行业3990家工厂(包括4—9人的小工厂)和42个私营商业行业13973户坐商,共计17963户全部实行公私合营。三天后,1956年1月13日,《人民日报》再发社论《手工业社会主义改造的伟大胜利》,北京市参加手工业合作社的手工业者已达89980人,占整个手工业劳动者的95.6%。同一天,《北京日报》发表社论:"庆祝全市手工业劳动者,走上共同富裕的道路。"[15]

隔天,1956年1月15日,北京20万人在天安门广场大联欢,庆祝北京市农业、手工业全部合作化,并在全国第一个实现了工商业的全行业公私合营。毛泽东主席、刘少奇委员长、周恩来总理等出席大会。牙雕艺人杨士惠、手工业合作社代表刺绣社员徐淑琴登上天安门城楼,杨士惠亲手向毛主席呈送了贴着大红双喜字的报喜信,徐淑琴说:"我们向您报告这个大喜事,我们早就盼望的日子已经实现了!"[16]

也还是在这一年,1956年,郎绍安在白塔寺宫门口的"老邻居"鲁迅的家成了鲁迅博物馆,郎绍安每天走的阜成门内大街翻新了,路基比原来长高了有半米,是为了配合要通行的无轨电车。一年后,1957年2月26日,拖着一条"大辫子"的无轨电车从白塔寺前经过,北京第一条无轨电车线路开通了,从阜成门、白塔寺、西四、西安门到新拓宽的北海大桥,再到景山前街、沙滩、北池子,一路都是展宽重铺全新的。[17]

一个新的时代开始了。

回到那张大合影,郎老太太说,"这上面也有我,也有我老伴",说着用手指着照片上第一排蹲着的年轻人,最左边的小姑娘扎着两个小辫儿,最右边一个小伙子,穿着白衬衫,一个十六岁,一个十七岁……新一代手艺人的手艺生涯,就从这个崭新的时代起步了……

注释

[1] 郎绍安口述:《面人郎自传》,1979年,金静文整理。

[2] 郎绍安口述:《面人郎自传》。

[3] 详见本书"'黄金十年'面人郎"一节。

[4] 巩华:《面塑生涯》,《纵横》1989年第5期。

[5] 李家兴:《在社会主义的道路上前进 面人郎结束了漂泊的生活》,《光明日报》1957年9月26日。

[6] 参考自陈凯峰:《沪上奇葩:海派面塑》,中州古籍出版社2017年版。

[7] 陈凯峰:《沪上奇葩:海派面塑》,第57页。

［8］李苍彦、王琪主编：《当代北京工艺美术大事记》，中国文联出版社2014年版，第53页。

［9］冯骥才：《俗世奇人》，作家出版社2000年版，第9页。

［10］参考自陈新增：《当代北京工艺美术史话》，当代中国出版社2013年版，第54页。

［11］李苍彦、王琪主编：《当代北京工艺美术大事记》，第38页。

［12］陈新增：《当代北京工艺美术史话》，第50页。

［13］李家兴：《在社会主义的道路上前进　面人郎结束了漂泊的生活》。

［14］1957年3月28日新华社和《北京日报》同时发表了北京市工艺美术研究所成立的消息："新华社讯 北京的特种手工艺艺人28日成立了自己的研究业务的组织——北京市工艺美术研究所，四十八位著名的老艺人被聘为这家研究所的研究员。这些老艺人都有几十年技艺经验，继承了北京几百年来特种手工艺艺术的传统，有的还是一个行业技艺'仅存的硕果'。五代相传的制作玻璃葡萄的'葡萄常'的常家二姐常桂禄，北京玉器的'四怪'之三：潘秉衡、何荣和刘德盈，曾是清代'顺天农工学堂'学生的两位刻瓷老人朱友麟、陈智光，解放前沦落街头卖白薯的'面人郎'郎绍安，今天都以研究员身份参加了这个研究所的成立仪式。"

［15］周一兴主编：《当代北京大事记1949—2003》，当代中国出版社2003年版，第92页。

［16］综合自李苍彦、王琪主编：《当代北京工艺美术大事记》；陈新增：《当代北京工艺美术史话》。

［17］参考自北京市市政工程设计院：《关于阜成门到朝阳门的设计问题》，《北京日报》1956年7月24日。

17　承父业，三妹子学艺

上一节讲到的那幅北京市工艺美术研究所全体成员与董必武的大合影，合影第一排蹲着的年轻人里，左起第一个，扎着两个辫子的小姑娘就是郎志丽，那时的她是研究所里的小学徒。1957年，郎志丽十五岁，小学还没毕业就离开学校参加工作，为什么这么早？因为那时候刚好有这个工作机会，而这个工作机会和当时国家鼓励老艺人把手艺传给年轻人的政策密不可分。

朱德说：不要人亡艺绝

"人亡艺绝"四个字在1950年代中期的关于手工业工作的会议、文件中，国家领导人的讲话中[1]，被反复提及：

1953年11月20日，中华全国合作社联合总社召开第三次全国手工业生产合作会议，会议报告中提出：为了保存和发扬我国民族艺术的传统，必须认真地组织青年艺徒向有高等技术的民间老艺人学习。否则，某些特种手工艺，如不特别爱护，任其衰落下去，就会"人亡艺绝，绝技失传"。

1954年11月28日《中共北京市委统战部私企办公室关于北京市特种手工艺存在的问题和解决办法》中说：解放后，我们对特产虽然有些扶植，但与其作用和价值比较，显然是不足的，存在很多缺点。特别是对特艺工人的培养不够。全市几个主要类型的从业人员不过 2000 来人，其中真正技术好的只有几十人，拿钱全部养起来都是应该而且值得的。

1954 年 12 月 8 日，朱德指示（在中央手工业管理局第四次全国手工业生产合作会议上的指示）："应该保护和发展各种工艺美术行业，有很高手艺的老师傅是勤学苦练成功的，应该受到国家和人民的尊重和爱护，给他们优待。老师傅们把很高明的手艺传给青年后辈，是新社会给他们的光荣任务。希望他们不要保守，否则人亡艺绝，绝技就要失传了。中国民间恐怕有许多绝技已经失传了，那是很可惜的。"

1956 年 12 月 16 日，在参观"北京市工艺美术品展览会"时，朱德再次强调："我们国家的手工艺美术品，历史悠久，技艺很高，堪称世界第一，应该大力发展……对于手工艺的老师傅们，应该尊重他们、爱护他们和扶植他们，鼓励他们把技艺传给青年后辈，不要人亡艺绝，不要学那些发达资本主义国家，一搞机械化，手工业就被消灭了。"

到 1956 年 3 月 27 日，在《关于当前手工业合作化运动中的几个问题的意见》中明确提到已经有"人亡艺绝"的情况发生，文中说：近年来，我们对特种工艺的生产领导虽然有了重视，但还很不够。对于老艺人的保护和对青年学徒的培养工作也做得很差。一方面不少工艺品思想性低，设计陈旧，不能很好地反映现实；另一方面部分特种工艺品的生产技艺逐渐下降，甚至有的已陷于"人亡艺绝"的情况。比如北京市"蜻蜓贾"的玉蜻蜓已经失传，象牙雕刻的"笔洗"和景泰蓝的"海棠瓶",目前也只有几个老艺人会做,如再不加以注意,也将会失传。

1956年8月,北京市委第二书记刘仁明确提出:组织青年徒工向老艺人系统地学习技艺,以免"人亡艺绝"。1957年全国工艺美术艺人代表大会上,发表倡议书,提出五项倡议,第一条就是:公开技艺,大力培养接班人。

为避免"人亡艺绝",手工业各个行当的老师傅都在收徒带新人,"实行包教保学,允许师傅自己选择徒弟,也可以培养自己的子女"[2],也就是在那时,郎志丽正式跟父亲学艺了。

当学徒,三妹子十五岁上班

我的"学艺生涯"开始于童年时期,大约在五六岁时我就帮助父亲做一些力所能及的简单活儿了。学习模仿父亲是我小时候觉得最好玩的事。上小学前,父亲也带着姐姐和我下街,帮着父亲打下手,他做娃娃,我就做个糖葫芦、小鱼啊什么的,爸爸说行就留着,给娃娃举着、抱着。后来父亲上班后,尤其是去英国回来后,在家捏面人儿的时间就少了。在家就是做面,做完面之后,试试这面好不好使,先捏一个,行,好使。这会儿,我们就常偷偷揪点儿面,玩会儿。那时候也有人上家里来学,比如曹仪策,1956年以后总上家里来,我爸教他,他近视,看远不行,就专门教他捏小的核桃人儿,教的时候我们姐妹几个也围着看。小的时候我们也没有自己的工具,都是轮着用,比如挑鼻子、眼,用拨子的时候我等着你,一个用完一个再用。

—— 郎志丽

郎志丽从小跟着父亲下街,站在父亲旁边儿边看边打下手,自己也捏个小玩意儿,她自己说,那叫"学艺"也可以,叫"瞎起哄"也行,就是觉得好玩儿,反正从没想过要一辈子干这个,直到有一天,父亲郎绍安跟她说:"三儿,明儿跟我去趟单位。"

1957年5月,我还在西廊下小学上学。我九岁上学,一到四年级在福绥境小学,中间还跳了一级,二年级没上,直接上的三年级。五年级到的西廊下小学。就记得有一天我爸下班回来,跟我说"三儿",那时候不叫名字就叫排行,"三儿,明儿跟我去趟单位"。去就去吧,"干吗去?""甭管了,去看看。"

我也没太弄明白,去了,那时我爸已经在北京市工艺美术研究所了,东裱褙胡同那儿。人家研究所的人见了我说行,来吧,跟我爸说怎么办手续。让我去学校开个证明,我那时候小学还没毕业呢。

——郎志丽

今天,郎志丽还留着一张发黄的手写肄业证明书:"学生郎志丽,女,年十四岁,北京人,在我校六年级第二学期肄业,因参加工作,申请退学,特此证明。"署名"北京市西四区西廊下小学校长赵玉环"。拿着这个证明书,还差三个月才满十五岁的郎志丽就要正式走上工作岗位了。

我那时候年龄是小,但有上班机会,也能减轻家里负担。大姐那时候比我大三岁,快初中毕业了,二姐也是在上学,我那会儿也没琢磨为什么让我去跟父亲上班,也许是种偏爱吧?后来下半年,北京特种行业又招生，大姐二姐她俩报名，都考上了，大姐分到雕漆厂，二姐分到水电模型厂，同一年我们姐儿仨都有工作了，1957年。我上班第一天是1957年5月7日。

——郎志丽

1957年，立夏后一天，星期一，快十五岁的郎志丽和父亲一起，来到北京市工艺美术研究所，正式上班，当学徒学做面人儿。

图10　随父学艺

1957年5月，十五岁的郎志丽进入北京市工艺美术研究所当学员，随父郎绍安学习捏面人儿。《人民日报》摄影。

那时候北京市工艺美术研究所在东裱褙胡同64号，北京天文台西边，东裱褙胡同是东西向的，里面有个小羊毛胡同，第一个门，坐东朝西，在院子门口有牌子——北京市工艺美术研究所。院子挺大，北房是平房，南边是二层小楼。我父亲就在平房那里，是一间大屋子，叫综合室，屋里有面人儿、刻瓷、木刻、剪纸、皮影、绒鸟，各有各的办公桌，刻瓷、皮影临窗户，我们靠门儿，一个大的写字台，再里面是绒鸟和剪纸。一边墙有一溜展柜。除了我们综合室，另外还有象牙雕刻、玉器、内画、花丝、京绣、漆器。

——郎志丽

单位在城东，郎家父女住城西，郎志丽打了月票，每天往返东西城。上班时间是早8点—12点，下午2点—6点。单位有食堂，买饭票，一切都不用自己操心，只要跟着师傅学手艺。

郎志丽进东裱褙胡同64号的北京市工艺美术研究所时，研究所虽然刚刚正式成立不久，但阵容十分强大，职工129人，顾问是沈从文、雷圭元、张仃、吴劳等，48位老艺人被聘为第一届研究员，归属研究所的老艺人有：琢玉潘秉衡，牙雕杨士惠、杨世忠，花丝镶嵌翟德寿、毕尚斌、张广和，内画壶叶奉祺，刻瓷朱友麟、陈智光，绒鸟夏文富，面人郎绍安，木刻高从理，皮影路景达，京绣李开泰、李雁宾……

我的师傅就是父亲。除了我，我爸还带两个学生，都是高中生，分去的。学面人儿的学徒就我们仨，没有什么拜师仪式，就是分配让学就学，觉得拜师那个是老一套吧。当着别人的时候我管父亲叫老师，其他人也都叫老师。

一开始就学捏整个的娃娃。我原来只捏过小动物、瓜果梨桃什么的，没捏过整个娃娃。娃娃是做面人儿的基础，那两个也从捏娃娃开始。但他们从没接触过面人儿，就不知道什么是揉什么是搓，我知道这梨怎么按这个把儿，怎么搓这个把儿，他们不懂的我能告诉他们，仨人儿一块。

工具都是父亲给准备的。面最开始也是父亲给做好，我们先开始不做，后来是师傅先做，做两回，让我们上手，他在旁边看着，我们仨，轮着，今儿我明儿你后儿他。在单位做什么每月要有计划，白面要几斤、江米面要几斤、蜂蜜要几瓶。报给专门管材料的，报上去都能批，不能往家拿，也没人往家拿。

工作的定量？看你学到什么程度了，比如学会捏娃娃了，就定一天几个娃娃，从少到多，两个到五个。再往后就是一个月，捏10个娃娃再加几个仕女人。出师之前我们学徒没有定量。出师之后有定额，比如20个娃娃、10个仕女人，再腾出工夫做个创新作品，从来没做过的。

面人儿卖到哪儿？专有销售的。我们就是做，不操心卖的事。所以现在我也不会做生意。一般都是拿到美术服务部卖，或有出口任务。人家有时候说要货多，就问这个月能多做几个吗，我爸就分配我们。人家也是按数销售。应该是拿到美术服务部去卖吧，王府井大街百货大楼北路西，有个小楼，现在应该还有，但干别的了。

——郎志丽

不用像原来父亲那样下街卖面人儿了，郎志丽说，你问我仕女人儿多少钱一个？真不记得，15元？那时就是每天上班、下班，从没想过卖的事，也没进过卖面人儿的王府井工艺美术服务部。做多少、卖多少和自己挣多少也没关系，每月拿着15元学徒工资，"给我妈五块钱，买月票一块五，再加上吃午饭、女孩子买点卫生用品，妹妹们有时候央告（北京话"求"的意思）我：三姐，你有钱给我点儿。每月再给她们两块零花钱……"对于刚工作的郎志丽，日子很简单，她总说："那时候就是让干吗就干吗，不问那么多，也不想那么多。"这是郎志丽的想法，也是当时北京市工艺美术研究所里年轻的学徒工们的共同想法。

承父业，研究所里的"艺二代"

图 11　所里的年轻人

郎志丽、陈永昌等年轻学员在北京市工艺美术研究所门前合影。

当年北京市工艺美术研究所里像郎志丽这样子承父业的年轻人共有五六个，她说："除了我，还有牙雕杨士惠他的儿子，玉器潘秉衡他儿子，内画壶叶奉祺是闺女，还有绒鸟夏文富的闺女，再就是刻瓷陈智光的儿子，陈永昌，我老伴，我和他在一个工作室，综合工作室。"

1957 年，陈永昌进研究所当学徒，十六岁。

其实当学徒前我就随我父亲进了研究所，那时候我就是家属。那会儿研究所刚成立，我父亲被聘为研究员老艺人，我是家属，跟着住在那儿，外面也没有房子住。我父亲1954年从上海回来后就住唐敬业象牙厂一个房子里，一年多两年，然后到研究所。他白天上班，我白天没事儿。1957年父亲告诉我说，所里说让你跟我一起上班。我说上班干什么？说学刻瓷啊。那就学吧。我们那时候是领导让干吗干吗，指导思想就是指哪儿打哪儿。

到5月上班后，有她（郎志丽），还有几个人，到七八月又来了几个高中毕业生，有杨士惠的儿子杨宗林，潘秉衡的儿子，还有玉器厂、刺绣厂调过来几个人。这样一下就活泛多了，有年轻人了。我们都是没有进过专业学校的，58年有了工艺美校，到61、62年就有从美校毕业的分来的不错的学生，分到象牙玉器车间、花丝车间。地毯是从公私合营的厂子调来的。

我们学徒是57、58、59三年。要说对工艺美术的认识，可能高中生要比我们认识得快，我们就是练。怎么练，开始我父亲给我一个笔筒，练吧，画线刻线，从简单的来。最开始我就是刻线条，一个月，没干别的，什么时候刻直了什么时候算。但只要坐得住、按规矩走这活儿就能出来。做完了上市场见观众，人家提意见也好，您不能老听好的，这是家训。我十六岁学艺，第二年想刻个山水，你得先起稿子，起完稿子再刻，都是先自己画。其他行当的老先生也指导我们，当时牙雕老艺人杨士惠，他呢走过来看我起的画稿儿，说你这不是山石啊，你这怎么跟片儿汤似的啊，片儿汤就是石头太扁……

我们不是美校，但工艺美术研究所领导考虑，既然是北京工艺美术研究所，就要在各个方面看到进步与发展，58、59、60年就和大专院校合作，请的于非闇、吴作人、胡爽庵来讲课，蒋兆和也去过，给我们讲一些美术知识，还现场示范作画。这给我们很多启发。总的来讲不如专业的，但我们学三年能做出成品。学徒三年出师。领导、师傅开会，看作品，说行就出师。基本上没有不出师的。

没出师的时候，1958年，我就做了一个松鹰，瓷板的，在故宫午门上展览。后来常参加研究所的展览，最常在中山公园，把研究所的作品和画家画的画，一起展。研究所是事业单位，没有产值要求，不像厂子要求那么严，自己能做点自己的东西。玉器、花丝、象牙、地毯都有好作品出来。当时我们都没有什么其他想法，包括高中生，都挺踏实的。没有轰轰烈烈的事情。刻瓷主要难在是硬碰硬，瓷器是滑的，刀钻石是硬的，刻坏了是没法儿改。关键是如何掌握刀在瓷上刻出东西来，不跑刀。

学徒那会儿有专家讲课，可以出去体验生活。为什么能把年轻的按在这儿学没别的想法，因为没有后顾之忧，甭管多少钱，能吃饭能生活。不像现在。现在要是谁学，我可以教，可以供他一年吃喝，但我管不了他一辈子。我们那会儿说继承，不说传承。那时就是继承老艺人的技艺。那时候有些地方条件现在真比不了，那时候有老画家讲绘画知识、讲座。胡爽庵讲虎，叶浅予画舞蹈人儿，蒋兆和就是人物，边画边讲。现在故宫这宝贝可了不得了，可那时候从故宫里借的东西就在研究所。花丝就借过凤冠，从十三陵出来的到故宫，仿制。我们去圆明园随便去，颐和园、故宫、北海团城、美术馆这些地方都随便进，不要票。现在哪请的来这些人。那时候有那时候的优势，我们没有那么多顾虑，让怎么干就怎么干。

——陈永昌

初获奖,《穆桂英挂帅》

当学徒时候让郎志丽印象深的事儿,一个是第一次捏关公,还一个是捏穆桂英。

我记得我第一次捏关羽的时候,配肤色,关羽那个脸色儿不够红,做错了,但父亲之前也不说,就看我错,等我好不容易全捏完了才说。我就想我配那个脸色儿的时候你应当告诉我啊?没有。父亲说早说了你记不住。我当时也傻了,本来不用重做,脸不红其实可以用毛笔刷点红色,不用团巴了重来,又没想到。这下,永辈子不忘。不光是忘不了关公脸是红的,更忘不了的是捏任何东西前,都一定要先想好,心里有谱儿才可以开始做。

——郎志丽

郎绍安说过,面塑这手艺百分之十靠师傅指点,剩下都得靠自己研究揣摩。他教徒弟也是,总是引导你自己去琢磨,这样才能落下真本事。学徒一年多,十六岁的郎志丽就完成了她的第一件作品——《穆桂英挂帅》。

我在学徒期间做的第一件正式的作品就是《穆桂英挂帅》。那时正好是建北京的十大建筑,要建人民大会堂,大家都要献礼。人民大会堂(1958年10月开工,1959年9月建成)建前拆迁、建的时候,我们研究所的人还都去义务劳动过。

怎么想起做穆桂英?因为早就说要献礼,但一直也没想出做个什么好,后来赶上三八节,觉得还是做个巾帼英雄好。我问我爸"我做一什么?""你想做什么?"我说我想做穆桂英,我爸说行。有了关羽的教训,我事先查了资料,把穆桂英的穿戴样子全找出来全想好了再做的。做完我爸说还行。

——郎志丽

穆桂英挂帅是郎志丽的第一件正式作品,也是第一件戏剧人物。这出戏最早是豫剧,家喻户晓的京剧《穆桂英挂帅》是梅兰芳为庆祝新中国成立十周年从豫剧改编而来的,1959年5月25日在北京人民剧场首演。那时,郎志丽的献礼作品《穆桂英挂帅》已经完成了。

还没等献礼,这个作品先"糊里糊涂"获了莫斯科的一个奖。

我们工作室里有搞木刻的,他有个女儿,还上学呢,跟我说有个比赛,"三姐,要不咱俩做个作品,你做面的,我做木头的,我负责给送去参赛?"我就拿了《穆桂英挂帅》,给她了,参加了展览。什么得奖不得奖的就那么回事,作品有照片,获奖证书"文革"的时候弄丢了。

——郎志丽

在"莫斯科国际少儿艺术作品比赛"获得了"优秀奖",这在当时引起了不小的轰动。郎志丽说"那就是个小孩的奖",可当时不满十八岁的郎志丽还是未成年,在今天看不就是个孩子吗?在1959年十一前,就是这个孩子手捧自己的作品,作为北京市工艺美术研究所的代表之一,作为北京手工艺从业者代表之一,站在长安街上刚刚建成的人民大会堂北侧门的台阶上,排在长长的献礼队伍中,等候献礼。

我们拿着东西排队,人多着呢,在人民大会堂外面就排队,记得是临着长安街这趟马路的那个门。全国各地的人都是来献礼的。我是和研究所的一个同事一起,时金兰,她是做牙雕的,我是面人儿。各人拿着各人的东西,排队进去,进去后,绕着会堂转一圈儿。记得好像是从正门儿出来的。具体哪天记不清了,反正是头十一。

——郎志丽

人民大会堂是建国10周年首都十大建筑之一,完全由中国工程技术人员自行设计、施工,1958年10月动工,1959年9月建成,仅用了10个多月,创造了中国建筑史上的奇迹。郎志丽算是最早走进人民大会堂的人之一,回忆起那次献礼,既紧张又兴奋,还有些懵懵懂懂,好多事儿今天也没闹明白,真跟做梦似的。

吴:您当年进人民大会堂觉得怎么样?您算是最早进人民大会堂的一拨人了。

郎:像宫殿。真棒!

吴:进去在里面多长时间?按什么线路走的?

郎:去大会堂转了一圈,也不认识路,有人带着我们跟着。在里面就十几分钟,但要按排队算时间可长了,我都没记着点儿。一大早就去了,中午回来的。那队排得看不着头儿,我也不知道是开会的还是献礼的。大包小包的,进去要检查。

吴：全国来的人来献礼，是参观一圈儿还是要开大会？您去开会了吗？

郎：没有，我没开会，就是绕一圈。别人是不是还开会我不知道。

吴：进去要凭证件吗？还是邀请函什么的？

郎：不知道，我们好像有领队，人家统一拿着呢，我就拿着我的穆桂英。不记得其他的这个，是有票？记不得了。

吴：献礼的作品是放在人民大会堂了？还是转一圈带回来？

郎：就放在那了。

吴：其他献礼的人都拿着什么，您看到什么了？

郎：没见着东西。大会堂里头专有一个屋子，收这些献的礼。我主要是还挺紧张的，拿着自己的东西，也怕走丢了，没顾上看别人，紧跟着。别人能不能看见我拿的东西我也没顾上注意。

吴：您的穆桂英是怎么拿着？捧在手里？还是装在包里？

郎：就用手绢包着，进去的时候把手绢解开。

吴：人家收礼物的时候有登记吗？您作品上写名字了吗？

郎：没登记，没写名字。还是人家事先登记好了？真不知道。反正我放下就赶紧走了。研究所就是让拿着去，那时候不兴写名字。一块儿去的搞牙雕的那个她认识的人多点，我就全听她的。她干了一两年了，杨士惠的徒弟。

吴：所里怎么定的您和她两个去？

郎：不知道，糊里糊涂。让去就去。

郎志丽将精心制作的拿手绢包着的面塑作品《穆桂英挂帅》小心翼翼地献给了人民大会堂，就在10月1日国庆节当晚，梅兰芳《穆桂英挂帅》在这里演出。

1959年国庆前夕，作家冰心也参观了新建成的人民大会堂，她写道："走进人民大会堂，使你突然地敬虔肃穆了下来，好像一滴水投进了海洋，感到一滴水的细小，感到海洋的无边壮阔。"[3]也许正是这种水滴与无边壮阔的反差让郎志丽"糊里糊涂"。但第一件作品《穆桂英挂帅》在国际上获奖，又献礼人民大会堂，这样的肯定还是令她十分自豪和高兴的，她说这也促使她"真正走上了专业面塑艺术创作的人生之路"。今天，郎家的大柜子里还摆放着好几件"穆桂英挂帅"，"第一次做那个照片也没留下，这个是后来做的，那个是我师爷（赵阔明）做了送我的，我父亲也做过……"穆桂英的故事还没讲完，而作为"一滴水"的郎志丽的面塑生涯，在波澜壮阔的新时代里，刚刚起步……

注释

[1]本节文件均出自李苍彦、王琪主编：《当代北京工艺美术大事记》，中国文联出版社2014年版，1953年至1957年条目；《北京志·工业卷·纺织工业志、工艺美术志》，北京出版社2002年版。

[2]白如冰：《新中国手工业建设的倡导者》，中新网。

[3]冰心：《走进人民大会堂》，载《小桔灯》，人民文学出版社1978年版。

18　冰心与《"面人郎"访问记》

1957年11月21日,郎志丽跟着父亲进北京市工艺美术研究所工作还不到半年的时候,所里来了一位老太太,采访郎绍安。当时,十五岁的郎志丽不知道她是谁,就觉得这位老人家"特别有气质"。

"您父亲从伦敦回来后,来采访的特别多吧?""对,挺多的。到所里来采访别的老艺人的也挺多的。"的确,翻阅旧报纸,1950年代、1960年代,手工业老艺人和他们的作品经常出现在报纸杂志上。

报刊大力宣传手工艺

1956年3月,全国城市手工业改造工作座谈会上《关于当前手工业合作化运动中的几个问题的意见》中提出:老艺人如创作出优秀作品,要马上给予物质奖励,并在报上宣传[1]。宣传手工业老艺人和他们的作品是国家对手工业的重要政策之一。

早在1955年4月17日,郎绍安就在《北京日报》上发表文章《我一定好好学习,多捏新样式的面人》;1955年3月,叶圣陶参观北京市手工业公司实验工厂后,于22日写出《景泰蓝的制作》,曾被收入中学语文课本;1957年5月7日《工人日报》刊登玉器老艺人潘秉衡的文章《让工艺美术的花园开出美丽的花朵——要求美术家实际的帮助我们》；1957年6月23日《文汇报》发表人物专访《访刻瓷老艺人朱友麟》；1956年7月28日《人民日报》发表邓拓通讯《访葡萄常》；1961年3月26日《新民晚报》文章《刻瓷与内画——旧艺新光》，介绍了刻瓷老艺人陈智光，内画老艺人叶奉祺、叶晓峰；《前线》杂志1962年第19期刊登《向传统学习，向生活学习——记北京象牙雕刻老艺人杨士惠》……

上面提到的文章中，潘秉衡、朱友麟、陈智光、叶奉祺等人都是郎绍安的同事，研究所的老艺人。他们的人物专访、所做的艺术品被刊登在全国最重要的报刊上，如《人民日报》《北京日报》等，而文章作者和采访他们的人里不乏名记者、大作家。

大作家笔下的老艺人

1950年代，关于手工艺和老艺人的书写，最著名的莫过于三篇：叶圣陶的《景泰蓝的制作》[2]，邓拓的《访葡萄常》，冰心的《"面人郎"访问记》。

"一天下午，我们去参观北京市手工业公司实验工厂。粗略地看了景泰蓝的制作过程。景泰蓝是多数人喜爱的手工艺品，现在把它的制作过程说一下。"这个简单扼要的开篇，相信1980年代的中学生都不陌生，下面这段精致细腻的描述，曾让多少中学生第一次如此微观地走进手工艺，也让笔者第一次对手工艺的一道工序充满惊诧！

掐丝工人心里有谱，不用在铜胎上打稿，就能自由自在地粘成图画。譬如粘一棵柳树吧，干和枝的每条线条该多长，该怎么弯曲，他们能把铜丝恰如其分地剪好曲好，然后用钳子夹着，在极稠的白芨浆里蘸，粘到铜胎上去。柳树的每个枝子上长着好些叶子，每片叶子两笔，像一个左括号和一个右括号，那太细小了，可是他们也要细磨细琢地粘上去。他们简直是在刺绣，不过是绣在铜胎上而不是绣在缎子上，用的是铜丝而不是丝线、绒线。

叶圣陶在文章最后说"全部工作是手工……那非纯用手工打磨不可。"这句简单的说明文字，上学时不觉怎样，但多少年后，在采访一个真正的手艺人并走进他的手艺时，这句话就突然被唤醒……

叶圣陶写的是工艺绝技的魅力，而邓拓与冰心则走进的是身怀绝技的老艺人本人。1956年，时任《人民日报》总编的邓拓，先后三次亲自到崇文门外下斜街唐刀胡同采访葡萄常。而他的几次采访，也反映出老艺人对当时国家手工业政策态度的变化，抄录一段：

去年（1955年）11月间北京手工业合作化运动还没有开始的时候，我看见常家这几位姑侄姊妹的劳动条件还不够好。在手工业合作化运动中，我又听说常桂禄有一些顾虑。她害怕合作化以后要取消老字号，要集中到合作社去跟别人一起劳动；她觉得一百年来的家底就要完了，心里难过。但是，事实并不是这样。她们的老字号仍然照旧，也没有集中到合作社去，劳动条件却有很大的改善，外边的订货增加了一倍多，生产规模也随着扩大了。一种欣欣向荣的好光景出现在她们的面前。当我这次再来访问的时候，她们一见面都笑逐颜开。她们说："北京解放是我们手艺人的头一次解放，合作化是我们的又一次解放。"

1950年代对像葡萄常这样的老艺人的采访有很多,而老艺人的聚集地北京市工艺美术研究所更是个大报经常到访的地方。当时在《北京日报》工作的李滨声就回忆过在北京建国门内东裱褙胡同路南的研究所采访时遇到冰心的情景。

那天,冰心老人由两位陪同人员陪同参观该所,《北京日报》"文化生活"组那天也采访该所,于是不期而遇。冰心老人年事已高,语言异常清爽,与老艺人交谈亲切、诚恳且知无不言。记得冰心老人针对老艺人"面人郎"(郎绍安)试创以面塑仿玉雕,用单一朱红色的面捏成"钟馗",用单一种绿色的面捏成"娃娃抱鱼"等作品不仅做了点评,还提出建议……[3]

和邓拓写葡萄常相同,冰心笔下的面人郎也是解放后才翻了身,冰心自己说:

我为什么要写"面人郎"?我为什么要访问"面人郎"?因为他是驰名中外的北京艺人,等到我和他交谈后,又发现他是自愿学艺,而又悄悄地帮他师傅做种种杂活,使得他师傅自愿教他。他不但跟师傅学,还因为要捏戏文,而到戏园后座远远地看。虽然他面人捏得很好,可以养家糊口,但解放前备受欺凌,国民党的士兵和沦陷时的日本人和汉奸,都拿艺人不当人,他过的是几十年的苦日子。直到解放了他才翻了身!在我夸他成功得不容易的时候,他的答词是百分之十靠师傅指点,百分之九十靠自己揣摩。这竟和西方的哲人一样,说:天才是十分之一的灵感,十分之九的努力。我从心里佩服他![4]

如果说邓拓写葡萄常是新中国的新闻工作者对新中国的手工业老艺人的采访,那冰心去访面人郎则"杂揉"着很多个人的童年回忆。

冰心和我父亲聊天时……

我所最爱的,还是一小组一小组的旧北京街头小景,什么卖糖葫芦的……剃头的……卖茶汤的;卖沙锅的;吹糖人的;无不惟妙惟肖!其中最使我动心的,是一件"打糖锣的",是我童年最喜欢最熟悉的东西,我想也是"面人郎"自己最深刻的童年回忆吧……

这是冰心《"面人郎"访问记》中的几句话,虽然她不是北京人,但十三岁就来到北京读书,对于她,郎绍安捏的北京街头是手工艺品,但更是抹不去的记忆。当五十七岁的冰心在北京市工艺美术研究所的资料室里看这些作品时,陪着她的是那个扎着两个小辫儿的姑娘——郎志丽。

冰心来到了父亲所在的北京市工艺美术研究所综合室。天气冷,屋子里已经生炉子了,暖烘烘的。冰心非常和蔼,说话声不大却很温柔。我那时才十六岁,怕见陌生人,害羞,一直在低头干活,连茶也是父亲给倒的。冰心边喝茶,边安静地坐在父亲工作的桌边很有兴趣地看,赞不绝口。我知道那是父亲刚刚制作的《西游记》中的一段……

——郎志丽

吴：那时冰心先生什么样？

郎：那会儿看着不显那么老。短发。说话不紧不慢，声音不高，特别可亲。不胖不瘦。穿的看起来不特别，但又有那么种不一样，有种气质。我不懂面料，里面是白颜色的带领子的汗衫，外面是灰色的圆领外套。老太太特别文静。

吴：采访了多久？采访时您在边儿上听吗？有拍照吗？

郎：两个小时吧，我在边上干活，也听了几句，但主要得干活。我那时候胆儿小，也不敢总抬头看听，怕人家说：瞅你这不专心的。采访是领导安排的，事先约好的。当时也没合影，也没这个条件，研究所也没留个资料。没印象带相机了。

先是跟我爸聊天，快聊完了，问您现在带了几个徒弟，我爸就说了有几个徒弟，最后说我，说这女孩子是徒弟也是女儿。我过来点点头。临走时，我爸说让我带人家去资料室，有展柜，看看做的东西。一边走一边说，我那时候也不知道这是大作家什么的，就觉得这老太太文化水平挺高的，说话特别和蔼可亲。问我，"你喜欢你爸的面人儿吗？""喜欢。""要喜欢就得耐心的学。把这门手艺学好。"我也不会说什么话，就一个劲儿地点头。

一个是这个让我老记着，鼓励我一直坚持，还有就是朱德、董必武他们都去过，都鼓励我们。我总想，旧社会一个耍手艺的，谁拿你当回事，哪有这么好的作家给你写文章，又鼓励你把手艺继承下来，国家领导人又这么重视，你没理由不把这个传下来。所以我必须得把我最后这点工作做好，不管家里别人怎么说，无论做的好的不好的，后人怎么评说咱管不了。

小时候，当小手艺人在街头从冰心手中接过"一个大子儿"时，那是她最早和手艺人的交集，她的心头是甜柔又辛酸的；1957年11月21日，她坐在艺人的办公室中接过他们的作品欣赏，聆听他们的故事时，世界已经不同。无论是五十七岁的冰心，还是四十七岁的郎绍安，他们平行又偶有交错的记忆已成过去，现在，"一切都变好了"，世界是属于阳光下戴红领巾的孩子的，是属于研究所里郎志丽们的……

注释

[1] 李苍彦、王琪主编：《当代北京工艺美术大事记》，中国文联出版社2014年版，第40页。

[2] 叶圣陶：《景泰蓝的制作》，载《小记十篇》，百花文艺出版社1958年版。本书有两篇是关于北京传统手工艺的：《景泰蓝的制作》《荣宝斋的彩色木刻画》。

[3] 李滨声：《亲历历史：我所见过的"大人物"从冰心张恨水到老舍》，《北京晚报》北晚新视觉网，2017年1月12日。

[4] 冰心：《我为什么要写"面人郎"》，载《冰心全集》第八卷，藏书网。

附：《"面人郎"访问记》冰心

十一月二十一日，我到北京工艺美术研究所，去访问郎绍安同志，我的心情是兴奋的。

这几年来，我常常从报刊和画报上看到关于"面人郎"的报道，和他以及他的作品的照片。今年春天，我在上海工艺美术研究所，见到了他的老师赵阔明同志，我们谈话中提到这位驰名中外的"面人郎"。我总想能有机会见见才好，今天果然如愿以偿了。

我进到了他的阳光明朗的工作室，屋里暖烘烘地，已经生了炉子了。郎绍安同志迎上来亲切地和我握手——两道浓眉，一双深沉的眼睛，一脸的胡子楂儿，笑起来显得直爽，诚恳。

他殷勤地给我倒了一杯茶，我们在他桌边坐了下来。桌子上有几件他的作品，是"西游记"中的一段吧，有个手搭凉篷，腋下挟着金箍棒，拳着一条腿站在棉花做的云端里的孙悟空，还有其他的戏出；但是我们的谈话一开了头，他就一见如故地对我谈起他的童年，他谈的那样生动，那样亲切，把我的全部精神吸引住了，我把想问他的一切，都忘却了！

"我是前清宣统元年生的，属鸡，照推算该是1909年吧。我的祖先是吉林省珲春石山子人，入关已有三百多年了。我们是满族镶红旗人，可到了我的父亲的时候，家道就很困难了。我父亲做小买卖——卖豆腐浆，供不起我们兄弟四个读书，因此我虽从六岁起读书，到了十一岁那年就停了学，到天津去学石印的手艺去了……"

他点了一支烟，微微地笑了一笑，笑里含着阴郁，"您知道那时候当学徒，可不比现在，受的打骂可多了，我的第一个师傅还好，第二个师傅就厉害极啦！我们那时候学套色石印，印新疆图，一共有七色，套印错了，师傅一嘴巴就打过来。我们三个当徒弟的，都只有十二三岁吧，实在受不住了，商量好了，夜里跳墙走。先从院里扔出被窝去，然后人再一个一个地爬出来，三个孩子在天津举目无亲，怎么办呢，就把衣服什么的卖给打鼓的，凑了点钱买车票回北京。我们都是小孩，只打了半票，哪晓得火车到东便门，车底下钻上来一个人，也许是铁路上的人吧，可是旧社会的铁路上的坏人也不少啊！他看了我们的车票，说：'不行，你们怎么打的半票呢？'一下子就把我们带到车站上去了，车站屋里坐着一个人对我们拍起桌子，做好做歹（一会儿装好人一会儿又满脸凶气）的叫我们每人再拿出十吊钱——现在也就合四角钱吧，可怜我的同伴一个姓荣的连脸盆被窝都让他们扣下了，结果我们还是从东便门被撵下车了！

"我从东便门走到宫门口——就是鲁迅故居的那地方——回到了家。我们家里生活仍是很困难，我一时也不知道做什么好……

"有一次我在白塔寺庙会上，看见有捏面人的，这位就是我的师傅赵阔明同志，我站在旁边看他手里揉着一团一团的带颜色的面，手指头灵活极啦，捏什么像什么，什么小公鸡啦，老寿星啦，都象活的一样！我看得入了迷，一天也舍不得离开，我总挨在他身边，替他做这做那，替他买水喝，买东西吃，他挪地方我就替他搬东西什么的，我们就攀谈起来了。他问我姓甚名谁，住在哪里。我都说了。他说：'我也住在宫门口，怎么不认得你呢？'我回家去天已经晚了，父亲正要责怪我，我就把一切告诉了，我还恳求地说：'我喜爱这个！我想学捏面人。'父亲答应了，同赵阔明老师一说，就成功了。

"我跟师傅学了一个多月，自己就能捏些东西，出去哄小孩儿了。反正是粗活，什么小鸟啦，小兔啦，胖娃娃啦，不能说好，可是小孩说象说好就行了。一件卖一'小子儿'或是一'大子儿'的，一分钟能捏上一个，就够我生活的了。

"就这样一边卖一边学，一年多的功夫，我就会捏戏文，什么'二进宫'啦'三娘教子'啦……那时候师傅就上天津去了。我只好自己买些香烟盒里有戏文的洋画,照着来捏。可是洋画上一出戏只有一场,不够生动,我想捏戏中人物的每一个动作,我就开始去听戏,又没有钱,买不到前排的座位,只好在后边远远地看吧,看完回来,回忆,揣摩戏中人的种种神情动作,常常一夜一夜地睡不着觉……

"从此我就过起游艺的生涯了,我和我的爱人,背着箱子,拉着大孩子,抱着小孩子,一家人走遍了天涯海角。我们到过天津、青岛、烟台、威海卫……也到了上海。在静安寺路交通银行的石头窗台上摆过小摊。那时我捏的小面人,就有人来收买,转卖给外国人,什么佛爷啦、寿星啦、胖娃娃啦,凑成一打,送到外国去。虽然常有一二百打的定货,可是经过中间的剥削,到了我手里,也就所余无几了!"

他又燃了一支烟:"您可别怪我,我一提起从前的事情,就激动,就难过!旧社会真是个陷人坑,象我们这样靠手艺吃饭的劳动人民,到哪里也没有活路!我们拖儿带女,到处飘流,有时候连饭也吃不上,连店也住不到……"

愤怒和痛苦涌上他的眉头,他的声音也就颤动急促了:"我们在哪一个地方都呆不长,不流浪是不行的,我们又走了京汉线,东北、西北,到处都受着欺凌。不说别种坏人吧,就是旧军人,国民党的士兵……那年在张家口的康庄,我在一个兵营门口,正捏着一个胖娃娃吹号,一个号兵过来看见了,就瞪眼问:'你捏的这是什么?你不是在形容我?'我也气了,我说:'我捏的是胖娃娃,我想捏你还捏不好呢!'他狠狠地飞起一脚,把我的箱子踢翻,玻璃都粉碎了!"

"有时候呢,一个大兵把我的面人拿走了,我跟到营门口,另一个大兵出来就给我一个大嘴巴……还有日本人时代,更不用提了,日本人当然可恨,狗腿子的翻译就更其可恶……咳,从前的苦日子,说它三天三夜也说不完啊!"

他完全激动了,头也低了下去。我觉得很惶恐,也很窘,我是来欣赏他的作品,和他谈谈他目前的工作的,怎么会引起他谈到他伤心的旧事呢?正在我局促不安的时候,他抬起头来勉强地笑一笑,说:"对不起,您别介意……"

我赶紧笑说:"可不是,那都是从前的事了,譬如做了一场恶梦,你还是谈谈现在的工作吧。"

他的脸上开朗了,微笑从嘴角展到眉边:"解放后一切都变好了,人民政府十分重视民间艺人,当人民政府发现了我的手艺,就把我从穷苦中救拔了出来,让我专心地研究我的艺术。如今我们再不流浪了,我每月有固定的工资,生活平稳安定了,我也能精心地做些细活,不怕加工,不怕费料,只要我做的好——现在的条件真是好极了!"

我问说:"您去年还去过英国,我从报纸上看到了……"

他很谦虚地笑了:"我们经过乌兰巴托……巴黎……一路都很好。我一辈子坐过多少次海船,在无风三尺浪的海上都过去了,因此我坐飞机也不觉得怎样。"

他一句也不提在伦敦表演捏面人的技术的时候,那种受人欢迎的光景,多么谦虚的艺术家啊!

时间已经不早了,他激动之余,似乎有点疲倦,我也就不再多问了,在我站起的时候,看见桌上一个带格的木盘,里面放着些骨片、锥子、小木梳之类的东西,就问这是否是工具,他说是的,而且工具也很简单。他掀起木盘上一块遮着的白布,底下有一小条一小条象颜色粉笔似的熟面,这便是他的材料了。他说这熟面是四分之三的面粉和四分之一的江米面，和起，烫熟，在上锅蒸，然后调上颜色和蜂蜜，揉搓起来，做成面人就可以一二十年不裂不坏的。"

当我赞叹说这手艺不容易学的时候，他又微笑了，说："也容易也不容易，百分之十靠师傅指点，百分之九十是靠自己研究揣摩！"

我问："您现在带徒弟么？"

他指着桌边站着的一个小姑娘说："她是我的学徒，也是我的女儿。"

已经到了他下班的时候，我不敢再耽误他的工夫，就向他道谢告辞，他亲切地和我握手，又让他的女儿郎志丽带我到资料室去参观他的作品。

架子上摆的真是琳琅满目，他的比较新的作品，如"鸡毛信"、"采茶扑蝶"等逼真细腻，不必说了；而我所最爱的，还是一小组一小组的旧北京街头小景，什么卖糖葫芦的——一个戴灰呢帽子穿黑色长袍的人，左臂挎着一个小篮子，上面插满了各式各样的冰糖葫芦；剃头的——一个披着白布的人低头坐在红板凳上，旁边放着架子和铜盆；卖茶汤的；卖沙锅的；吹糖人的；无不惟妙惟肖！其中最使我动心的，是一件"打糖锣的"，是我童年最喜欢最熟悉的东西，我想也是"面人郎"自己最深刻的童年回忆吧，因为这一件做得特别精巧细致：一副带篷儿的挑子，上面挂着几只大拇指头大小的风筝；旁边挂着几只黄豆大小的花脸面具，几只绿豆大小的空钟；里面格子上摆着一行一行的半个米粒大小的小白鸭子，框盒里放着小米大小的糖球……凡是小孩子所想望的玩的吃的，真是应有尽有了！我真不知他是怎么捏的，会捏得这么小，这么可爱！

这都是"面人郎"小时候最熟悉的北京街头巷尾的一切，也是我自己童年所熟悉的一切,当我重新看见这些形象的时候,心头涌起的却是甜柔与辛酸杂揉的味道,童年的回忆是甜柔的,而那时的人民生活,却是多么辛酸呵!尤其是象"面人郎"所说的"靠手艺吃饭的劳动人民",什么吹糖人的,卖糖葫芦的,打糖锣的……都是我们极其熟识的朋友——他们除了从我们手里接过一"大子儿"或一"小子儿"的时候,偶然会微微地一笑,而眉宇之间却是何等悲凉忧抑呵!

　　走出大门,头上照耀着正午灿烂的太阳。转几个弯,就走上光滑平坦的柏油路,这柏油路还是在一条胡同里。这条胡同的小学校正放午学,三三两两戴着红领巾的小孩子们,边说边笑地迎面走来,一辆簇新的载满了乘客的公共汽车平稳而飞速地从我身旁驶过……我从微茫的回忆中猛然惊醒!这是北京街头巷尾的景象,也正是"面人郎"所说的"解放后,一切都变好了!"我心头辛酸的感觉焕然消失了,余剩的一丝甜柔,渐渐扩大成为满怀的欢乐。我向着明朗的高天长长地吸了一口清新的空气,举起轻快的脚步,向前走去。

文章原载于冰心:《小桔灯》,人民文学出版社1978年版,
第70—76页

19　新旧大世界

1958年，郎绍安父女接到了一个由公安部委派下来的"保密"任务，这个任务，别说学徒不满一年的郎志丽没干过，就是捏了小四十年面人儿的郎绍安也是第一回。

捏出新旧大世界

> 1958年，公安部找的工艺美术研究所，和我爸说他们想做一个上海大世界[1]新旧时代的对比，就是做对比的模型，让我们做里面的人儿。旧的就是解放前的，新的就是当时解放后五十年代那会儿的。
>
> ——郎志丽

"大世界"，当时还没去过上海的郎志丽根本不知道那是什么地方，但父亲郎绍安可太知道了，那是上海最著名的大型游乐场，是几乎每个老上海人都曾"白相"（游玩）过的地方。沪上有句俗语"不到大世界，枉来大上海"，那个高四层、上带六角形尖塔的大型西式建筑，里面吃喝玩乐应有尽有，戏曲、杂技、电影、游艺、美食，甚至还有摩天轮、旋转木马……只要花两毛钱，就能穿过门厅的那十二面从荷兰进口的哈哈镜，从白天玩到半夜，在"大世界"里"哈哈"乐上一整天。

　　人家让我们捏的人儿，新的呢就是当时那会儿的（1950年代的）人在大世界里，工农兵。旧的就是解放前的，有去玩的人，也有抽大烟的、妓女啊什么的。我爸说行，他不是去过上海吗，上海街上那人什么样都见过都知道，就答应了。让我跟着去，说你捏不了旧的就捏新的吧，工农兵。我说行，去了。

——郎志丽

　　郎志丽说的新与旧，是上海大世界所处的不同阶段。大世界创建于1917年，有人说它从创立到1950年代经历了三个世界：1917年到1931年，创始人黄楚九经营时是金钱世界，那里是全上海全中国乃至整个远东最大的游乐场，是日进斗金的地方；1931年被流氓大亨黄金荣抢到手后的大世界，暗娼、赌博盛行，黑帮、流氓也混迹其中，是丑恶世界；直到1949年，新中国成立后，大世界被收归国有，成了"光明世界"。1955年5月，大世界曾改名"上海人民游乐场"，到1958年，又改回旧名"大世界"，但这个大世界已是全新的人民的大世界。也许正是这个原因，在1958年，公安部才找到郎氏父女，要他们捏出形象的大世界新旧对比图。

　　郎绍安对三四十年代的上海可不陌生，前文讲过，在上海卖面人儿时，从有钱的大老板、洋人，到帮派、流氓他全打过交道，至于大世界，郎绍安虽然没在那里做过生意，可他师傅赵阔明可在大世界二层摆过小两年面人儿摊儿[2]。所以，接到公安部的任务，郎绍安没犹豫，信心满满地带着闺女背着全套的工具走进了公安部。

那时候做这个活儿还是保密的,不在研究所做,得去公安部,长安街那个楼上,人家那儿做。

——郎志丽

吴:这个大世界是先有做好的建筑模型吗?需要用面做建筑模型吗?还是就只做人儿?

郎:我们就配人儿,应该是有模型。

吴:您父亲和您负责做人儿,然后摆在模型里?

郎:摆都不归咱们摆,就做人儿。大小、数量、什么样儿都听人家要求。给参考照片,新旧都有。新的还好,就是按当时我们那样捏就行了,旧的是人家提供照片,我父亲自己也见过也记得。父亲捏旧的,我捏新的。

吴:您捏的新的人,穿什么?您父亲那边"旧的"人穿什么?

郎:我就记得我这边儿颜色那素多了,就是蓝白灰,中山装、工作服、列宁装什么的,就是有中式衣服也没有花花绿绿的。就蓝白灰,仨色儿的面就够了。我父亲那边儿可花哨多了,哈哈。衣裳样式也多,有旗袍有西装的。有中国人,还有外国人。

吴:捏的人都在干什么?有情节吗?

郎:新的这边儿大部分是走着的,也有交谈的,但没有太大的动作。旧的那边儿有抽大烟的什么的,还有妓女之类的,这些都是按要求捏的。

吴:捏的人儿有多大,一共捏了多少个人儿?捏了多少天?

郎:大小就四五厘米高吧,一共捏了多少还真没记住,就是人家说还差什么得捏什么我们就做。哪天说行了,够了就不去了。前前后后捏了有半个月。你问有没有四五十个？那可得多。

吴：最后连模型带人儿的成品您看着了吗？

郎：没看见，我们就负责做人儿。做完了人家拿回去是展览还是干什么我们就不知道了。完成任务我们就回去了，后来的事也没问过，也没人告诉。

说到大世界的新与旧，不能不提到一张老照片——1951年，84岁的黄金荣身穿长袍，拄着一把长柄扫帚，站在3514号垃圾车前——这张照片，当年曾登上上海各大报，黄金荣背后就是上海大世界。昔日青帮大佬、大世界的所有人在大世界门口扫大街，震动整个上海滩。两年后，黄金荣卒于上海家中，据说生前口述遗嘱："我的一生，都风扫落叶去了，惟有留下这个'大世界'。不过，断气瞑目后，'大世界'不可能再属于我的了。"

黄金荣死后一年，大世界被上海市文化事业管理局派工作组正式接管。大世界从旧到新，改变翻天覆地，整个1950年代的中国都在改变，从旧到新，翻天覆地。

图12　郎志丽捏面人儿

从旧到新：老手艺里的新中国

郎志丽跟着父亲圆满地完成了公安部的任务，这次经历让她觉得很新鲜，一是看父亲捏的解放前的那些人儿，以前没见过；更重要的是，她没想到捏面人儿还能干这个用。

捏这个对我来说挺新鲜，以前没想过，就知道能捏娃娃、仕女人、戏出儿什么的，那回捏的全都是"现在的人"。

——郎志丽

可惜，当年郎氏父女捏的新旧上海大世界已不知去向，否则，就可以真切地看到那时"现在的人"的穿着打扮。当年，郎志丽在搪瓷面盘上准备好蓝白灰三色面时，父亲郎绍安的面盘里却是"花里胡哨"，这是穿着色彩上的新旧大世界。1956年，李滨声画过两幅和服装有关的漫画，一幅叫《清一色》，画上两男两女俩小孩儿，六个人清一色的四个兜制服，另一幅漫画叫《四季常青》，配文里写：

桃花开了，姑娘穿蓝色；
荷花开了，姑娘穿蓝色；
菊花开了，姑娘穿蓝色；
水仙花开了，姑娘穿蓝色。

从五颜六色到蓝色，颜色仅是所谓新、旧大世界最直观的变化，但起变化的可不止颜色，也不止是上海那个叫大世界的地方，1949

年之后,整个中国、中国人都在从旧到新。

郎志丽没想到捏面人儿有这样的功能,其实她的师爷赵阔明在解放之初就做过类似的工作,1951年,为配合上海市卫生局"无痛分娩""小儿百日咳"治病防病宣传活动,他捏制了人体模型,1955年,他又参加了"镇反"(镇压反革命运动)模型展览会,等等这些活动让"赵阔明惊呆了,原来有这么多地方需要他的面塑作品"[3]。

为了配合社会主义革命的形式教育,我捏了《红军爬雪山过草地》《地道战》等沙盘模型和新旧社会对比的作品。在宣传爱国卫生运动时,我捏了一个小朋友手持苍蝇拍打苍蝇,另一个小朋友鼓着腮,嘴对喇叭筒,正在宣传讲求卫生、预防疾病……在反映社会主义建设上,我创作了《草原放牧》:一座座高高的铁塔架着高压线伸向祖国的边疆,在丰美的草原上一个牧羊姑娘骑着枣红马,手持牧马杆正在放牧,雪白的羊群如片片白云在绿色的草原上飘动……[4]

——郎绍安

不只是面人儿,各门类的手工艺,从制作内容到用途确实都在改变,从手工艺制品中,从京城老艺人们、北京工艺美术研究所郎绍安和他的同事们在五六十年代做的作品里,就能看到新中国一系列重要的政策与变化。这些作品与国家一个个重要节点紧密相连[5]:

1949年10月1日,下午3点10分,毛泽东在天安门按动电钮,中华人民共和国第一面五星红旗升起。城楼上,八盏高2.23米、周长8.05米的大红灯笼格外喜庆。长5米,宽3.3米的国旗是瑞蚨祥赶制的,灯笼是丰盛胡同70岁的扎灯老艺人带人在城楼上花三天三夜做完的。

1954年，新中国第一部宪法诞生。牙雕老艺人杨士惠等人费时一年半完成牙雕《北海全景》，两米的象牙上雕刻出1298个人物，表现1954年人们在北海庆祝第一部宪法诞生的情景。这件作品还曾去伦敦展出，就是郎绍安去英国表演那次，引起轰动。

1958年，由工艺美术研究所琢玉老艺人潘秉衡设计、刘鹤年制作的珊瑚珍品《六臂佛锁蛟龙》完成。治理水患一直是1950年代中国的关键词，毛泽东号召全国人民治理水害。1958年，北京人民硬是在160天完成了十三陵水库的建设，水库落成，郭沫若曾题诗："横流壁立锁蛟龙，百丈高堤气势雄。已见西风今压倒，人间万代颂东风。"蛟龙就是水患，潘秉衡、刘鹤年的《六臂佛锁蛟龙》中，六臂佛象征6亿人民，手拿锁链，锁蛟龙的链子长30厘米，从佛身一点点抠出，56环环环相扣，象征56个民族团结一心，制服水灾。后来，郎绍安还根据这个做了面塑创新作品《六臂佛锁蛟龙》，为了仿制珊瑚效果，他还用上了从英国带回的给闺女的红色指甲油。

到1959年，象征祖国大跃进的绒制龙舟《乘风破浪》制成，由工艺美术研究所的路景达、夏文富、张宝善等老艺人集体创作。建国十年，这样的例子还有很多，"社会主义的内容，民族的形式"[6]是新中国工艺美术发展的方向，从人民英雄纪念碑上的鎏金碑文，到人民大会堂上的国徽；从第一辆红旗轿车的景泰蓝、珐琅内饰到毛泽东专列里的挑花台布……北京老艺人的精湛手艺不断出现在新中国的一个个重要时间、重要地点。

手工艺品反映着新中国的变化，但如果认为手工艺仅是在为新中国的变化锦上添花，那就错了。在科技与工业落后，现代工业产值仅占工农业总产值的 10% 多一点的建国初期,可是有 "一个象牙厂顶半个首钢" 的说法,可见手工业的重要性。北京的特种手工艺在某个意义上甚至推动了一个城市形态的转变。

新北京:从消费城市到生产城市的转变

先看一段老舍在 1954 年时写的新北京:

自从定为新中国的首都,五年来北京起了很大的变化。它已不是我幼年间所看到的北京,甚至于今天的北京已不是昨天的北京!

……

北京一向是消费都市,如今有了新的工厂啊!这是个极大的改变。一方面修建了新的工厂,另一方面又整顿了北京原有的、驰名全世界的手工业。地毯、景泰蓝、雕漆、象牙雕刻等,现在全有了合作的组织,提高了质量,而且研究出新的形式与花样。[7]

上面这段话里,说出了中华人民共和国成立后,北京最重要的大转变——从消费城市变成生产城市。而这个转变中,"北京原有的、驰名全世界的手工业" 功不可没。

具体说,早在 1949 年 3 月 17 日,《人民日报》就刊登社论《把消费城市变成生产城市》,文中说 "在旧中国这个半封建、半殖民地的国家,统治阶级所聚集的大城市(像北平),大都是消费城市……它们的存在和繁荣除尽量剥削工人外,则完全依靠剥削乡村……我们进大城市后,决不能允许这种现象继续存在。而要消灭这种现象,就必须有计划地、有步骤地、迅速恢复和发展生产。"由此，中共北平市委提出北平城市建设的中心任务就是"首先必须有计划、有步骤地迅速恢复和发展生产，把消费城市变为生产城市"。

由消费城市转成生产城市是原则，但那时的北京重工业一点没有，轻工业少得可怜，怎么办？政府把目光投向了手工业，"决定把已经衰老的特种手工艺扶植起来，因为十九种手工艺[8]正常生产，可以获得一千万美元以上的外汇，用这笔整款可以换取够全市人民吃两个月的粮食……"这可不是一个小数字，抗战以前，这个数字曾达到过产值七八千万每月[9]……因此一系列扶植手工艺的政策相继出台，也让解放前夕濒临崩溃的北平特种手工艺起死回生。

1949年11月17日《大公报》上《北京特种手工艺的新生》中记载的1949年3月调查表明："十九种特种手工艺开工的工厂和作坊不到一百家，工人只剩下215名。每月产值不过38895美元。到10月，复业的工厂和作坊已增加到1150家，工人4000余名。生产量和销售已超过20万美元。"到1956年，"直接购买北京特种工艺品的国家有芬兰、美国等24个，出口总值达346万元人民币……"1957年全国工艺美术艺人代表大会上，中央手工业管理局局长白如冰在题为《把我国的工艺美术生产事业推向前进》的讲话中说工艺美术品"既美化了人民生活，也有力地支援了国家建设"。[10]

回想在1928年，从北京改北平那会儿，说要把北平打造为文化城，怎样才能成为文化中心呢？有知识分子说"要靠穿长衫的朋友努力了"[11]。1949年，从北平又到北京，北京要从消费城市改造成生产城市，在既无重工业又少轻工业，在"穿长衫的朋友"正忙于被改造成工人阶级的时候，手艺人们率先扛起了生产的重任，他们被组织起来，参加合作社，为北京建设做出了最初的最有力的支持。而这种支持也让过去"耍手艺的"成为工艺美术工作者，让手艺精湛的艺人成了人民艺术家。

为国家做贡献，和国家紧密相连，也给手艺人们自己带来了前所未有的光荣感。郎绍安从伦敦表演回来后就曾说："能够为伟大祖国争得荣誉，我感到这是自己有生以来最大的安慰。像我这样一个在旧社会肩背面箱走街串巷、漂泊乞食的穷艺人，今天却被称为人民美术家、艺术家，吸收到工艺美术研究所工作，并当了区政协委员，不是解放了的新中国，我哪有今天的光荣和幸福。"[12]这几乎是那时每一个老艺人的心里话。

注释

[1]上海大世界，1917年建成，1949年后曾改名人民游乐场，1958年恢复原名，"文革"时停业，现在这里有非遗手工艺传习教室。

[2]参考自陈凯峰：《沪上奇葩：海派面塑》，中州古籍出版社2017年版，第31页。

[3]参考自陈凯峰：《沪上奇葩：海派面塑》，第34页。

[4]郎绍安口述，郎志丽、冯国定、张子和执笔：《我的面塑艺术生涯》，载中国人民政治协商会议北京市委员会文史资料研究委员会编：《文史资料选编》第十六辑，北京出版社1983年版，第234—246页。

[5]本节所提到工艺品内容参考自李苍彦、王琪主编：《当代北京工艺美术大事记》，中国文联出版社2014年版；陈新增：《当代北京工艺美术史话》，当代中国出版社2013年版；北京市地方志编纂委员会编著：《北京志·工业卷·纺织工业志、工艺美术志》，北京出版社2002年版。

［6］《工艺美术的方向问题》，《人民日报》1957年7月29日。

［7］舒乙选编：《老舍讲北京》，北京出版社2005年版，第139—142页。

［8］北平的特种手工艺十九种指地毯、骨器、象牙、挑补花、雕漆、刺绣、绒纸花、烧瓷、珐琅、玉器、镶嵌、银蓝、花丝、料器、铜锡器、玩具、宫灯、玉树、铁花等。

［9］冯仲：《北平特种手工业恢复与发展中的一些问题》，《人民日报》1949年4月24日。

［10］参考自李苍彦、王琪主编：《当代北京工艺美术大事记》。

［11］张恨水：《小月旦》，时代文艺出版社2015年版，第119页。

［12］郎绍安口述：《我的面塑艺术生涯》。

20　手艺之外的事

1957年到1960年，郎志丽十五岁到十八岁，在北京工艺美术研究所当学徒，除了和父亲学手艺捏面人儿，她说还干过很多和手艺无关的事儿。郎绍安十几岁时也干过很多与手艺无关的事儿，比如卖臭豆腐、打执事、拉洋车之类的，前文说过，那是生活所迫，郎志丽呢？在单位正式上班学手艺的她干过哪些事，又是为什么？

刚工作就赶上了大运动

1957年5月，郎志丽进了工艺美术研究所，这是她人生的重要节点，一生的面人儿事业由此开始。

57年反右那会儿，我们刚到研究所，十几岁，懂什么啊，有什么只能听着，问我们也提供不了什么材料。我们成天听干部啊老艺人开会，都在会场上，我们在下面，开会的时候基本就是不干活。会上就是批庞薰琹，批判右倾思想。干部啊，有点职务的老艺人都得参加讨论，我们就是听。研究所里也有右派，是搞设计的？记不准了。但反右的时候父亲、我们都没牵扯到，后来到"文革"就不行了。

——郎志丽、陈永昌

庞薰琹当时是工艺美术学院的副院长,也是该校的创建者之一。关于工艺美院,1956年3月5日,毛泽东在一次手工业工作情况座谈会上,对工艺美术工作者说"你们自己设立机构,开办学院,召集会议。"[1] 当年11月,工艺美术学院成立,院长由中央手工业管理总局局长邓洁兼任,副院长是庞薰琹、雷奎元。不到一年,1957年,庞薰琹成了美术界最著名的大右派。而这些,郎志丽并不知道,她和研究所里的年轻学徒们一样,除了开会,并不太懂运动和自己有什么太大关系,就连庞薰琹这个名字也是批判时才听说的。

小学徒的"干部待遇"

郎志丽和老伴陈永昌总爱半开玩笑地说:"那时候我们是学员,但是有点儿干部待遇。干部待遇就是义务劳动。"

十三陵挖水库,南口挖坑种苹果,人民大会堂挖地基,这我们都干过。现在南口那苹果树可能坑都是我们挖的,坑一米见圆,深80(厘米),在河滩,都是石头子儿,特别不好挖。建人民大会堂挖地基,我们那个位置应该就是人民大会堂配电室的位置。这义务劳动都属于干部待遇,其他的干部待遇我们没有。(哈哈)

——郎志丽、陈永昌

上面说的所谓"干部待遇"和当时的一个政策有关。1957年5月10日,中共中央发布《关于各级领导人员参加体力劳动的指示》,指示中要求"凡是能够参加体力劳动的各级干部都应该每年抽出时间参加体力劳动。"因为干部参加生产劳动,"同群众打成一片,有利于及时地、具体地发现和处理问题,有利于改进领导工作,从而可以比较容易地避免和克服官僚主义、宗派主义、主观主义的许多错误,并且有利于改变社会上所存在的那种轻视体力劳动的观念"。[2]

在这个背景下,1958年1月14日,南口农场成立。北京市各级下放劳动干部2000余人在这里开发荒滩,种植果树[3],这里就有北京工艺美术研究所的小学徒们。如果说南口农场的2000人还算小范围,那建十三陵水库、人民大会堂可是惊动了整个北京城,参加义务劳动的人数,前者40万后者30万,1958年北京人口660万,全城1/10的人亲身参加了这两项大工程,这里面同样包括北京市工艺美术研究所的小学徒。

到1960年我出师后没多久就又下厂劳动了,为什么?人家干部人数不够,让我们顶替。比如研究所有三个劳动名额,人家干部不够,就得有人顶。下农村。你问为什么挑我去?不知道。是不是犯错误了?肯定没犯错误。说实在的,这方面我真是糊涂,就没问过,让去就去了。怼老实,怎么也该问明白为什么去啊。研究所还一个做花丝的,姓吴,跟我岁数差不多,都是小女孩儿,我们俩,顶着谁的名儿去的不知道。去的顺义李遂公社,挖水渠,和面人儿一点儿关系都没有。

——郎志丽

单位让两个小女孩去挖水渠。挖了两个月,完了没让回研究所,直接去了北京第一食品厂,包糖。

吴：为什么去食品厂？食品厂缺人吗？

郎：哈哈，不知道，反正没让回研究所，去了第一食品厂。北京第一食品厂那时在法华寺街，崇文区。人家糖块儿出来，我们负责用纸包上。包了两个月糖。

郎老太太用手边比划边说：就这么着，纸这么一捻，错开，一手拿糖，一手一拧、一退，就包上了。透明的不透明的糖纸都有，上面有图案，白兔什么的。

吴：您那时候包的那个糖纸要留到现在都卖一二十块钱一张，有人收藏，就是第一食品厂的，您还有吗？

郎：啊？我原来还攒呢，不是在厂里那会儿，是后来，现在都不知道在哪了，我这太乱。

吴：那时北京市第一食品厂的奶糖、大虾酥很有名，好吃吗？您尝过吗？

郎：厂里的糖我没吃过，不敢吃。

包了两个月的糖，一块儿也没吃着，郎志丽被通知，还是不能回研究所，直接去北京彩塑厂，学画脸谱，她说"这回可和我的手艺沾边儿了"。北京彩塑厂原名北京戏剧脸谱工厂，1960年11月刚成立，地点就在西四北大街塘坊胡同，离郎家很近。学了一年脸谱以后，郎志丽终于又回到了北京市工艺美术研究所，继续和父亲捏面人。而她与彩塑厂的缘分还没完，1966年，当她和父亲一起再次被调到彩塑厂时，一切都不一样了。[4]这是后话。

家门口的共产主义大厦

1958年2月12日,中共中央、国务院公开发出了《关于除"四害"讲卫生的指示》[5]。1958年4月19日星期六,北京一场声势浩大的人民运动开始了,敌人是麻雀。

除四害那时候街道让干,我妈,还有街道上好多人,早上一趟中午一趟晚上一趟,敲锣,以前打糖锣的那个锣,现在不卖玩具了,轰麻雀,边敲锣边嚷:大家注意了,除四害讲卫生,家家动员,不留脏东西。除了轰麻雀还有灭鼠,耗子夹子支起来,努力捕鼠,完成任务。一个居委会一个月要交多少老鼠尾巴。我妈在街道义务帮忙。家里单位里,屋里就支上老鼠夹子,外面树上挂上布条子,什么色儿都有五颜六色,风一刮,哗啦哗啦,麻雀就落不了。树啊杆儿啊都栓布条,就不让麻雀落脚。从家白塔寺到单位一路上全是。

——郎志丽

打完麻雀就是大炼钢铁。"都得参加,家里那个废铜烂铁都拉走了。"这些虽然和郎志丽的工作捏面人儿没什么关系,但在新中国新北京,这些恰又是和每一个人最紧密相关的。

灭了麻雀,大炼完钢铁然后就是大办人民公社。1958年10月25日,《人民日报》发表的社论《办好公共食堂》,简单说就是大家都吃食堂,不用自己在家做饭了。郎志丽说这都是一阵子的事儿,"我记得我们好像没怎么吃过食堂的大锅饭",可是全北京那座最著名的"公社大楼"——福绥境大楼,她可是看着建起来的,就在家门口。

> 福绥境大楼,不说看着盖起来的吧,也差不多,反正那时候每天总围着人,特别快就起来一个楼。那一片全是平房,都没有楼,这个楼当时觉得特别高特别大。
>
> ——郎志丽

这个福绥境大楼在白塔寺后面一点儿,西北边,1959年建成的,据说用的是建人民大会堂剩下的原材料。大楼今天还有,楼下金属牌子上有文字这样写:

1958年,中国大城市进入试办城市人民公社的时期,西城区委积极响应大办城市人民公社的号召,迅速开展学习宣传活动,并开始陆续建立人民公社,到1960年4月,全区9个街道城市人民公社相继成立。西城区成立人民公社后,在宫门口三条与安平巷之间建立了一座8层的N字形"公社大楼",建筑面积近2万平方米,主力户型是两居室,内设公共食堂、幼儿园、小卖部、活动室和集体宿舍等,因地处福绥境街道,取名福绥境大楼。

郎志丽看着大楼在家门口建起来,但从来没有进去过,她说:"没敢进去,怕人家说,再给圈进去。"这样的担心也不奇怪,当年每层楼40户人家,全楼358户人家,都是经过严格的政治审查才住进来的。虽然郎志丽没有进去看过楼里什么样,但她和周围的人都知道,这个大楼里面家家户户都没厨房,因为大家都要去公共食堂凑在一块儿吃大锅饭,厨房没有用。

当时有句流行语"共产主义是天堂,人民公社是桥梁",福绥境的八层公社大楼又有"共产主义大厦"之称。崭新的大厦在一片低矮的平房中轰轰烈烈、拔地而起，东南不过几百米处，近700年的白塔静静矗立，白塔的圆顶上，铃铛还在，那叫惊雀铃，可那时候的北京城，已经没有了雀……

手艺之外的必经之路

刚走上学艺之路的郎志丽就经历了一系列"与手艺根本不着边儿"的事儿，从挖水渠、下工厂到大跃进、打麻雀、大炼钢铁……跟手艺不着边儿，却是每一个生长于那个时代的人的必经之路。回到本节最初，郎志丽的父亲郎绍安同样干过一系列手艺之外的事，两代人，有什么不同？

最后，再说一句两代人经历的手艺之外的事。1920年代，军阀混战那会儿，凭手艺吃不上饭，郎绍安和师傅差点儿去当兵[6]，听说要去南口当炮灰，又吓回来了。就是这个南口，30多年后，他的后辈，工艺美术研究所的学徒们参加劳动真去了，在南口，挖坑种苹果树……每一代人有每一代人的阳光与阴影，都必须要各自去经历。郎志丽和新中国的新一代手艺人也一样。

注释

[1] 李苍彦、王琪主编：《当代北京工艺美术大事记》，中国文联出版社2014年版，第38页。

[2]《人民日报》1957年5月15日。

[3] 周一兴主编：《当代北京大事记1949—2003》，当代中国出版社

2003年版,第117页。

[4]彩塑厂后半段的故事详见本书"'文革':人在劫数中"一节。

[5]周一兴主编:《当代北京大事记1949—2003》,第118页。

[6]详见本书"'黄金十年'面人郎"一节。

21　手上的缘分

前文讲到过一张大合影[1]，在北京市工艺美术研究所，董必武和老艺人、年轻学员的大合影，郎老太太说，"这上面也有我，也有我老伴"，说着用手指着照片上第一排蹲着的年轻人，最左边的小姑娘扎着两个小辫儿，最右边一个小伙子，穿着白衬衫……

姑娘是郎志丽，小伙子是陈永昌，不止他俩，这合影上面还有郎志丽的父亲郎绍安，郎志丽的公公、陈永昌的父亲陈智光。"拍这个的时候我们俩可还什么事儿也没有呢啊！"郎老太太笑着说。大合影是1958年拍下的，算是一张未来的全家福。照片上一个蹲最东头，一个蹲最西头，看起来离得最远的两个年轻人是怎么越走越近的？得从1957年5月7日，郎志丽进北京市工艺美术研究所的头一天说起。

1957年5月7日

1957年5月7日，郎志丽走进了东裱褙胡同64号北京工艺美术研究所的小院，那是她当学员正式学习面人儿手艺的第一天，也就在那一天，她遇到了生命里最重要的人——同样去所里报道的学员陈永昌。当时她可不知道。关于那天的事，关于两个人的事，郎老太太现在提起来还总是笑，说："得让他说点什么？不能光我一人儿说。"

"永昌，陈老师，来，您请坐，该说咱俩的事儿了。"郎老太太半开玩笑地笑着叫老伴为老师。"咱俩有什么事儿啊？没什么事儿！"陈永昌老师从另一间屋走了进来，看着特严肃的脸上带着些许笑意。关于两个人的事儿，在一起大半辈子的两个人总说也没什么事，问一句答一句，话不多，可老两口儿默契的笑是藏不住的。

吴：从头说，您跟陈老师什么时候第一次见面。

郎：那就是57年，去研究所报到，5月7日。以后又在一个工作室。

吴：您跟您父亲去的研究所，您跟您父亲？

郎：这你不都说了，哈哈。

吴：您别说那么快。见了第一眼印象？

郎：我根本没注意他。（笑）

吴：那天报到的人多吗？

郎：我们屋就我们两个。

吴：就俩人儿还没注意？

郎：那哪好意思看人家啊。陈老师，来。您请坐。（笑着问）你看我第一眼什么印象？这么几十年我都不知道你对我啥印象。哈哈哈。

陈：农村小丫头。

郎：你才是农村的呢。哈哈哈。

陈：你找找在研究所门口那个照片，看看是不是？

郎：照片还没找着呢。

吴：当时所里年轻人有几个？

郎、陈：六七个。

吴：当时那些小女孩儿里是不是郎老师最好看？

陈：啊？（笑）说实话当时真是没什么印象。那时候她是刚到研究所，但我工作前就已经和我父亲住在研究所了。

一个源于宫廷，一个来自市井

自1957年5月7日起，十五岁的郎志丽、十六岁的陈永昌就各自跟着各自的父亲在北京市工艺美术研究所里当学员学手艺。尽管说对郎志丽的第一印象是"农村小丫头"是老两口儿之间的玩笑话，但两个人各自学的家传手艺，还真的是一个"天上"一个"地下"。这并无褒贬之意，面人儿与刻瓷都是北京传统手工艺，但出处、发展过程、艺术特色却大不相同。直观地看，早在1900年代北京的香烟烟画（洋画）《三百六十行》里就画过这两门手艺（那时的洋画最能反映民俗与民情，小时候的郎绍安还照着洋画学捏人儿）。在当时烟画的画面上，捏面人儿的在街头集市，短打扮，坐大马扎上捏面团，前面有木箱，三两儿童围绕；刻瓷人则在屋内案头，戴眼镜，在一素瓷茶碗上刻画，旁边是高级素瓷茶具，桌案前站一长袍马褂的读书人，正把玩一件刻好的茶杯，"极是风雅高致"[2]。

再具体到郎家与陈家，郎家的面人儿手艺源于市井民间自不必说，郎志丽从小就跟着父亲走街串巷打下手，可类似的事，小时候的陈永昌没干过。"她学面人儿，那个拿面鼓捣鼓捣，五六岁就能帮上点儿忙，也许因为行业，我这个可不行，小孩儿也帮不上忙。"学刻瓷不仅要去专门的学堂学，而且还相当不好学。

先看看《北京志·工艺美术志》上对刻瓷的定义：刻瓷，也称瓷刻，源于封建帝王和文人雅士欣赏名瓷时，性情所至，有人亲笔或诗或文于其上,为保持墨迹之永久,便让工匠在瓷器上用刀具刻划墨迹的轮廓,由此出现了刻瓷艺术。[3] 1959年出版的《北京刻瓷》中说刻瓷始于清代:清初,封建帝王非常欣赏宋、明两代的优美瓷器,并且亲笔题以诗词。因此,雕刻这种御制诗词的艺术加工也随之产生。乾隆时期,北京曾设立"造办处",聚集了各地能工巧匠进行艺术创作,供帝王将相欣赏。[4]

由此不难看出刻瓷的源头在宫廷,和接地气的面人儿比,说它出自"天上"也不为过。到清朝乾隆以后,刻瓷就不只是刻字了,也刻画儿。

在乾隆时期,刻瓷板,主要刻山水,做紫檀镶嵌,现在故宫里还有这种装饰。后来光绪时朝廷造办处成立的工艺学堂,这里头有一个刻瓷科,里头有二十多人,由上海的刻瓷名家华约三来教这二十几个人。我父亲因为家庭困难,去当了学徒,学北京刻瓷。

——陈永昌

《北京志·工艺美术志》中说:清光绪二十八年(1902年),顺天府尹在宣武门外下斜街设立农工学堂,又称工艺学堂,内设各种工艺科教徒习艺,其中镌瓷科有学生20余人。后来学堂改为工艺局,由原来的官商合办转为官办,镌瓷科亦改为瓷工科。由于学堂体制的改变,部分学生被官商带走,留下者有的感到学习刻瓷艰苦,有的生活困难,大都另谋生路,唯有朱友麟、陈智光始终从事这一专业。[5]

陈智光就是陈永昌的父亲,北京人,1889年生,进工艺学堂学刻瓷时十六岁。他和师兄朱友麟不仅顺利出师还改进了刻瓷的工具。

我父亲和师兄朱友麟改进了工具，他们觉得北方的刻瓷就是用錾子錾出来的，南方是用刻瓷刀刻出来的。南方刻出来的东西比较板，但北方用錾子錾的又比较粗糙。所以这两个人就琢磨把南方的钻石刀和北方的錾子弄一块儿，这顶上闪光的就是钻石。金刚钻比瓷器硬。还有工具是小锤儿，特制的。

——陈永昌

有句俗话"没有金刚钻，别揽瓷器活儿"，凭着金刚钻，凭着好手艺，朱友麟、陈智光在北京手工艺界闯出名号，当时的大画家张大千、溥心畬都和朱友麟合作过。

图13 北京刻瓷艺人全家福

1960年拍摄于朱友麟家中。前排左陈智光，右朱友麟，后排左一陈永昌。

在北京西河沿有几个瓷器店，我父亲和朱友麟就给他们刻加工活。可后来世道乱，没有那么多活儿，父亲就经人介绍在铁路上干了一段邮政押车员。再后来觉得还是干本行吧,踏实。

——陈永昌

除了刻瓷,陈智光还钻研过象牙平刻微雕,1944年到上海,十年,传授象牙平刻和北京刻瓷。1954年回北京,先在象牙厂,后以老艺人的身份被聘进北京市工艺美术研究所当研究员。

我父亲54年从上海回来后,那会儿住在唐敬业象牙厂,私人的,给唐刻加工活儿。从我父亲来讲,刻瓷刻象牙都好,可那会儿父亲就六十多快七十了,干活不说费劲吧,也够呛。吃饭都成问题,我记得总是吃面条,就面条,放盐,什么都没有,就到这种程度。这么着进的研究所,进研究所之前他正刻一套茶具,56年刻的,之后进的研究所。那套茶具给他的时候是有人送到家去,刻完后取走。当时的政策是从社会上搜集有艺术价值的人才,在这个背景下,1956年,我跟我父亲从东单总布胡同象牙厂,直接就搬进裱褙胡同研究所了。我父亲是最早一拨,我们去的时候他们还都没去呢,56年下半年,人才陆陆续续进来的。那儿原来是个塑料仓库,我们进去的时候刚整理出来。当时有玉器、刺绣,后来有象牙,再后来面人儿、皮影还有其他的。基本上在56年底,研究所就成了形了。

——陈永昌

《北京志·工艺美术志》中说陈智光的刻瓷"技艺全面,将书法、绘画、诗词和篆刻融为一体。他刻的工笔花鸟,把象牙平刻技艺,如鸟的丝毛方法引申到刻瓷技法中,使花鸟更生动可爱;他刻的人物,以线刻为主，用游丝刻双勾法，运刀自如。他的作品大部分落款都是自作诗词"。《北京刻瓷》中说他"自画自刻，笔道流利，感情丰富，姿态豪迈，别有风趣"。

在那张董必武和研究所老艺人学员大合影上，站在董必武旁边白胡子的老人家就是陈智光，年近古稀，他和朱友麟是当时北京仅存的两个刻瓷艺人，这个在北京刻瓷界大师级的人物，在刚上班十五六岁的郎志丽眼里，就是一个特别可亲的长辈，她总说"陈老师傅人特别好特别善……我这个手就是陈老师傅给治的……"而郎、陈两家的缘分也许就是从"手"上开始的。

从手开始，当金刚钻儿遇上小面团儿

我这手一样一只，现在也看得出来（看到右手四根手指关节肿，像小棒槌，指甲是扁的，另一手指甲是细长的）。从特别小就这样，可能是小时候去东北，手冻成关节炎了？后来人家医生说一般关节炎都是对称的，我这个只是一边儿，不知怎么回事。我琢磨着是不是有一次夹着哪儿了？大拇指没事。小时候的事儿，完了有时候疼也顾不上，我也没和家里说过，也没去医院看过。还是上班以后了，是陈老师的父亲看见问："哎，你这俩手怎么不一样啊，疼不疼啊？""有时候还疼。"陈老师傅，老人家心特别善，特别细，也没跟我爸说，自己抓的中药。陈老师傅会相面，中医药也都懂点，给我开的方儿，抓了药，熬完了，让陈老师给我。他们父子那时就住研究所里面，小羊毛胡同，当宿舍。他父亲熬好药，就让陈老师热乎乎的给我端过来，敷上。那时是57年年底，刚工作没多久，没和他搞对象的意思呢。

原来小时候从来没看过手,现在基本上没什么大碍,做活不影响。

——郎志丽

她那个手,我父亲给开过药方抓过药。再一个困难时期的时候,他们家人口多,有时候我父亲就给她点儿粮票。再以后,我父亲胃不好,到后来面条都吃不了,喝粥,去医院,住院才知道胃癌,原来都不知道。去住院了,她就去家里帮我妈,帮老太太做事……

——陈永昌

陈智光老人的好,郎志丽一辈子也忘不了,为她熬药治手,在困难时期给她粮票,要知道那个时候是三年自然灾害全国都在挨饿,连研究所做面人儿的面都是朱德特批的年月……也许正是因为这样,让两个年轻人越走越近。

吴:我听来听去,您和郎老师好起来都是因为您父亲啊?
陈:嗯,导火索都在那儿呢。(笑)
郎:我就没帮助过你?!
陈:你帮我什么了?
郎:没良心,咱有一次上颐和园,你不舒服,骑车,说!
陈:这你记得还挺清楚。(笑)那回我们所里年轻的几个骑车上颐和园玩儿,都是土道儿。玩完了,在颐和园快出来了,我晕了(饿的?),也不知道为什么,反正是车骑不了了,别人送我回家,坐车回来的。那自行车怎么办,是她把车从颐和园推回来的,从颐和园到阜成门里。你记得还挺清楚。

郎：我不会骑车，他晕了，我说的那我把车推回来吧，走着，也不知走了多久。

吴：去颐和园那时候还没好呢？

郎：还没那意思呢。

陈：哎对，没意思。

对两个人的事，老两口儿总笑着说没什么事儿，还没那意思呢，这也算种默契吧，其实年轻的时候，这种默契还表现在两人学手艺的经历上。"让干吗就干吗，父亲让学就学了"，这一点陈永昌和郎志丽是一样的。虽说不算是自己主动要学的，但手艺真学起来，一个手拿金刚钻儿，一个手握小面团儿，可都不含糊。

陈永昌十六岁进的研究所，瓷器是滑的，钻石刀是硬的，硬碰硬地随父学手艺。"瓷赖画而显，画依瓷而传"，一毫米的薄胎瓷器上，刻画线条有深有浅，深的地方需要錾，浅的地方需要刻。小木锤起起落落，当当当，父亲陈智光精心教，又有所里其他老艺人的指点，陈永昌进步很快，学徒第二年，十七岁的他就做出了自己的第一件瓷板作品《松鹰图》，在午门上展览大受好评。同一年，十六岁的郎志丽也做出了自己的第一件作品《穆桂英挂帅》，在莫斯科国际少儿艺术品比赛上获了奖。[6]一个是硬瓷器的錾与刻，一个是软面团的揉与捏，两个心灵手巧又踏实肯干的年轻人在各自的手艺上齐头并进。"以前有记者总问有什么有趣的，有什么特殊的事，真没有。没有啊，我们也不会编"。两个年轻人就这样"没什么事"地走到了一起，1964年结的婚。

一顿打卤面就结了婚

图 14　1964 年，郎志丽、陈永昌结婚合影

照片是在崇文门花市一家照相馆拍的，拍之前，郎志丽还特意去烫了头发。

吴：结婚是谁提的？怎么提的？

陈：那是我，得照顾老太太啊。我父亲去世（1962 年），我妈老太太没人管，她去帮着，64 年结的婚。

吴：陈老师就跟您说得照顾老太太去啊？

郎：好像是这么说的，那会儿咱俩儿还都在研究所呢。

吴：人家一提，您就应了？

郎：我是应了，但我们家不同意。因为他们家就他一个男孩，独子，赶明遇见事儿怎么办啊。我爸我妈不同意，也是不放心我。可我一想陈老师（陈智光）生前对我那么好，他（陈永昌）也还凑合，老太太现在需要人，我得应。

陈：没什么惊天动地的，记者都问有什么故事，哪有故事。

吴：这还不是故事？

郎：也就这些了。

吴：后来家里就同意了？

郎：不同意怎么着呢？

吴：怎么办的婚事？

郎：在家里吃一顿。

陈：在她们家，那时候她家在后坑（新街口北大街）那儿，请的他们家的人，全来了，院子里，她妈给做的卤，打卤面。完了坐公交车回家。

郎：衣服也没添。拿了陈老师（陈智光）一件旧大衣，棕色的，我改的。结婚照就照了一张。

陈：花市一个照相馆照的。

吴：您把头发烫了？

郎：对。电烫，在新街口。

吴：吃完了打卤面，从后坑回哪儿啊？

郎：夕照寺，他们家。

吴：新房什么样？

郎：就一间房，12平米。和老太太住一间屋子，给老太太搭一个铺板。家具也没添，就人过去了，就这么过日子了。

陈：我们结婚跟老太太住一块儿。

吴：就一间房和长辈住一块不方便吧？

郎：连个帘儿都没拉过。南房，没太阳。一进门靠窗户给老太太搭一个单人床。也没觉得不方便，你想我从小九口人挤一间房里，一个床上能睡六七个人，没有那么多讲究，也没那么多想法。

吴：母亲多大岁数？

郎：八十了，哈着个腰……

吴：您和陈老师互相送过自己做的东西吗？

郎：谁送谁啊，不都在这摆着吗？

吴：年轻的时候呢，也没送过？

郎：没有。从来不送东西。结婚连戒指都没有。新衣服都没做，就我公公的大衣，给我改了一件半短的，都没花钱买。他一人一月就37块钱，还有老母亲，姐姐那生活条件不好，每月还得给寄去几块，所以，得了，我也不要求那么高，凑合一块过吧。他从来没有那个想法，给我做什么，我也没给他做过什么，我也没这个想法。给他姐姐家孩子我倒是做过。我们俩之间没给过，给也是在这摆着，这个不都是他的东西，那他的那些不也是我的。（笑）

郎老太太指着柜子里的一件面人儿作品，劈开的葫芦里捏了一百单八将，葫芦把儿细长，上面巧妙地画着仙鹤，"那仙鹤是陈老师给我抹了两笔，算合作，哈哈"。二十一岁的郎志丽和二十二岁的陈永昌，两个"没故事"的年轻人成了家，一个生在中秋节前一天，一个生在中秋节后一天，他们说"以后就在中秋

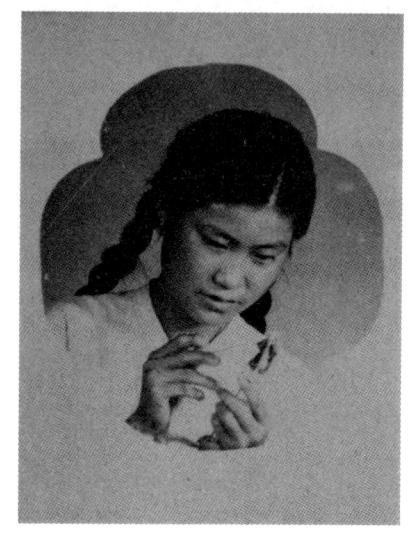

图15 二十岁出头的郎志丽

节这天一起过生日了"。二十多年前,父亲郎绍安成家时,在院里搭了个喜棚,那是他在厂甸卖了一个春节挣的钱,[7]巧的是,郎志丽在结婚的头一年,也去了厂甸,她在厂甸庙会捏面人儿的大照片还上了《人民画报》。

《人民画报》上《热闹的厂甸》

图16 郎志丽第一次上《人民画报》

翻开1963年第4期《人民画报》第8页到第9页,跨页彩色照片,一短发女孩正手拿拨子,制作一个绿毛衣、绿毛裤,头戴毛线帽的面娃娃,那是典型的20世纪五六十年代儿童的穿戴,娃娃手中还举着一串糖葫芦,照片上面是报道的大标题《热闹的厂甸》。图片说明写:"面人艺人的一双巧手多么吸引人。她当众捏出各式各样栩栩如生的小玩偶。"照片上的"她"就是郎志丽。

  1963年春节,研究所让我去厂甸,盯摊儿,捏面人儿,我就去了。春节每天去,得有半个月吧。露天摊位,旁边有卖空竹的、泥人的、不倒翁啊什么的……人特别多,但大部分都看,买的不多。买吃的的多,买小玩意儿的不多。好像当时捏的娃娃一个5毛,仕女一块多钱。外面冷,也捏不好,一会儿就得揉一遍那面,太冷面也不行,手都伸不出来。有些人儿是现做的,也有一部分做好的。在我这儿也是看的人特多,但花钱的不多,不见得舍得掏那个钱。研究所对卖多少也没要求,每天去了就是完成任务了。

——郎志丽

  吴:您上《人民画报》的那个照片是怎么回事,您知道什么时候拍的吗?
  郎:就在厂甸拍的,我正干活呢,不知道有人拍,后来有一人过来问我叫什么、哪个单位的,说给我拍了一照片,到时候给我寄份画报。我说我是北京市工艺美术研究所的。后来画报还真寄来了。上面就写着本刊记者摄影,所以到现在我也不知道照片是谁拍的。
  吴:照片能上《人民画报》,文章里还特别提到您,太难得了,当时特别高兴吧。
  郎:我当时还没觉得,不知道这么重要,我让我爸看,说人家给我一画报,里面有我一照片,我爸说挺好,你收着吧。

《人民画报》是当时中国最权威的画报，1963年总印数已达50万。《人民画报》上刊登的人和事会成为整个中国的记忆。1963年春节的厂甸，对郎志丽来说，那是她工作后参加的第一次庙会，也是"文革"前参加的唯一一次。对整个北京城来说，更是意义重大，重大到让《人民画报》用整整4个版面去报道，为什么？先看《人民画报》报道中怎么说：

今年的厂甸可说是盛况空前，七百多个彩棚排列在和平门外的马路两旁，北京的各个著名商店、手工业合作社和郊区的人民公社老早就开始了准备工作，不仅是北京的种种特产，连远地的驰名货：杭州剪刀、宜兴陶器、福州漆器、广东藤器、浙江兰花……都被组织进去。还特别邀请来一些著名的艺人。"面人郎"的女儿郎志丽大约十分钟就为顾客们捏出一只手眼欲动的小面人。湖南棕编艺人易正文用片片棕叶编出惟妙惟肖的虫鱼鸟兽。老北京说今年的厂甸是三多：摊多、货多、游人多。市场结束后一连好多天，人们还在谈说着厂甸如何如何，它给人们留下了愉快而又深刻的印象。它是反映我国奔腾的建设和生活的一个小小的面。

为什么"盛况空前"？那时的中国刚经历了三年困难时期，北京的厂甸庙会也因此停办了好几年，经济稍有好转，北京市政府重开厂甸庙会。在什么都要凭票供应还什么都买不到的年代，1963年春节的厂甸可谓万民期待，短短10天，逛厂甸的人次达到530万，当时全北京人口也就750万，仅大小糖葫芦就卖出了58.7万串[8]……

春节的厂甸就是"经济的晴雨表"，这是民国时的人总结的。郎绍安年轻时，就是在民国时期所谓的"黄金十年"最末端那个春节的厂甸上，面人儿卖得好，攒了钱，成了家。前文我们曾问过——那个黄金十年就是郎绍安的黄金时代吗？1963年，年轻的郎志丽第一次在春节的厂甸上捏面人儿，那时的她已学艺六年出师三年，第二年也成了家。从1957年学艺到立业成家，这算是第二代面人郎——郎志丽的黄金时代吗？对于第一代面人郎郎绍安，从1956年归队到出国到坐进研究所培养起接班人，这是老艺人的又一个黄金时代吗？当年，郎绍安刚刚成家没多久就赶上了大劫难——八年抗战，刚成家的郎志丽又会遇到什么？

《人民画报》说1963年春节的厂甸是"建设和生活的一个小小的面"，只是这个刚刚打开的"一面"很快又关上了。第二年，春节厂甸再次停办（等再开就是37年以后的事了），那一年的中秋，郎志丽和陈永昌一起过生日时，市面上也早已不见了兔爷兔奶奶……

注释

[1] 详见本书"街头艺人坐进办公室"一节。

[2] 1903年日本村井兄弟商会社出版烟画《中国的市井生活》，1905—1910年英美烟草公司出版烟画《三百六十行》。参考自李德生、苑焕乔：《烟画老北京360行》，北京大学出版社2016年版，第225、253页。

[3] 北京市地方志编纂委员会编著：《北京志·工业卷·纺织工业志、工艺美术志》，北京出版社2002年版，第444页。

[4] 北京市工艺美术研究所编著：《北京刻瓷》，轻工业出版社1959年版，第5页。

[5] 北京市地方志编纂委员会编著：《北京志·工业卷·纺织工业志、

工艺美术志》，第 444 页。

［6］详见本书"承父业，三妹子学艺"一节。

［7］详见本书"'黄金十年'面人郎"一节。

［8］参考自宋鑫娜：《申猴闹春话厂甸》，《北京档案》2016 年第 2 期。

22 "文革":人在劫数中

1965年,阜成门城楼拆了,因为要修地铁,毛主席说,"你要修建地铁,又要少拆民房,可圈着城墙走嘛"[1]。郎家,打清军入关起,家无论怎么搬,都没离开过阜成门。1966年,郎绍安父女从北京市工艺美术研究所调到了北京彩塑厂。

从彩塑厂说起

1961年,郎志丽第一次进彩塑厂时,碰到了她的脸谱师傅双起翔。双起翔也是满族人,做脸谱是家传,据说还受过泥塑花脸创始人"花脸桂子"[2]的指点,手艺了得。郎志丽说,在彩塑厂跟双起翔学脸谱对她捏面人儿帮助太大了,"再捏面人儿戏出儿,脸谱就会了,不用问别人了。原来我们做戏出儿面人儿,花脸是用面搓彩色条,一条条粘上去,但时间久了容易翘起来,后来我就用画的做戏剧脸谱"。第一次去彩塑厂让郎志丽受益不少,1966年,她和父亲因为一次面人儿出口任务一起正式调到了彩塑厂。

1966年,彩塑厂要做一批核桃面人儿,出口日本,让父亲和我还有支惠琴去的。仨人正式调过去。

——郎志丽

核桃面人儿，就是以劈开的核桃为容器，里面放置一个或一组小面人儿，每个面人儿可以小到不足一厘米，还要眉眼清晰生动，衣饰流畅逼真，极其考验手艺。但也正因为核桃人儿的工艺精湛，没少为国家出口创汇。《北京志·工艺美术志》中列出的北京工艺美术曾批量生产的产品名录面塑部分就有"核桃人"与"核桃十八罗汉"。[3]

为了赶制出口任务，我带了几个徒弟一起捏核桃人儿。徒弟的本领还不过硬，技术也还不全面。我半天儿捏出四个人儿来，徒弟一整天才捏两个人儿，而且下了班什么也不能干了。可我不累，回家还照旧捏。旧社会我吃过苦头，也练出本领来了。庙会上随捏随卖养活一家人。这全仗手里利索，干一天卖一天也顶得住。年轻人没吃过苦，他们不用为生活拼命，更不用担心挨饿，也就不肯吃苦了。可学手艺不吃苦，不勤学是练不出本领的。[4]

——郎绍安

那时的郎绍安，五十多岁，正是出作品的最好年纪，想趁着做核桃人儿的任务把自己的绝活儿全都传给徒弟，他觉得徒弟们没经过磨难就磨练不出本事，但万万没想到，磨难很快就来了，只是，这个磨难非但不能磨练本事，按他自己的话"简直就是一场横祸！"

"文化大革命"一开始，红卫兵小将说我们做的都是帝王将相、牛鬼蛇神。我们领导解释说这是外国定的货，对外要有信用，完成了出口任务就不再做了。后来，领导都被算作当权派、走资派了，我们这些老艺人也被当成技术权威。[5]

——郎绍安

等于我们刚去彩塑厂没多久就"文革"了，出口任务也不让做了。有人就说我爸了，说他以前说过人为财死鸟为食亡，说过英国比中国好，捏的又都是帝王将相、才子佳人。父亲成了走黑专路线的反动学术权威，被打倒，变成了工厂的勤杂工，每天去打扫卫生，推车运煤球，生火生炉子，从五十多岁一直干到六十多。

——郎志丽

"文化大革命"一开始，我就遭到了围攻。红卫兵斥责我说"面人儿这玩意儿都是帝王将相、牛鬼蛇神。"于是仓库里的成品、半成品、原料以及一切艺术资料，统统被砸成斋粉，烧成灰烬。连和外国签订的出口任务也都停了下来。抄家那天，又把我在伦敦展览会上的照片和工艺美术方面的有关资料，一律当成"四旧"付之一炬。[6]

——郎绍安

四旧指"旧思想、旧文化、旧风俗、旧习惯"，在1966年6月1日《人民日报》社论《横扫一切牛鬼蛇神》里第一次明确提出。在这个背景下，工艺美术界把凡涉及历史传统人物的造型，统统说成是为帝王将相、才子佳人招魂；有龙凤图案的，说是封建帝后的象征；做花鸟蝴蝶的，是成双成对、小资产阶级情调；中国工艺品在国际市场上受欢迎，被说成是为资本主义服务。传统题材统统批判，就连革命题材也能被找出反动的地方，内画鼻烟壶画了《红灯记》中的李铁梅高举红灯,遭到质问"为什么把英雄放进瓶子里?这是歪曲工农兵形象"……

郎绍安说:"我这个在旧社会吃苦受难的老艺人,却一变而为'资产阶级的技术权威',并且因为我去过英国,又被安上'里通外国'的罪名。"

我被揪斗了九个半月。在这一段时间里天天要"劳改"。白天要生十二个炉子,还得旺,不能灭火。炉子里没烧尽的煤核儿还得由我捡干净,不许漏掉。还要把煤渣和成馒头大的煤茧,一天要和两吨煤渣才成。自己挑水,自己和。[7]

——郎绍安

因为冬天彩塑厂要生火,都是平房,有小二十间,生炉子,拉煤拉劈柴,笼火。完了没烧透的煤核儿得捡出来,不能浪费。

——郎志丽

另外我还要蹬平板车拉水泥,一车拉十二袋。由鼓楼拉到西四彩塑工厂,走到北海后门过桥,车上不去直往下溜,我扶着车把直喊"下定决心……"晚上还让锯出二百斤劈柴来。一天到晚真像服苦役一样,累个半死。听到的都是呵斥、嘲讽。有一天,我正挑煤核儿,有人说,"看人家挑煤核儿,一月挣一百一十块"。第二天我的工资就被降为八十三块了。[8]

——郎绍安

郎绍安喊的"下定决心"后几句是"不怕牺牲,排除万难,去争取胜利",这是当时最深入人心的口号之一,出自毛泽东写于1945年的名篇《愚公移山》。《愚公移山》郎绍安捏过,正在北海后门桥上拼命扶着车把拉着水泥上桥的他不知是否想起?马路南边就是北海,北海前门的团城,是郎氏父女和研究所的同事们以及众多工艺美术从业者最常去的地方,那里常常办展,对他们免费开放(1960年起,故宫、团城、动物园、中国美术馆对工艺美术厂(社)职工、院校师生免费开放,"文革"开始后不再实行),他们的作品也常在那里展出。现在,团城进不去了。

在彩塑厂,我们都得"早请示晚汇报"(就是每天班前班后以各生产班组为单位,手举毛主席语录,面对毛主席像逐个"斗私批修",请示汇报)。面人儿不让捏了,干吗啊,让我去做石膏像,毛主席石膏像,小的那种,纪念章似的。有模子,石膏加多少水和,然后倒到模子里头,一干后拿出来。翻模子,乳胶模子。设计人员做好了,告诉你怎么弄。反正从那以后,什么都干。你问那时候怎么没想着用面捏毛主席什么的?那我哪敢啊!有我爸这个打击我还敢吗?要捏不像不是侮辱领导人吗,这罪过比说几句落后话可大多了。安排有活儿了我们就干安排的活儿,不敢想别的。到1970年彩塑厂就没了,彩塑厂原来有画国画的、蜡果儿、面人儿,还有火锅那个铜锅什么的,做火锅的归金属工艺,我们面人儿、国画、蜡果儿都归美术厂了,分了。

——郎志丽

传统京戏都遭批判禁演了，做传统京戏脸谱的厂子自然也不能留。厂子一部分人和北京铜品厂合并成立北京金属工艺品厂，比如教过郎志丽的脸谱艺人双起翔就转行干了金属制胎。郎氏父女原来工作的北京市工艺美术研究所也回不去了，因为研究所在1969年7月已经被撤销，所里全体职工下放到各厂（社）劳动。一直在研究所的陈永昌被分到北京市无线电元件四厂，郎志丽和父亲等人则被分到了北京工艺美术工厂，到那儿也还是不能捏面人儿，干什么？挖防空洞、拉练、当赤脚医生。

北京工艺美术界的"备战、备荒、为人民"

　　1967年4月，"备战、备荒、为人民"作为"毛主席语录"在《人民日报》公开发表；1969年4月，毛主席说"要准备打仗"。"备战、备荒、为人民"，落实到工艺美术界的一员郎氏父女那里就是：挖防空洞、拉练、当赤脚医生。1970年，花甲之年的郎绍安就被当作工艺美术界的"青壮年"在小西天北师大对面的美术厂里挖防空洞，一挖就是近三年。

　　1970年11月24日毛泽东为北京卫戍区《关于部队进行千里战备野营拉练的总结报告》做批示，要求"拉练"。工艺美术系统抽调生产一线的工人民兵自12月至1971年3月，陆续进行每期一个月的野营，连日在远郊区县步行行军。第一批由广安门莲花池出发，往房山军训；第二批往南口、昌平等地。郎志丽刚到美术厂不久，就跟着拉练队伍去了昌平。

我去了美术厂先"拉练",不是"备战备荒为人民"嘛。去昌平往北,山里,再走回来。在外面,有背着大锅的,自己做饭自己吃,不能给老乡添麻烦。我又学了点赤脚医生,路上谁不舒服给点儿药,量量血压。那时候兴红医工,就是赤脚医生。又让我干红医工去了。先培训,一礼拜上两次课,然后医务室轮流值班。有照片,这是北大医院的两个大夫给我们讲课,1971年,这是我假模假式给人量血压。照片上小黑板上写的"高血压病的防治",结果没防治好,我现在就高血压。

——郎志丽

图 17　红医工

都在劫数中

我调到工艺美术工厂,在工厂劳动了三年。我从小吃过苦,饿肚子是常事。十岁就出来干活挣饭吃,吃苦受累不怕。劳苦大众,那些旧社会熬过来的人,还会怕干活、怕劳动吗?小时候就干惯了,老了再干干,也没有什么了不起!几年的劳改、劳动并没有累垮了我。我还有的是力量。

——郎绍安

那时候面人儿在工厂里肯定是彻底不让捏了,在家里偷着捏,不敢让人看见,要不那不是找事儿吗?本身不捏还找你麻烦呢。夜深人静的时候捏,不敢拿出去,不能公开。那时候捏的留下什么作品?哪敢捏成活儿啊,不捏成活儿,有时候就问,爸这个怎么弄,拿面比划比划,再揉了,不留成活儿……

——郎志丽

夜深人静时,干了一天重体力活儿的郎绍安偷偷拿着面团儿捏了又揉,比划着。六十多岁的老人家,白天的累让他回忆起了小时候吃的苦,而偷偷拿起小面团儿又让他暂时忘了现实的苦,他说没有被累垮……想起"文革"中另一个六十多岁的老人家王世襄,他写自己下牛棚,受冲击时,却总想起小时候捉秋虫,于是忘记年龄,半夜骑车去西山逮蝈蝈,他说:"私念得入山林,可暂不与面目狰狞、心术险恶之辈相见,岂不大佳。"对此,徐城北说,王先生是仗小玩物抚慰受伤的心,又说反抗恶势力有多种多样,王先生这种捉蝈蝈未必不是另一种方式。[9]也许,小面人儿对"文革"中的郎氏父女,亦是如此。

从1966年开始,被打倒、劳改、劳动,禁止捏面人儿的日子持续到 1972 年。对那段日子，有一个坎儿，郎志丽至今都过不去。

　　现在有文章写当年是我揭发的我爸，我都不知道这是哪来的事，兄弟姐妹也有疑心我的，但我没做过，我心里没愧。当时父亲被打倒前我去外调了，不在北京。后来跟我外调的人说我给你写证明，我说你写也说不清楚。但她给我写了，让我留着。后来我也不解释了，这事现在也说不清楚，唉，我心里没愧也就行了……

——郎志丽

　　郎老太太现在说起来心里还是难受，有些事可能永远也过不去。批斗、劳动、被迫改行都是看得见、说得出的伤害，还有那些看不见的、说不清的呢？有些事就算结束了，但被裹挟其中的每一个家庭、家庭里的每一个人，却再也回不到从前……

注释

　　［1］苏向东：《新中国修建第一条地铁：毛泽东建议圈着城墙走》，《北京晚报》2011 年 4 月 22 日。

　　［2］辛亥革命后，北京西城有一桂姓没落满族，爱京戏擅诗画，能用泥塑模子勾画戏剧脸谱，人称花脸桂子，因生计在白塔寺庙会出售脸谱，极其畅销，引来众人模仿制作，泥塑花脸由此而来。

　　［3］北京市地方志编纂委员会编著：《北京志·工业卷·纺织工业志、工艺美术志》，北京出版社 2002 年版，第 513 页。

　　［4］郎绍安口述：《面人郎自传》，1979 年，金静文整理。

　　［5］郎绍安口述：《面人郎自传》。

［6］郎绍安口述，郎志丽、冯国定、张子和执笔：《我的面塑艺术生涯》，载中国人民政治协商会议北京市委员会文史资料研究委员会编：《文史资料选编》第十六辑，北京出版社1983年版，第234—246页。

［7］郎绍安口述：《面人郎自传》。

［8］郎绍安口述：《面人郎自传》。

［9］徐城北：《老北京：巷陌民风》，江苏美术出版社1999年版，第153页。

23　1970 年代的聚散离合

世界上有坏人也有好人，给我印象最深的是我单位有位女同志，东北人，叫郑春月，她是老党员，工艺美术厂的老领导，被打倒。有一天，她假装叫我过来扫地，趁无人之际悄悄对我说："你快有出路了，以后你还是你。"这真是雪中送炭，令我终生难忘。我这一辈子，从不做坏事，人家对我有一点好处我都永志不忘，这是我做人的信条。[1]

——郎绍安

工艺美术工厂老领导（国画车间班长）的话给每天在挖防空洞、生炉子拉煤球、打扫卫生干杂活的郎绍安带来了极大的安慰，但他并不知道这"快有出路了"指的是什么？

时间来到 1972 年。那一年，中国乃至全世界最重要的一件事就得算毛泽东和尼克松的会面。对那"改变世界的一周"自不必赘述，但和工艺美术界有什么关联，和郎氏父女所在的北京工艺美术工厂有什么关联？和郎绍安、郎志丽有什么关联？这就是老领导说的出路吗？

尼克松访华，北京工艺美术界如临大敌

美国总统尼克松于 1972 年 2 月 21 日到 2 月 28 日访华，先来看一篇 2015 年《南方周末》刊载的署名陈徒手的文章《尼克松访华接待工作幕后琐记》，抄录几段：

（1972 年）2 月 18 日市委负责人吴德亲自来到北京工艺美术工厂，在厂区逐一检查重点部位，并在现场指示市委人员再传口信，要求各单位坚决把接待任务完成好，保证外宾在本单位不出问题。

作为外事接待大户，北京工艺美术工厂党总支对参观线路、环境布置格外重视，多次排演外宾接待保卫的具体过程，通过模拟来验证有否漏洞，明确每位保卫人员的分工和位置。2 月 19 日晚上召开全厂职工大会，再次对与会者进行组织纪律性教育，让大家充分认识到搞好这次接待是保卫毛主席革命外交路线的一场斗争，要求做到"四不"：不围观，不隔窗观望，不在厂内、楼道内外来回走动，不离开生产岗位。

市革委会工交城建组是把"四不"作为纪律条例下发各单位的，明确指出这是市委部署工作的一部分。当时中国与外界基本隔绝，基层单位很少能看见外国人的身影，能见到美国总统的随行人员，工人届时难免会好奇地围观，前颠后跑。面对这种可以预见的细节，高层人士觉得有碍国家政治形象和人民精神面貌，因此不得不处处设防，以严苛的纪律来加以控制。工艺美术工厂等单位还提出，职

工要真正从始至终做到"四个显示",即"显示出我们社会主义祖国的变化和精神面貌,显示出社会主义的道德风尚,显示出中国工人严格的组织纪律性,显示出我们有条不紊、按计划办事的工作作风"(见1972年2月19日北京工艺美术工厂党总支《关于尼克松访华准备工作汇报》)。

不止是工艺美术工厂,凡是涉及的接待单位都在这段时间内面貌焕然一新,比如北京市副市长万里先行到北京挑补绣花厂视察,视察后将厂内及厂门前土路整修成柏油路,解决了职工反映已久的"走路难"问题。在尼克松到访前的一个星期内,各接待单位突然整建车间里的更衣室,理由是不合规格,建筑材料过于简陋,有碍观瞻。整修后更衣室宽敞而又整洁,工人们因外事得到了福利。[2]

最后,尼克松夫人参观了北京料器制品厂,纽约市动物园负责人参观了挑补绣花厂,访华团随行人员、记者分批次参观了北京工艺美术工厂。[3]"尼克松访华只有短短的几天时间,中方却因国家形象、外交观瞻的政治面子需求,吹皱了一池原本封闭的静水,深深地触动了京城的方方面面,带来了某些改变的机遇和可能。这是尼克松本人在来华前万万想象不到的。"[4]而那些被触动的地方,或许就有北京工艺美术工厂的郎氏父女和他们的面人儿。

图18　郎绍安在工艺美术工厂门口

朱德一句话，面人儿恢复了

那时我爸挖防空洞、搞卫生、干杂活儿。后来是朱德去了，说这个面人儿得恢复，这属于咱们国家的民间艺术，得保护，这么着，结束了挖防空洞、干杂活儿，面人儿恢复了。我记得那次朱德去是因为谁要去美术厂，外宾，谁啊，尼克松？记不准了，反正有人要去，就先去看一下，不行的地方弄行了，该改的地方改。我们就沾了这个光。

——郎志丽

吴：尼克松访华时您有印象吗？

郎：我记得那时候在厂里，参观的那个外宾人都走了，外面还戒严呢。

吴：美国参观的人来厂里那天什么情景，见到了吗？

郎：见着了，厂里有参观线，有人带着，四五层楼，一层两三个屋子，二层有雕漆、内画、面人儿、花丝、设计、国画，楼上还有。一个行业一间屋。我们人少，和雕漆一间屋。负责接待的人头上班嘱咐一遍，今儿谁谁来，大伙注意，别乱说、乱走动、乱打听。

吴：尼克松本人没去吧？

郎：肯定有好多人来参观，本人来没来？那咱们就不知道了，真记不准了。那时候都特谨小慎微，不让乱打听就不打听，也没看，看了也不认识。

吴：尼克松访华那会儿面人儿恢复了吗？刚刚恢复？

郎：应该是。

吴：那朱德应该是在这之前去的？

郎：那应该是，记不准了，但肯定是朱德视察厂里，我爸这才防空洞也不挖了，炉子也不笼了。我从别的车间回到面人儿这儿。朱德不去，我爸还得劳动，我也回不了面人儿这一摊儿。那时候厂里老有外宾来，那些个要看工艺美术的，基本就到这儿来。

吴：恢复工作是谁通知的？

郎：车间主任。"文革"中从彩塑厂调到美术厂，来了就没干过面人儿，我在国画车间画国画儿。后来车间主任找我们说国家领导人来了，还是建议恢复面人儿，你们准备准备恢复。你们人少，就跟雕漆在一块儿吧，弄一大桌子。这么着，隔了两天，我把手里的活儿弄完了。回去开始蒸面做面，捡起来了。工具还在家呢，反正也都是自己做的。

郎志丽记得尼克松访华，也记得是因为哪个外宾要来参观，朱德的一句话面人儿就恢复了。但朱德说这话的时间以及是否和尼克松访华直接相关这两个事就记不准了。关于第一个记不准，朱德到工艺美术厂视察，据《当代北京工艺美术大事记》记载：1972年4月6日上午9时30分，86岁的朱德和夫人康克清，在北京市革委会工交组组长杨寿山陪同下，到北京工艺美术工厂视察近4小时。……与该厂的老艺人杨士惠、杨士忠、张殿鸿、金世权、秦怀森、翟德寿、何荣、刘连续、叶奉祺、郎绍安、毕尚斌等一起座谈如何继承发展手工艺的问题。从参加座谈会的名单看，至少在1972年4月郎绍安应该已经恢复了工作。关于第二个记不准，也许因为那时候"特谨小慎微，不让瞎打听"，也许是因为厂里的外宾接待任务实在太多了。北京工艺美术工厂在1950年代末建立之初就专门承接外宾接待任务，1960年代平均每年接待外宾1000多人次，到1970年代，平均每年接待外宾四五千人，其中有的年度达六七千人，时常出现一天迎来送往六七批甚至八批外宾的情景。[5]被安排在"参观线"上的郎志丽只是完成好手里的工作，严格执行着"四不"接待原则，至于每次参观者是谁却没留意，而且就是留意也不可能都认识……

在北京工艺美术工厂的时候，因为这个厂是开放单位，外国朋友都能到美术厂参观。面塑在厂里很受领导的重视，把父亲和我都安排在参观线上，经常能接待很多的外国朋友。有好多华侨、各国的友人都来这参观、购物。我记得清的就是柬埔寨前国家元首西哈努克亲王到厂参观，父亲送给西哈努克亲王一个面人儿，还一起拍了照片，这个照片还在。

——郎志丽

那时去工艺美术工厂参观的外宾有多多？1972年，尼克松访华团刚走不久，4月马耳他政府代表团就去参观；8月厂里又接待了老挝苏发努冯亲王……再看一组数字：1973年北京工艺美术工厂接待来自80多个国家和地区的国际友人548批，共4623人；1974年，北京工艺美术工厂全年接待来自84个国家和地区的外宾643批，共6162人，华侨58批，共637人。其中有越南副总理阮昆，马来西亚总理拉扎克，澳大利亚共产党总书记希尔等。[6]

1970年代的北京工艺美术工厂不仅是对外展示的窗口，还是切实给国家挣外汇的单位。尼克松访华期间，来参观的人就一口气把厂里的存货都买走了。郎志丽记得 70 年代初，在美术厂，她学过绢画，小绢片，画山水，她刚学只能画小的，大的能卖不老少钱呢，都是出口用的。在 1971 年，总理周恩来就明确指示，"风景不能叫四旧，石头刻图章，是废物利用。我们应该用这些工艺品去换取外汇。外国人愿意要这些东西，我们拿这些东西为革命服务，有什么不好"。那时"一吨铜做成景泰蓝可以换回 14 吨铜，一块肇庆端砚可卖 8000 元，一件新疆和田玉制成的玉器可卖 22 万"。[7] 1973 年北京工艺美术行业的年产值 1.268 亿元，出口换汇 4000 多万美元，约占全市出口总值超过 30%。[8]

图 19　郎志丽表演捏面人儿

美术厂有一个外宾小卖部，我们的东西做完以后就在那儿卖。不对外，主要是对外宾，平常人不知道。亲戚朋友带过来的有。每月有产值，多少个娃娃多少个仕女。创新的一个月一两件。娃娃 25 块一个，仕女 60 还是 80 块，盔甲人就更贵。玻璃罩大的就还得翻倍。除了常规的，我记得还捏过两个故事，《司马光砸缸》和《文彦博取球》

（一个放水一个灌水），两个古代小孩的故事，还有些戏曲人物。这些都好卖。再后来我们就干脆搬到小卖部做面人儿了，来的人就可以看。有张照片就是在小卖部拍的，1975 年，我穿一白大褂，做面人儿呢，照片上那个放面的搪瓷托盘，我现在用的就是那个，角儿上掉了瓷了，那就是美术厂恢复面人儿以后，用到现在。

——郎志丽

赵阔明来北京，师徒重走下街路

当郎绍安在北京恢复了面人儿工作的时候，上海，他的师傅赵阔明也刚刚获得"解放"，回到了上海工艺美术研究所。

1966 年 5 月，"文化大革命"开始，贫苦出身的赵阔明也未能幸免于难，因为为人耿直，在各个会议上发言较多，很快他就首当其冲地被打成了"牛鬼蛇神"，被削职，被禁止做面人儿，被罚扫地，被强迫退休，继而他的作品也被当成了"四旧"全部加以销毁，在这种种激烈的斗争中，赵阔明的身体垮了，心也累了。直到 1972 年，赵阔明才获得"解放"，又回到研究室工作。[9]

恢复工作后，因为身体原因，1973 年，赵阔明退休了，七十三岁，身心俱疲的他不顾家人劝阻，独自一人去了北京，去找徒弟郎绍安。到了北京，就住在郎绍安家中，师徒二人一起走亲访友，一起去当年下街摆摊儿的地方……

师爷一个人儿来的，得有七十三了。好像是春天？那时我爸爸不住阜成门里了，搬到西直门外榆树馆了，就是1973年搬的。来了俩人就出去转，找以前的老地方、老人儿。俩老人不让跟着，自己去。那肯定是先去横四条了，师爷原来也住那儿，然后就是下街的那些个地方，他们自己去的。

——郎志丽

走在北京胡同里的师徒二人，50年前，也是这样走在胡同里……

半个世纪前的赵阔明、郎绍安一起走在胡同中，苦中作乐，1973年时，一个七十三岁，一个六十三岁，再次携手的两个老人家又何尝不是苦中作乐呢？对过去，他们又能找到些什么？当从小生长在北京的赵阔明回家时，他眼里的"家"也有些陌生了。

家门口，曾经日日抬头可见的阜成门城门、城墙全没有了，全在修建地铁和备战备荒中被彻底拆除；下街路上，曾经在底下摆过摊儿的西四牌楼也不见了；他们师徒第一次见面的白塔寺，庙会早没了，山门也拆了，盖成了副食店；白塔寺前的公共汽车站牌子上写着：中华路；再看看街边红底白字的路牌子，更不认识了——中华路、红旗路、延安路，这都是哪儿？好在，阜成门里这些个大街——北沟沿、西四北大街、西四南大街——闭着眼师徒二人也能走……

久别重逢的喜悦和探亲访友的疲劳拖垮了老人的身体，一日半夜，赵阔明忽然心脏病发作，郎绍安之子郎志祥二话不说就背起师爷直奔医院。北京的病危通知书发出，上海市工艺美术研究所派了领导和赵阔明的长女赵艳林进京。当他们赶到医院时，看到郎家全家老小都守候在赵老先生旁边，宛若一家人，此情此景让从上海连夜赶去的赵艳林颇为感动。一个星期后，赵老先生的病危解除，身体好转，在接下来住院的半个月中，郎家人依旧是端茶送水，丝毫不懈怠……[10]

> 那次师爷来给累病了，我们都去医院看了。两家人关系特别好。后来师爷回去以后，有一年，我老伴去上海，师爷特意给我捏了一个穆桂英，让带回来送我，我一直留着呢，现在就在柜子里。
>
> ——郎志丽

赵阔明、郎绍安，师徒二人在北京相聚了三个月，之后，赵阔明返回上海，这一别就是永别。1980年3月，八十岁的赵阔明因病去世。郎志丽说："师爷去世后，师爷的骨灰送回北京，托付给我们，每年上坟我们都去。北京是故土啊！"

母亲走了

时间来到1976年，这一年，大事频发。1月8日，周恩来去世；7月6日朱德去世；7月28日唐山大地震；9月9日毛泽东去世。9月17日北京工艺美术行业工人赶制小白花和花圈，江青等人提出"中央文革小组"的花圈要由文冠果花、棉桃、玉米、向日葵图案组成，"文冠果"的意思是"文革小组"要开花结果掌大权了。半个月后，10月6日，党中央粉碎"四人帮"，"文革"结束。[11]

这是国家大事，从1976年到1978年，郎家也经历了几件大事。地震前，郎志丽的弟弟因病去世，"这对我爸妈打击不小，然后就是地震，地震之后我妈身体就一直不好……"

地震那天夜里感觉挺强。睡着呢，晃悠起来了。赶紧往外跑。那个睡得沉的，大家一嚷也醒了，暖瓶、花瓶什么的倒了，面人儿放在玻璃罩里还好。有人穿着小裤衩就跑大街上了，什么人都有，什么都不穿的都有。害怕，抱着孩子，先跑出来再说。有房子倒的，院墙倒的。我们的房子还没事儿。

我们那时候住西城北太常，平房，我和陈老师结婚后先是住在崇文区夕照寺。夕照寺住了不到两年，又搬到北太常。地震那年就在北太常。有个小院，搭了两个地震棚，四家儿住。要都进去不能躺着，只能靠着。我妈家那时候住西枪厂，他们在平安里路口皇城根小学头里便道上搭的地震棚，西枪厂是小胡同，所以就在外面马路上搭的。十来天得多，后来大家都回去我们也回去了。

地震前，我弟弟病了去世，对我母亲打击不小，整个人特别蔫儿，心里不舒服。她身体越来越不好，吃的不少喝的不少，但浑身没劲儿，我们开始就以为是因为我弟弟的事太伤心了，但后来一查是糖尿病。我那时候不是当过赤脚医生吗，北大医院的大夫来给我们培训过，所以认识，我就找人家给我妈看病，每天回去给她打胰岛素。可最后吃药打针都不管事，最后住院，尿毒症，眼睛也不好，并发症。唉，真是发现晚了，开始一直以为是因为儿子没了打击太大，人不好，没以为是病。

母亲五十八岁去世的。1920 年 5 月 1 日出生到 1978 年 10 月 1 日去世。那时拉扯我们这么多孩子真是不容易，没能干的老娘，我们也到不了现在。生了我们九个孩子，弄饭、做衣服，包括第三代，又帮我们带。我两个孩子出生在"文革"，一个 1966 年 2 月，一个 1969 年 3 月。我闺女儿子，我妈都帮着我带。生我闺女，休完 56 天产假我就上班了，那时还住夕照寺，我们一早把孩子送我妈那儿去，晚上再接回来。我觉得我妈太辛苦，要送托儿所，我妈不干，舍不得，晚上特意上我们家去，说："不能送，我给你看着，你要嫌接送孩子麻烦，不用你接。"我们俩不落忍。三年多以后，我又生儿子，完了我们换房搬到北太常，离我妈那儿近点。

——郎志丽

老大一个月她妈（郎志丽的母亲）就给接走了，产假就一个多月，得上班。我们那时 37 块钱一个月，俩人儿一共 70 多。俩孩子，还得给我们家里点钱。挺不容易，过来了反正。她妈带两个孩子确实挺累。我记得那时候大的送托儿所，托儿所西四几条啊，老太太不放心，去看去了，一看那孩子在外头蹲便盆儿上，当时就给接走了，不去了。心疼孩子。小的呢，在夕照寺那儿，我们都找好托儿所了，第二天就要送了，头一天，老太太来给抱走了，不让送。就这么着。托儿所十来块钱，但也不算少，省了。老太太对我也真是帮不少忙。要不我真够呛。

——陈永昌

俩孩子大点儿了，我妈也帮忙看着。那时候小孩上学没有接送的，老大拽着老二，俩人一起坐公共汽车。我们同事看见过我女儿儿子俩人上车，回来给我学，说我闺女先上去，揪着我儿子脖领子，拎上去，他小，上着费劲。回来我表扬我闺女能照顾好弟弟，那边车站就是我妈在等着接，不放心。

我妈特别能干。一直就是带孩子弄饭什么的，一点闲工夫都没有，但有时候在家，我们上手捏面人儿的时候，她忽然说你这点这么弄，好像应该是那么弄的，也说。看我爸捏这个看一辈子了，都看明白了。上手少，但也懂。我妈还出去帮人家做过沙盘模型。有山有水有树有人那种，帮人家粘。我二姐就是做沙盘模型的，在水电部模型厂，看我妈有兴趣就让她帮忙，我妈就去帮着我姐，老去，人家不好意思也给她开点钱。还做过蜡的模型，也是帮人家做，反正闲不住……

——郎志丽

母亲走得太早了，郎志丽说："没有能干的老娘，我们全家也到不了现在。"1930年代，十几岁的赵淑清刚嫁给郎绍安就赶上了战乱，跟随丈夫南下北上，颠沛流离，生儿育女；1940年代，在面人儿也养不活一家人的日子里，城门一开她就拉着车出城，用烤白薯撑着这个家；1950年代，郎绍安与师傅久别重逢，送上最能表达心意的礼物就是妻子赵淑清亲手做的一双鞋，那代表的是亲情，家里大的小的哪个的衣服鞋子不是出自母亲的手；1960年代，拉扯了九个孩子的赵淑清又抱起了第三代。30多年，在郎家，丈夫郎绍安曾经游艺四方朝不保夕，也曾经献艺国外成了人民的艺术家，后来又被打倒为"反动技术权威"，可无论丈夫在外面是"荣"是"辱"，家里的赵淑清始终如一,永远是孩子心里不能没有的"能干的老娘"。

图 20　母亲赵淑清与老七、老八、老九合影

图 21　母亲赵淑清与二姐、弟弟、妹妹合影

　　1978 年 10 月 1 日母亲赵淑清走了。现在说起来,郎志丽还是难过,她说母亲以前都没看过电视,1978 年自己买的第一台电视,9 寸,搁在北太常的院子里放,大伙都过去看,院儿里人饭都不吃了,

看电视。从那后家里电钱就噌噌往上涨……1980年代出国又换了22寸松下的大电视,可是这些,母亲都看不到了。

1970年代,告别故人,告别母亲,告别的还有一个时代。母亲走后两个多月,中国共产党十一届三中全会召开……

聚散离合

图22　1976年郎绍安(右二)为溥杰(右三)、嵯峨浩(左三)表演捏面人儿

回看1970年代,自从面人儿恢复以后,郎氏父女就坐在北京工艺美术工厂的"参观线"上,那是中国对外展示的一个小窗口。郎志丽记不清一次次来参观的外宾都是谁,甚至记不准尼克松访华时,来厂里的到底有谁没有谁,但中国的窗口确实从尼克松访华那一周起,一点点被打开了。

关于窗口，尼克松到上海时，车队经过南京路，据亲历者说，那时南京路上沿街的窗口要开三分之一，关三分之二，开着的窗口里安排了人挥手，规定不能把手伸出去大挥大摇，因为他们是美帝国主义，也不能不挥，因为他们是毛主席的客人。当时挥手的人不知道，"这些悄悄打开的窗，这些轻轻摆动的手，正为中国预示着一种未来"[12]。

尼克松访华那年，一行人眼前所见，是这样一个北京：

立在街市上的牌楼一一被移除，旧城被夷为平地，取而代之的是通衢大道和开阔广场。天安门广场就是在紫禁城旧址的部分废墟上开辟而成的。环抱京城几百年的高墙被推倒，改铺设多线环状道路。宏伟的城门也随之而去。[13]

这个北京就是1973年，刚刚被"解放"的赵阔明、郎绍安重走的北京。"那长着红酸枣的老城墙！面向积水潭，背后是城墙，坐在石上看水中的小蝌蚪或苇叶上的嫩蜻蜓，我可以快乐的坐一天……像小儿安睡在摇篮里。"这是老舍在《忆北平》里的话，可那时候，人和老城墙都已不在。"我的城墙呢？"林海音看到从大陆探亲回来的老友写下的这五个字，差点儿没哭出来，年轻离家一直在上海的赵阔明再见北京时是否也是一样？年轻时就磨难重重，晚年又再经劫难的师徒二人一起去寻找过去，然后彼此告别。他们作为手艺人走街串巷的那个时代早已离去，而他们作为老艺人坐进办公室被国家保护为出口创汇做出贡献的那个时代也将走进历史。

1970年代，于国家，有毛泽东和尼克松的会面，有决定国家命运的伟人离世，有从"文革"到改革开放的地覆天翻；于郎家，有从被打倒到"解放"的大起落，有师徒的聚散，有亲人的离开，有对一个城的告别……面人儿恢复了，可当郎氏父女再次拿起竹签子捏起小面团，肯定已经回不到从前，时代即将改变……本章开始时，郎家的转折点是否就因为那"改变世界的一周呢"？借用尼克松自己的一句话来回答："这实在令人难以置信。你们知道，我希望这与我有关。"[14]这是 20 年后，尼克松再次来到中国，看到中国的发展，对随行人员说的。

注释

[1] 郎绍安口述：《我的一生》，1992 年，记录者佚名。

[2] 参考自李苍彦、王琪主编：《当代北京工艺美术大事记》，中国文联出版社 2014 年版，第 147 页。

[3] 参考自《当代北京工艺美术大事记》，第 147 页。

[4] 陈徒手：《尼克松访华接待工作幕后琐记》，《南方周末》2015 年 1 月 22 日。

[5] 北京市地方志编纂委员会编著：《北京志·工业卷·纺织工业志、工艺美术志》，北京出版社 2002 年版，第 629 页。

[6] 参考自李苍彦、王琪主编：《当代北京工艺美术大事记》，1972 年—1974 年条目。

[7] 参考自李苍彦、王琪主编：《当代北京工艺美术大事记》，第 144 页。

[8] 陈新增：《当代北京工艺美术史话》，当代中国出版社 2013 年版，第 80 页。

[9] 陈凯峰:《沪上奇葩:海派面塑》,中州古籍出版社2017年版,第41页。

[10] 陈凯峰:《沪上奇葩:海派面塑》,第58页。

[11] 参考自李苍彦、王琪主编:《当代北京工艺美术大事记》,1976年条目。

[12] 余秋雨:《借我一生》,作家出版社2004年版,第225页。

[13] 〔加〕玛格雷特·麦克米兰:《当尼克松遇上毛泽东:改变世界的一周》,温洽溢译,天津人民出版社2017年版,第23页。

[14] 〔加〕玛格雷特·麦克米兰:《当尼克松遇上毛泽东:改变世界的一周》,第284页。

24　1980年代的消长沉浮

1978年12月,十一届三中全会召开。那一年,人民文学出版社出版了冰心文集《小桔灯》,画家周思聪配的彩色插图,书里收录了《"面人郎"访问记》[1]。1979年,中国改革开放的第一年,10月,《人民画报》刊登《"面人郎"和他的后代——记一个民间艺人世家》[2],这是继1963年《热闹的厂甸》[3]之后,郎氏面人儿第二次登上《人民画报》。《人民画报》是"文革"中仅有的四个没有停刊的国家级刊物,到1970年代期印总数突破100万,创造了中国期刊发行的历史之最。画报有"中国脸谱,人民记忆"之称,经历"文革",郎氏面人儿再次走进人民的记忆。

再上《人民画报》

《人民画报》1979年第10期,《"面人郎"和他的后代——记一个民间艺人世家》文章标题上方是占3/4版面的一幅大照片,近景,70岁的郎绍安鬓发已白,额头、眼角、脸颊,几道深纹如用拨子重压过一般。拨子是做面人儿压纹理的工具,郎绍安手中正拿着它指向自己的作品;后面,那个1963年《人民画报》上捏面人儿的小姑娘郎志丽如今已烫了头发,人到中年。父女俩一起看着的是早年间的作品——《打糖锣》。文章中写：

"我这个人没什么文化，只念过小学四年，自小家里就很穷。我父亲拉过洋车、卖豆浆，母亲替人缝活儿，我捡煤渣烂纸，勉强过日子。有一天，我在白塔寺庙会上看见一个捏面人的，叫赵阔明，也是满族人，就是有名的'面人赵'，如今仍健在。我见他捏的一寸小面人儿实在喂，而且又能卖钱，后来就拜他为师，学起捏

图 23 《人民画报》1979 年第 10 期《"面人郎"和他的后代》

面人儿的手艺来,那年我才十二岁……"

……直到1949年北平解放。当时,各种行业的手工艺老艺人只剩下二十几个人了。人民政府重视保护和发展民间手工艺,把他们组织起来,开办合作社和工厂。从此,郎绍安在北京市工艺美术研究所和北京工艺美术工厂工作。

……他不仅有了职业,也有了政治地位。他先后被推选为西城区政协委员、中国美术家协会会员……

三年前,因年事已高,他申请退休在家安度晚年。

画报上3个版面13幅图片从郎绍安拜师到退休,短短几百字,已过60年。郎绍安,经历过几次大转折,1949年、1956年、1966年,从民国到新中国,从走街串巷耍手艺到研究所里的人民艺术家,从成为"技术权威"被打倒,到重新被允许捏面人儿……1979年,在改革开放的第一年,《人民画报》上报道的这一家人和所有中国家庭一样,将再次面对——大转折。

那期《人民画报》,封面说明写着:徐启雄的抒情画"版纳之花"。终于可以抒情了,这就是不小的转折。1980年代初,一切都在解冻,一切都在萌芽。那时的影展,哪怕拍的是一幅花卉小品、一对普通的恋人,也会让人感动,觉得人性的美好。

1980年代是一个把"人"字大写的时代……1980年代其实也是一个冲突的年代……是不断突破禁区的时代……中国人真正开始探索财富的价值,重建幸福生活的标准,重新审视与传统及西方的关系。勇气、梦想和充满活力的灵魂,是1980年代最重要的价值遗

存……它更像是一个更宏大时代的前夜……[4]

这是文化界对 1980 年代的回望，对工艺美术行业人，他们的记忆也是如此吗？站在 1980 年代的门槛上，郎绍安、郎志丽经历了什么？工艺美术行业又经历了什么？郎志丽说，那时候父亲又开始捏过去那些老题材了，旧京三百六十行啊、历史故事啊，为什么又捏这个？"捏这个终于不犯错误了！原来捏那个属于怀旧，不成，现在终于可以怀旧了。"《人民画报》上，郎绍安拿着给记者介绍的正是旧京三百六十行之一，曾让冰心回忆起童年的一幕——打糖锣。

重捏"帝王将相"与旧京三百六十行

图 24 《屈原怒斥楚怀王》，郎绍安作品

我今年七十岁了，三年之前我的二儿子不幸病故，一年之前我的老伴也去世了。家中接二连三的不幸使我心中十分难过。揪出了"四人帮"，人人都在为"四化"努力，这国家兴旺的大好景象又令人欢

欣鼓舞。

我的一生经历了两种不同的社会,过去干活还没饭吃,受尽了苦。如今我退了休,还享有八十多块的退休金。我人老了可艺术生命没有停止。大力气没有了,可捏面人儿手不打颤,眼睛花了,戴上镜子还能干。退休之后,我继续制作了《四季图》《蔡文姬》《钟馗嫁妹》《屈原怒斥楚怀王》《越王勾践卧薪尝胆》等作品。资料虽烧了,可还能凭记忆力重新复制早年的作品,《司马光砸缸》《三英战吕布》以及后来的《大保国》《杨贵妃》等。如果故宫、北海、颐和园等处接待外宾,或搞展览,我还可以把我的艺术表演给大家看。十五年前,我捏过《愚公移山》,如今我就要凭这愚公移山的精神为"四化"出力。即使体力差了,干不了一天就干半天也要把自己的艺术全部贡献给我们的国家,为人民鞠躬尽瘁,死而后已。[5]

——郎绍安

"过了三十就是年哪,男女老少都欢喜……开创'四化'新局面……我给大家拜个年!"北京西城北太常一个大杂院里,郎志丽一家正在看电视,李谷一的新拜年歌从电视机中传出,随着第一届春晚的第一支歌,时间来到1983年。

第一届中央电视台春节联欢晚会于1983年2月12日(农历壬戌年十二月三十日)20:00在中央电视台直播。那届春晚第十六个节目小品:《逛厂甸》,刚演完电影《骆驼祥子》的斯琴高娃以虎妞的身份逛了庙会,那时北京的庙会已停了近二十年。第二天,1983年2月13日,农历癸亥年正月初一,中央电视台《1983年新春乐文艺晚会》上,又传出了小三十年没听见过的老北京的吆喝声,卖烧饼的、卖报纸的、卖杜鹃花的、卖黄瓜的、卖扁豆的、卖小金鱼儿的……这是北京人艺国宝级老艺术家们组成的"花甲合唱队",在人艺曾经的"三楼宴会厅"表演的《叫卖组曲迎新春》,摘一段解说词:

您还记得老舍笔下旧北京城里各种各样的叫卖声吗？在《茶馆》里,在《龙须沟》里,在《骆驼祥子》里,那婉转悠扬的声音唤起了多少老北京的回忆呀。

翁偶虹说,这些货声,流行于清代末季至解放前夕,前后几近九十年,这《叫卖组曲》感动了他,"从一天的清晨开始,而中午,而傍晚,而夜半,直到翌日黎明,用鸡鸣表示又一天生活的开始。播映之后,许多人都认为这个节目能在美的享受中,被带进五十年代的北京生活,回忆起当时街头巷尾处听到的此伏彼起的叫卖声"[6]。

对于翁偶虹,庙会、街头、吆喝、三百六十行,那是他早年看到过的生活中的一幕幕,对于郎绍安,他就是那一幕幕故事里的一个主人公。1979年时,退休的郎绍安打算用记忆力恢复早年的作品,到1980年代中期,《北京晚报》记者去他家采访时,郎绍安的家已经被"过去的时光"堆满了:

一边聊着,我们一边环顾着老人的斗室,一个个造型逼真、形态喜人的面人儿,仿佛向我们走来。排列的井然有序,吹吹打打、扛着棺材的面人儿,再现了虎妞出殡的情景,把人带到旧北京的街市风情中。还有那卖糖葫芦、剃头挑、修扇子的面塑,更使人就如居身老北京的街头巷尾、庙会闹市。[7]

春晚还在继续,并从此成了新民俗。郎志丽家那台电视机也换成了彩色的,松下牌,郎志丽去美国表演回来后买的。1980年代,如果说对于步入晚年的第一代面人郎郎绍安的关键词是"怀旧",那对于正值中年第二代面人郎郎志丽的关键词就是"出访"。

在英国 25 年的小黄鸭

1979年1月1日中美建交。从1981年起,郎志丽多次走出国门表演,仅美国就去了5次。1981年9月,去夏威夷小两个月;1983年5月到10月,在芝加哥近半年;1984年2月到9月在西雅图表演了7个月。有几件事,让郎志丽至今难忘。

图25　郎志丽在美国西雅图现场表演捏面人儿

我第一次出国是1981年,去的夏威夷。进出口公司找的我们厂子，问有做面人儿的吗？派一个人做面塑表演，说在北京怎么做就怎么做。我说行。夏威夷他们那边的一个工艺美术商店请的，出国前他们看过我捏面人儿，还定了一批核桃人儿。请我们去是宣传中国艺术，同去的还有雕漆的，还挺照顾我的。

到了美国后我就干活，待了得有小俩月。我爸因为出国后来出事给我们吓够呛，所以我出去也不敢说也不敢看，就干活。有的参观的时候，人家说什么我也装听不见，人家主动找你、问你，你实事求是地说。

就是在夏威夷这次碰上一个英国人，他说："我在1956年伦敦见过捏面人儿的，姓郎，你也姓郎？"他站在那儿说了半天，和翻译说的，我听不懂，我当时还想呢，这个人总在这儿说，怎么回事？后来人家翻译给我翻译了，讲起我爸怎么送给他孩子东西。我爸给他小孩捏了个小玩意儿，小鸭子，人家现在还留着呢。我说那是我父亲，都觉得怎么那么巧，都不敢相信。然后我给他讲我怎么学的面人儿。不管怎么说人家还留着你做的东西，也算我父亲的朋友了。我又做了一个仕女人送给他，他特别高兴。可是他的名字我没记住，我英语不行，把人家名字还忘了怎么说了。

回来我跟父亲说这个事，他记得这个事儿，有印象。但当年父亲在伦敦表演时人太多，给礼物的也不少，不能给太贵的，就给些个小东西，没想到一个小鸭子，人家能留了25年！

——郎志丽

第一次出国，因为一只25年的小鸭子，郎志丽见到了父亲郎绍安当年在伦敦的老观众，第二次出国去芝加哥，郎志丽收获了自己的

"大粉丝"。

那回有一个老太太收藏了我 27 件作品，她说要不是你们要走了，我不定还得买多少件呢。她有钱，是波音公司的，来给我们当义务讲解员的，天天都在。今儿看见这个好就说给我留着，明儿看着好又留着，说太喜欢了，看哪个都好。那次展览叫《七千年的发现》，中国科技馆办的，我们厂批准我去的。一起去的还有四川蜡染、织锦绣、无锡泥人、木版水印……去了大半年，我们每天上班，天天自己做饭，还请义务翻译吃北京菜，我们给人家做。有华侨给我写了藏头诗夸面人儿，还请我们上家去，教小孩。

——郎志丽

在芝加哥，郎志丽说除了工作还去了迪士尼，第一次坐了过山车，"荣宝斋有个做木版水印的，在我后面喊'我的妈呀，早知道这样我不坐了'"。这是前所未有的经历，而这几次出国，在面塑上，郎志丽也经历了很多第一次。在美国表演，观众不光看，还会提各种要求，有些是郎志丽以前从没做过的，比如有人想要跳芭蕾舞的小面人儿；还有美国观众问能不能照着他们本人捏个像；更有要求不但要照着本人捏，还最好再穿上中国的戏装……当观众向郎志丽提出要求，问"行吗"，她总是说"可以"。虽然以前没做过，但郎志丽都出色地完成了，当观众都拿到了自己想要的面人儿，说特别好特别像时，郎志丽说"觉得特骄傲"。

"出国最长一次 7 个月，在那边跟上班似的。每次出国，我把两个孩子放家，陈老师都能管挺好，做饭洗衣裳，上下学功课都行。练出来了人家。"郎老太太笑着说。家人的支持也换来了她手艺上的日益精进，后来，在面塑申请非遗的材料中，她自己曾写道："我的面塑技艺在那时得到长足发展，达到成熟期。特别是多次走出国门表演，传播了中国民间文化，受到多国各民族人士的欢迎，为国争了光。这是我终生最难忘的，也是最骄傲的。"

除了出国，整个1980年代到1990年代初退休，郎志丽每天上班、下班，工作生活，全是捏面人儿。抄一段1985年记者去她工作单位见到的一幕：

一天上午，我去北京艺美服务公司，副经理赵英洲陪我走进造型车间，有一组面人儿把我吸引住了，在青石假山之下，史湘云醉卧在一张被芍药花簇拥着的青石凳上，衣带飘洒，团扇坠落。几步之外，风流倜傥的贾宝玉和那群袅娜多姿的贾府闺秀们正掩面谈笑呢。这就将《红楼梦》中的一幕场景，惟妙惟肖地展现在一个底面积不足二十厘米的玻璃锦盒里。我被这精巧的艺术品惊呆了，情不自禁地说："呀！想不到面人儿艺术，这么精巧，这么优美，太妙了。"

赵英洲自豪地说："这仅仅是她的一个产品，她的好作品还多着呢！"

我指了指一位身穿白大褂、头戴金耳环的中年妇女，猜测着问："她就是面人郎？"

赵英洲说："她是面人郎的三女儿，俗称三妹子，也叫巧巧手。你若到厂里来找她，一提巧巧手，人们知道就是她。她叫郎志丽，是面塑艺术家郎绍安的接班人。"原来，郎绍安先生早已退休了，然而，面塑艺术已在郎志丽的巧巧手中闪闪发光了。[8]

一个手工艺者在工厂里专心地做着工艺品，好像一切又都回到了"文革"前上班的样子，但却又有什么在变化着，而这种变化是一门心思琢磨面人儿的郎志丽完全无法把控的，以后发生的事将证明，这种变化带来的冲击是一个手艺人做多少创新的努力也无法抵挡的。

上面的报道中写在北京艺美服务公司见到了郎志丽，她不是一直在北京工艺美术工厂吗？换工作了？原来，1984年2月，当郎志丽去美国西雅图访问表演时，她还是北京工艺美术工厂的一名职工，但9月，她回来时，北京工艺美术工厂已经撤销了。5月，厂子已被拆分为6个单位——北京华艺景泰蓝厂、北京长城美术品厂、珍艺花丝厂、北京振华工艺品厂、北京艺苑雕漆厂和北京艺美服务公司——郎志丽被分到了其中的北京艺美服务公司。当时拆分工厂的思路是"船小好调头"，怎么调头？要调头去哪里？船上的人，工艺美术这艘船上的手艺人又将被带向哪里？

抢救"葡萄常"的预警

1982年3月4日，《人民日报》发表文章《抢救"葡萄常"》：

1979年夏天，北京崇外东花市街道办事处组织了一个"葡萄常"生产合作社，由于经营管理不善，销量打不开，财政亏空，1980年秋天解散。常玉龄又失去了传艺的机会。这位风烛残年的老艺人，很希望祖传的手工技艺后继有人，希望有关方面积极抢救。[9]

作为手艺人，面人郎和葡萄常还颇有些缘分，1956年北京工艺美术研究所刚成立，他们就同被聘为那里的第一批研究员，只是一个在所里上班，一个不在所里；老艺人被名作家书写，最有名的两篇文章，一篇是冰心的《"面人郎"访问记》，另一篇就是邓拓的《访"葡萄常"》；"文革"中，两个老艺人都被迫中断了自己的手艺，"文革"后重新恢复；《文史资料》第16期中，郎绍安的自述《我的面塑生涯》前一篇文章就是《葡萄常》，常玉龄在1981年12月的口述。

在那篇《葡萄常》里，常玉龄自己说："1979年6月，崇文区委领导找到退休在家的我，向我传达了中央领导同志关于恢复葡萄常传统手工艺品生产的指示精神。我的心乐得如同开了花一般。人们说，常玉龄这个快七十岁的老姑娘，竟然像小孩一样高兴。"[10]可高兴没两年就又面临"抢救"了。这是"经营管理不善"六个字可以解释的吗？这是葡萄常一家的个案吗？

先看篇文章叫《喜闻风筝找婆婆》，发表在1981年7月10日《北京日报》上，里面有这样一段话：

风筝艺术公司找"婆婆"说明了什么呢？市工艺美术品总公司总经理刘才认为"这说明民间工艺品在重重地敲我们的大门了"。五十年代初期，本市民间工艺品的生产是比较活跃的。后来归口管理，有了"婆婆"。在"左"的思想影响下，"婆婆"过分强调"大"、"公"，把民间工艺品生产都并入了工厂。民间工艺品本来就产值低、利润少，并入工厂后，管理费用陡增，十个至少有九个亏损，很快就被高值高利的工艺品挤掉了。

怎么办？文章里提出"有些适合个体经营的民间工艺品，就发展个体经营"。这是 1980 年代初，业内人面临新时代对行业的思考。

还是在 1981 年，8 月 1 日，《人民日报》发表朱德 1950 年代关于发展手工业问题的三次讲话：《把手工业者组织起来，走社会主义道路》(1953 年 12 月 4 日)、《要把手工业生产合作社办好》(1954 年 12 月 24 日)、《发展手工业生产，满足人民需要》(1957 年 12 月 16 日)。

朱德曾多次关心指导中国手工业的发展，郎绍安一家的几次转折都与朱德有关，进入 1980 年代，已经去世的朱德和那时的讲话在新时代又会怎样？民间工艺品的路究竟该何去何从？1984 年，停产两年的葡萄常又在"抢救"中恢复生产了，还因为转出口为内销而创了销售新高。这是好的开始？可《北京志·工艺美术志》上记载，到"1990 年代初，玻璃葡萄在市场上消失了"。1980 年代初的"抢救"只是一次预警，也许不止对葡萄常，更是对整个民间工艺美术行业的"预警"，这其中也包括面人郎。

第一代面人郎的最后 10 年

1992 年 6 月 16 日，第一代面人郎——郎绍安因病去世，享年八十二岁。

吴：您父亲去世时住哪儿？
郎：西城前罗圈胡同。
吴：在前罗圈是跟谁住？

图26　郎绍安捏面人儿捏了70余年

郎：一个人，那时我母亲去世了。我们姐妹弟弟轮着去给买菜做饭，孩子多，一个礼拜也就轮上一次，晚上等父亲吃完饭再回家。开始我小弟弟跟我父亲一起住，结婚后也搬走了。

吴：您母亲去世后，父亲难过吧，身体还行？

郎：每天干活，就不想了。成天做面人儿。

吴：父亲退休后还做面人儿？

郎：那老头儿可忙了，人家街道说这有残疾人想学学，来吧，教。小孩，也教。政协的办个班儿，有人学，教。他爱干这个事儿。在离我们家不远的街坊里有一位生活不能自理的女青年，我父亲知道了主动上门教人家。有人来学他从不推辞，就是有事必应的人。那时想学面人儿的人很多，他又是政协委员，应西城区政协的要求成立了面塑训练班，他满口答应了。他自己要求的——一不要报酬，二不要人接送。

吴：您父亲教过隔辈人捏面人儿吗？

郎：捏的时候谁在身边儿就教了。

吴：给过孙辈人面人儿当玩具吗？您小时候都没给过。

郎：小孩儿们张嘴要我爸就给，尤其是小东西，几分钟捏一个。

和我们那时候不一样，我们小时候要指着这个挣钱，到我爸退休有退休金，不拿这个当回事儿。

郎绍安的退休证郎志丽至今还保留着，翻开小红本，看到1990年郎绍安的每月退休金总额是192元，这里面有退休费75.5元，物价补贴7.5元，非工资改革退补17元，退休生活费困补10元，副食补贴10元，洗理费8元……在每月退休费一栏写着"每月退休费为每月原工资的75%"，原工资为"110元"。110元，这还是1957年刚评上"老艺人"时给定的，那时可是高工资，相当于"高级讲师"，到1990年代，始终没涨过（"文革"时降到过80元）。

不过，晚年的郎绍安考虑的不是收入。早在面人儿刚恢复的时候，军事博物馆要制作一个红军爬雪山过草地的大模型，郎绍安带着郎志丽负责其中的人物。父女俩干了好几天，捏出的面人儿价值700余元，但他们分文不要。郎绍安想的就是让更多的人喜欢面人儿，让这门手艺传下去。那时候，他的面人儿谁张嘴要他都给。1988年，郎绍安因脚外伤住中日友好医院的时候，好多医生护士都得到了他的小面人儿。

我很关心接班人问题，带好徒弟是件大事。我决心把自己的全部技艺和知识传授给徒弟，所谓"青出于蓝而胜于蓝"，青年一代是我们祖国的希望。我的女儿郎志丽创作的《黛玉看西厢》，日本朋友看后颇为赞赏，它已作为中国人民的礼物，赠给日本电器访华团了。前不久中国科学院微生物研究所要她制造一套面塑"菌蘑模型"，这是一个新的较为生疏的课题，在有关单位的支持和协助下，她已经制作成功了。[11]

——郎绍安

上面是1982年郎绍安的一段口述。到1989年,《纵横》杂志采访郎绍安,文中说:

他还想教些个徒弟,尤其是想教几个残疾人徒弟,给他们一个安身立命的本领。他还想用面塑再现老北京的民俗,如旧时代出殡的、娶媳妇儿的、棺材花轿、吹鼓手、扛幡儿打执事的、放鞭炮、撒纸钱儿的……他说:"这些个,现在的年轻人没见过。我不愿意把我的手艺带到棺材里去。"[12]

郎绍安没有食言,在他的最后10年里,他重捏了年轻时北京街头曾经就在身边的一幕幕,他还捏了满族人的家庭,他的众多子女,个个都会捏面人儿……

1992年6月,郎绍安走了。在父亲的遗物中,郎志丽就拿了个花盆儿,打算继续养花,她说:

父亲爱养花儿,尤其是菊花。所以我认识好多种菊花。还养芍药,二十多米长的院子养了很多的芍药花,开的花儿像个大海碗。父亲养的来亨鸡又白又大可让人喜欢了,还养了一条京巴狗,不光是为了玩,父亲的作品——《京巴》就是这么捏出来的。父亲还养鸟,也喜欢上卖鸟的人那儿去看。捏鸟,像红楼梦里,走廊里挂着鸟儿,捏的那个。也捏花儿,也可以配景,边上站个仕女人……

1992年还发生了几件事[13]：

1992年2月19日，北京市经济体制改革工作会议结束。会议提出1992年经济体制改革工作的重点是：推进企业经营机制转换，实现企业"自主经营、自负盈亏、自我发展、自我约束"的工作思路。把企业推向市场，逐步形成企业有生有死、干部能上能下、职工有进有出、工资有高有低的竞争机制。

1992年2月26日郎志丽所在的北京艺美服务公司和北京华艺景泰蓝厂、北京特种工艺品厂又合并为北京市工艺美术厂，集体所有制性质不变，隶属市工艺美术品总公司管理，合并后职工1506人。

1992年，北京工艺美术系统大办三产，餐饮、旅馆、搬家公司等，有的收入超过了主业。比如地毯三厂转为汽车内饰，而绢花厂引进了薄型妇女卫生垫生产线……

1992年11月，《当代中国工艺美术名人辞典》出版，这是新中国成立后正式出版的第一部工艺美术专业名人辞典。北京有57名工艺美术工作者入选，郎绍安、郎志丽都名列其中。

也是在那一年，1992年，也是6月，五十岁的郎志丽从刚合并不久的工艺美术厂办理了退休。她把父亲的花盆拿回家，说还种花儿。老北京人都爱种花儿，就是不种花儿的，到秋天也会买盆儿"足朵儿的"菊花摆家里。1980年代初，住大杂院的时候，郎志丽自己种了葫芦，葫芦长成了，她一劈两半，在葫芦里捏了个故事——《秋翁遇仙》，故事说的就是一个爱花儿的老人，花园被恶霸毁了，又在花仙的帮助下重建花园的事儿……

还是在1992年，北京金融街开始建设，拆迁正在进行，那里是旧时郎家所属的镶红旗的聚居区，那里有郎绍安的出生地胡同，名叫大喜鹊……

注释

［1］冰心：《小桔灯》，人民文学出版社 1978 年版，第 70—76 页。

［2］王德撰文，李长捷、孙宝素摄影：《"面人郎"和他的后代——记一个民间艺人世家》，《人民画报》1979 年第 10 期。

［3］详见本书"手上的缘分"一节。

［4］摘录自马君驰：《为什么追忆八十年代》，载《新周刊》杂志编：《我的故乡在八十年代》，中信出版社 2014 年版。

［5］郎绍安口述：《面人郎自传》，1979 年，金静文整理。

［6］翁偶虹：《北京话旧》，百花文艺出版社 1985 年版，第 130 页。

［7］徐福、吴雪：《面人郎——访民间老艺人郎绍安》，《北京晚报》，出处佚失。

［8］何建明主编：《中国妇女五百杰》，北京出版社 1994 年版，第 439 页。

［9］李苍彦、王琪主编：《当代北京工艺美术大事记》，中国文联出版社 2014 年版，第 202 页。

［10］常玉龄：《葡萄常》，载中国人民政治协商会议北京市委员会文史资料研究委员会编：《文史资料选编》第十六辑，北京出版社 1983 年版，第 232 页。

［11］郎绍安口述，郎志丽、冯国定、张子和执笔：《我的面塑艺术生涯》，载中国人民政治协商会议北京市委员会文史资料研究委员会编：《文史资料选编》第十六辑，北京出版社 1983 年版，第 234—246 页。

［12］巩华：《面塑生涯》，《纵横》1989 年第 5 期。

［13］参考自李苍彦、王琪主编：《当代北京工艺美术大事记》，1992 年条目。

25　平生第一次写论文 —— 论面塑艺术的创新

1992年，第一代面人郎郎绍安离世，第二代面人郎郎志丽也到了退休的年纪。五十岁，从事工艺美术工作近四十年，一直在捏面人儿，郎志丽觉得是时候该把面人郎的艺术总结一下了。捏面团的手拿起了笔，她说："我这个水平哪敢想写论文啊，开始就是写小纸条，把想到的记下来。"

我想把几十年的工作经验写出来，没人要求。"文革"后我就有这个想法，但不是说写论文，就写小纸条，想到什么就写小纸条上，攒多了算是小结吧。后来退休了，各处请我讲课的挺多，讲北京面人儿。在首图讲课那次，我怕讲不好，而且这也讲那也讲，得有个稿子才好，就琢磨着写一篇东西，这么着，老伴儿帮着我写了个讲课稿。后来不少人看了说挺好，说这是论文，其实我们这水平哪想着写论文啊。

——郎志丽

文章写于1995年，后来还获了奖[1]，郎志丽说这辈子就写过这么一篇论文，时隔25年，就着这篇论文，七十八岁的她再次谈起了郎派面人儿的艺术风格、技艺手法。老太太说自己还是愿意做活儿捏面人儿，理论上的事说不好，但她还是愿意努力去说，能总结一点是一点，艺术上、技术上，也特别希望看过面人郎作品的人能从理论上去总结。

技法：稳、准、狠

吴：文中您说您得到了郎派面塑艺术的"真谛"，如果用一句话概括，真谛是什么？

郎：面人郎从技法上说，就是三个字"稳、准、狠"。稳：心稳，想做什么，怎么做心中有数，手稳，心里想的一步步通过手上的面表现出来，不能边做边改；准，每做一步都要求肯定是对的，用面多少、安放位置、揉捏形状、手法力度准确到位；狠，手法干脆利落迅速，不能犹豫，拖泥带水。这些都是由面的特点决定的，不稳准狠，面就会绷皮、变形，捏的东西不好看还不结实、不易保存。

郎派面塑技法的"稳、准、狠"在郎志丽身上得到了充分的传承，老太太平时总说自己是慢性子，但面团一上手就像换了个人，果断、干脆，捏出来的人物作品也是眉目清晰，性格鲜明。"稳、准、狠"也使郎派面人儿的制作过程极具观赏性，从面团到面人儿，一刻不停，开弓没有回头箭，落子无悔，每分每秒，面团在手间都发生着神奇的变化。第一代面人郎郎绍安为什么能在北京街头拢住人看他捏面人儿，为什么能在伦敦让外国人看得走不动道；第二代面人郎郎志丽为什么多次被邀请在各种展会上现场捏面人儿，连北京申奥时都随申奥代表团去为外宾做表演，靠的就是面人郎的绝活"稳、准、狠"。

风格：工笔画与北京风俗画

吴：您文中说"中国民间艺术的显著特点是流派众多，个性鲜明，每一派甚至于每个人都有自己与众不同的令人称绝之处"。您认为过去的面人郎不同于其他面人流派的最大特色是什么？比如和面人汤的不同？

郎：和面人汤比，我一直打一个比方，就像工笔画和写意画，面人郎的是工笔画，比较精细。

吴：我注意到非遗的名称中是"北京面人郎"，有北京两个字，这也是面人郎不同于其他面人儿的特色之一吧。尤其是郎派面人儿的北京风俗特别有京味儿，如果说和面人汤比，面人郎是工笔画，那和

图27 《穆桂英挂帅》，赵阔明作品　　图28 《穆桂英挂帅》，郎绍安作品

其他种类的面人比，面人郎的作品又是京味风俗画，类似以前陈师曾的那种风俗画。

郎：对，面人郎的面人儿是北京面人儿的代表。

吴：如果和您师爷赵阔明比，面人郎又怎么不同？

郎：要和师爷赵阔明比，师爷的作品比较潇洒，我父亲的比较实在。其实非要说区别还真不太好说，但作品摆在那儿，一看就能看出来这是谁的。比如我师爷、我父亲和我，都做过穆桂英，但做的就不一样，因为师傅虽然把技法教你了，基本的东西你改不了，但如何发展要看自己。比如同样是徒弟，你们几个做的东西那肯定不一样，但都是这一派的是肯定的。

在讲述中，郎老太太找出了师爷赵阔明捏的穆桂英，放在自己捏的穆桂英旁边，"五六十年的东西，还这么好，你看看，再看看我捏的这个。不同就得看真东西，如何表述我也说不好。但一眼就能看出来，你让我说真说不出来"。

图29 《穆桂英挂帅》，郎志丽作品

创新：大型化、微型化和集成化

吴：当年您论文的题目是创新，为什么从这个角度写？

郎：我们工艺美术行业从我入行起就要求创新，新材料新作品新思路，五六十年代就要求这个，一直都是这个思路。比如以前面人做戏剧花脸用彩色面搓成条一点点粘贴，但不易持久，容易翘起来，所以我就改成在面上用彩色笔画脸谱，这也是我在脸谱厂跟双起翔学过能借鉴过来，捏与画相结合。我现在正在做一组脸谱，就是想让以后的人看看面人脸谱还能这样做，留下一套样子。

吴：记得您在国外表演时，有人要求照他们的样子捏人儿，照真人捏，这是以前不常见的，算是创新的方向吗？

郎：也可以说是创新，但这方面我做的不多，人家提要求我就做了，效果还不错，捏真人除了头脸费点事，其他都一样。

吴：文中提到要"探索突破传统的作品尺寸局限，不断向大型化、微型化和集成化方向发展"，具体指的是什么？

郎：大型化、微型化、集成化也都算创新。大型化，这主要是指场面大人物多，而不是人物的尺寸大。原来的面塑单个的人物比较多，比如娃娃、仕女人、盔甲人，像我后来捏的《红楼梦元妃省亲》《五十六个民族》这样的大场面非常少，我爸也捏过《屈原怒斥楚怀王》《红白喜事》，但捏这种比较少，人物也没有那么多，我做的最大的一组是《水浒一百单八将》，放在一个葫芦里。人物多，有场景的作品，做之前就得把场面想好，每个人什么样，人和人之间怎么互动，有主有次，哪个是主要的哪个是次要的，没有草稿，就全在脑子里，先捏主要人物，然后捏次要人物，最后是布景。

集成化就是把一组故事组合在一起。原来捏的带场景的故事也就是一个场景，后来我就想能不能捏一组故事，跟连环画似的，就在葫芦人儿上做尝试，一个葫芦一劈两半，利用里面不同的空间，比如一边放一个民间故事，也有四个故事形成一组的，比如《红楼梦》里的四个场景，还有《水浒传》《西游记》，这种集成化的作品我做了不少。微型化就是指核桃人儿，核桃人儿我父亲也做过，但一般都是半个核桃里放两个人，听说做过十八罗汉，但作品我没见过，后来我自己在半个核桃里做出了十八罗汉。

附：《论面塑艺术的创新》 郎志丽 1995年3月[1]

我是一位普通的民间工艺美术师。参加工作近四十年，我用出色的工作成绩为党增了辉、为国家争了光。我的辛勤劳动不仅产生了巨大的经济效益，也带来了显著的社会效益。迄今为止，我及我的徒弟已累计创作工艺品数万件，为国家创汇近百万美元；我也先后多次在国内外工艺美术品展览会及比赛中获奖，数次赴世界各地巡回表演，为"向世界宣传中国，使中国走向世界"的改革开放大业做出了自己的贡献。

作为一个民间艺人，我在民间艺术园地里勤奋耕耘了大半生。回味近四十年的艺术生活，我毕生关注并为之献身的当属对古老的民间艺术进行的创新与发展。因此，我想总结自己多年来进行探索所得到的经验和教训，以我的专长面塑艺术为例探讨民间艺术的创新之路。

一、艺出名门　创新不易

俗话说"学艺难，创艺更难"，而作为一个名家的后代，要想有所突破、有所创新就更难。

（一）名家之后　优势明显

我于1942年出生在一个民间艺术氛围浓郁的满族家庭里，我的父亲是著名的老北京艺人，人称"面人郎"的面塑艺术大师郎绍安先生。作为名家的女儿，我在学习面塑技艺方面有得天独厚的优势。从幼年、童年到少年、青年，直到成年后，我都在父亲身边生活、学习、工作，得到了父亲的悉心指点和调教，深得郎派面塑艺术的真谛。这种优势是外人无法得到的。1958年受公安部委派，我随父亲一起制作了上海大世界新旧对比面塑模型。这是我接受新事物的开始，也是我日后发展创新面塑艺术的基础。

（二）初出茅庐　一举成名

我的学艺生涯开始于童年时期，大约在五六岁时，我就帮助父亲做一些力所能及的简单活儿了。学习模仿父亲的艺术创作是我的主要乐趣。

1957年，我15岁和父亲一起上班，到北京市工艺美术研究所学做面人。父亲精心地教，我细心地学，在学徒期间做的第一件作品就是《穆桂英挂帅》。那时正好是建北京的十大建筑，向人民大会堂献礼。接着是三八妇女节，这件《穆桂英挂帅》被选上参加"莫斯科国际少儿艺术作品比赛"，获得了"优秀奖"。这在当时引起了不小的轰动。初试锋芒就一举成功使我十分自豪和高兴，也促使我走上了专业从事面塑艺术创作的人生之路。

二、艺龄四十　矢志创新

从最初自发地走艺术创新之路，到后来自觉地坚持以创新来推动艺术前进，在前后四十多年的创作生活中，我矢志不渝地探索民间艺术的创新之路，从中悟出了不少道理和门道。

（一）保护民间艺术的根本出路是创新

我国有极其丰富的民间艺术资源，多姿多彩。各具特色的民间工艺品是我们出口创汇的传统优势产品。民间艺术宝库是先人留给我们的一笔无价财富，她是华夏文明的象征，是世界文明的重要组成部分。但是，随着时代的发展和环境的变迁，古老的民间艺术却有失传的危险，因而积极保护民间艺术是全体炎黄子孙的共同责任。

那么，怎样保护这些传统艺术呢？我认为根本出路是要用发展的眼光来保护。要用创新的办法来发展它，创新是艺术发展的普遍趋势，只有顺应这种趋势，适应社会的发展与时代的需要，不断推陈出新，才会使民间艺术的发展步入良性循环。比如我在半个核桃壳内捏出十八罗汉，葫芦面塑系列及贝壳面塑等。反之，不思创新，拘泥于前人的成绩和手法而固步自封，因循守旧，只会使民间艺术的发展走向衰败。

（二）毕生探索　创新有方

中国民间艺术的内容博大精深，民间艺术家的队伍里人才辈出。如何创新，每个人有每个人的认识和做法，总结我一生的探索，我认为可以从以下几方面对传统的民间艺术进行创新。

1. 细心寻找传统技法之不足，不断总结新的创作技巧。

民间艺术的创作多数以手工为主，高超的技艺来自长时间的勤学苦练。也就是我们常说的熟能生巧，工夫不负有心人等。所以我在创作中既十分注意向老一辈学习，也不机械地照搬，总是虚心学习其长处，并从中发现不足，而后结合实践予以改进和提高。在面塑创作中，我对前人的技法做了想象性的突破尝试，比如改变了过去面塑人物鼻梁上的那道凹印，而采用填充法达到了完善。再如眉毛的处理，我采用斜切式的手法，这样就解决了过去眉毛一般粗的问题，使人物面部表情更加生动等等。诸多技法的改进，使作品的创作更有了方向，而创作质量也提高了。

2. 深入研究消费对象之特点，不断推出适合市场需要的作品。

工艺美术品也是商品，不论是内销还是外销，适合消费者的口味，顺应消费者情趣的变化，是符合市场规律的客观要求。我的创作也不能脱离市场而闭门创作。1987年我参加了第十一届亚运会会标展览，我的面塑作品"熊猫"吉祥物获得了三等奖。在我的创作中，一贯主张作品的艺术价值和市场效益的统一，针对不同的顾客群、不同的环境、不同的文化背景，不断推出有特色有市场需求的作品。如在1987年中科院找我，要求同他们协作拍摄科教片《菌蘑》，父亲觉得难度比较大，不主张接下来。但我想这是个好机会，如果成功了这是对传统面塑的挑战，也是对我技术的考验。经过努力，我成功了。当科教片放映后，竟没有人发现这些蘑菇造型是面制的。

3. 探索突破传统的作品尺寸局限，不断向大型化、微型化和集成化方向发展。

民间艺术作品的尺寸历来有一定之规，突破这些规矩，使作品能自由地展现在观众面前是很困难的。首先造型装饰的改变能否在买方面前站住脚，这就是一个大的突破。我用一个不到10公分大小的葫芦，把它劈成对开，利用它的外形装饰成一对仙鹤。而在葫芦的肚内捏了水浒英雄一百单八将，结果得到了好评。这就是我在微型化上的发展和集成化上的创新。

4. 吸收借鉴其它艺术长处，不断提高艺术水平。

各种形式的艺术之间可以互相取长补短，共同提高。我在面塑创作中，积极利用科技发展之成果，不断使用新材料新工艺。品质优良、性能适宜的新材料是创作出优秀工艺品的基础，民间艺术也不例外。现代科技的发展使新型材料不断出现，这为我改进传统材料制作方法提供了方便。1990年我为中科院做的心脏主动脉模型采用了异型材料制作出的血管效果非常逼真，得到了用方单位的好评。又如，创作女登山运动员潘多登上珠穆朗玛峰的面塑作品，反映雪山上的冰川时，我用了透明材料和其他工艺仿制了冰凌，其效果极佳。由此可见，尊重科学、运用新技术新材料，是我在创新中的重大实验。

此后在面塑创作中，我又借鉴了玉器、脸谱、彩绘等各种艺术形式。如前辈做戏剧人物的花脸是用色面配制的，而我采用了彩绘形式制作脸谱造型很是新颖，并创出了仿珊瑚、仿象牙等新的作品，极受欢迎。

三、成绩斐然　享誉中外

近四十年不懈的追求换来了丰硕的艺术成就。党、国家和人民以及海外朋友都对此予以肯定，他们给了我很高的荣誉。这些荣誉不仅属于我个人，也属于我为之奋斗的民间艺术事业。

（一）民族性与世界性的辩证关系

民族性与世界性的矛盾是世界各国在现代化进程中遇到的一个重大问题，也是我们这些作品主要销往国外的民间艺术品创作者必须妥善解决的课题。根据我的经历和体会,对民间艺术来说,民族性与世界性并不矛盾。事实上愈是有民族性的东西,就愈容易得到世界的承认,既是民族的也是世界的。反之,若失去了鲜明的民族个性,就别指望得到世界的承认。一味追求世界性而丧失了民族性的盲目性,最终适得其反而被世界所遗弃。

民间艺术品是了解一个民族的传统、文化、民风、民俗的窗口,是展现一个民族个性的舞台。所以凡是具有民族特色的民间艺术都备受世界各国人民的喜爱,极易为世界承认和接受。1981年在美国夏威夷表演时,有一对美国夫妇对中国的京剧特别喜欢,他们两位从展览会上选了一套京剧剧装穿在身上,叫我照着他们的样子捏一套面塑京剧塑像,当我捏完后,递到他们面前时,他们笑得跳了起来说"要不是亲眼看到是不会相信的",还说"你的技术是世界第一流的"。在美国芝加哥表演时有一位白发老人先后买走了我的27件作品,这些作品都是照她说的样子做的。她说如果不是到期要回国的话,那还不知要我做多少个呢。由此可见,面塑艺术在海外受到的热烈欢迎。

(二)面人郎首次出国 技惊世界

早在1956年,我父亲面人郎郎绍安就代表中国的民间艺术家参加了在英国举办的国际博览会,这也是中国的面塑艺术家首次出国表演。在博览会上,郎绍安的精彩技艺受到国际友人的广泛赞叹,各种传媒惊呼中国艺术家灵巧的双手是"上帝之手",一时间面人郎震撼了整个博览会,轰动了英国。这次表演成功使我国的民间艺术在国际上确立了很高的地位。

(三)我数次赴外表演 赢得广泛赞誉

改革开放后,中国的民间艺术家及其作品迅速走向世界,为弘扬华夏文明做出了巨大贡献。我作为面塑艺术艺人代表，至今已十余次受政府委派赴世界各地巡回表演、讲学，所到之处皆极受欢迎。在1983年西雅图展览会上有一位美国朋友要我照着他本人捏个人像，这是在我一生中从来没有捏过的，在我捏完后递给他时，他震惊了，一个劲儿地说"真像！真像！"并引起了人们的极大兴趣，海外传媒纷纷盛赞中国艺术家的精妙绝技，对中国古老的传统文化佩服不已，称我是"新一代的北京面人郎"。

特别是1993年秋，我被特邀随中国申办奥运会代表团一起赴摩纳哥的蒙特卡洛表演，为中国申办2000年奥运会加油鼓劲。在紧张的申办活动中，我先后为伍绍祖、张百发等领导同志创作了许多精美礼物赠送给国际友人，在一次特殊的场合里为国际奥委会的委员们捏了一只和平鸽，委员们高呼"和平和平"，场面热烈。我还特地为美国亚特兰大市市长捏制了他们的会标和吉祥物，萨马兰奇的女儿亲手把会标和吉祥物交给了市长，增进了世界人民的友谊，宣传了中国。国际政要和体育界的许多要人、名人在观看了我的表演后，赞不绝口，并热烈欢迎我到他们国家去献艺。今年5月我将去日内瓦再次做现场表演。

我在国外受到的热烈欢迎不仅表明了世界各国人民对我的艺术的肯定，也说明了中国民间艺术在世界上的崇高地位和声誉。作为一个中国人，我对此感到十分自豪和荣幸。

四、走出境界　立志创新

中国民间艺术的显著特点是流派众多，个性鲜明，每一派甚至于每个人都有自己与众不同的令人称绝之处。可以说民间艺术领域里的绝招、诀窍的不断涌现是民间艺术久盛不衰、经久愈新的推动力。

作为一代名师，父亲在面塑技法上已达至炉火纯青的至高境界。他的生活阅历之广，见识之多，艺术悟性之高也是我们后辈无法比拟的。所以身为名师之后，要想青出于蓝而胜于蓝是极其困难的，父亲的成就既使我拥有良好的基础，也为我设置了一道难以逾越的高山。我要想有所成就，只能另辟蹊径摸索出自己的绝招来。因此必须顺应艺术发展规律，用自己亲身体会总结出一条民间艺术发展之路。

五、艺无止境　创新不断

受父亲的教诲，有党和政府的关心，更有人民的艺术滋养，加上我自己的努力，这些因素综合起来使我在民间艺术领域里取得了一些成绩。但我深知，艺无止境，只有永不自满，才能永葆艺术青春，使自己的艺术水平更上一层楼。

我年逾花甲，早已从一线退了下来，创作技巧也越来越成熟，我要把这些经验和技艺毫无保留地传授给弟子们，让他们继续把宏扬民族文化与中国民间艺术事业推向前进。看到面塑艺术后继有人，民间艺术兴旺发达，这是我最大的心愿。有生之年能为这一事业再做些贡献，这就是我后半生的追求。

注释

[1]《论面塑艺术的创新》获中国国际名人学术研究中心颁发的论文金奖，被收录在异天、戈德主编《世界学术文库·华人卷》第一集，中国言实出版社1999年版，第793页。

26　国家级非物质文化遗产——北京面人郎

1990年代起,对于北京西城区,尤其是阜成门内一带胡同里的老北京人,最最关键的关键词就是——"拆"。这个关键词持续了十余年,直到北京金融街拔地而起。

1990年代起,对于全中国,最最关键的关键词是——"申奥"。"开放的中国盼奥运",这个关键词也持续了十余年,从1993年第一次蒙特卡洛申奥失败,到2008年奥运会在北京召开。

两件大事,郎家都亲历其中。

1990年代的两个关键词:"拆"与"申奥"

白粉画了一个大大的圈,那圈,大约一人来高。圈里的字,也是白粉写的,没有更多的废话,只一个字:"拆"!

有的,写在山墙上,有的,写在后墙上,也有的,写在影壁上。若说触目皆是,或许有些夸张。不过,一条胡同,走进来时,发现了赫然的一个"拆",走到头时,又发现一个"拆",这不算多,是吗?可这还用多吗?一头一尾,齐了。一条胡同,就凭了这一头一尾都写了一个"拆"字,说话间就得从地图上抹了。更让人触目惊心的是,你穿过了好几条胡同,还是没躲开这一人高的大白圈,没躲开这脆生生的一个"拆"字。你应该明白,即将从地图上抹掉的胡同,不是一条,而是一片。

生活就是这样前进的。没有那些写在胡同中的"拆"字,没有随之而来的轰隆隆的推土机,就没有即将崛起在西单西部的首都金融街,也没有多少年来被拥挤被不便困扰的居民们向拥挤向不便的告别。[1]

上面的文字出自陈建功的《拆》,阜成门内那些"拆"字里,就包括第一代面人郎郎绍安的出生地大喜鹊胡同,也包括第二代面人郎郎志丽婚后的住所北太常。文章刊发在徐勇1996年出版的画册《胡同99》中,99位作家写的北京胡同的文章,99幅北京胡同图片。也是在这本书里,梁晓声说1993年,北京最抢手的挂历是"胡同摄影"[2]……

1993年,郎绍安已去世一年,郎志丽一家正住在西直门外高梁桥以北一座六层红砖楼的三居室里,早已离开胡同里的大杂院。那一年8月初,退休一年多的郎志丽突然接到单位的电话,通知她9月跟随中国申奥代表团去蒙特卡洛。那是中国第一次申办奥运会,郎志丽赶忙在家里先捏好了老寿星、弥勒佛、嫦娥奔月等十几个面人儿,又备好两斤面,再带上一批玻璃罩,去了蒙特卡洛。

申奥那次是大活动,去了好多人,一百多人的队伍,体育、戏剧、歌舞、曲艺、民间艺术、新闻还有北京市领导……工艺美术去的好像就我和画鼻烟壶的刘守本。我记着飞了9个小时到的摩纳哥机场,中国驻摩纳哥大使及工作人员和华侨代表来欢迎我们,接代表团到摩纳哥的巴黎饭店。当时就在团驻地,有人到我们这来参观,我们做表演，我捏了好多礼物送给那些外国人。

这些礼物里有三件作品制作过程让郎志丽至今难忘：第一件是一只和平鸽，第二件是1996年亚特兰大奥运会吉祥物"Izzy"，第三件是一只小狗。

有一天萨马兰奇和他的委员们来到我的展台前，当时伍绍祖、张百发把我准备好的礼品送给他们。我捏了一只和平鸽送给萨马兰奇，他手捧和平鸽连说："和平，和平。"他的女儿对和平鸽爱不释手，她指着和平鸽又指指她自己，意思是能送给她吗？我点点头。她那高兴劲儿引得大家都大笑了起来，她回赠了我一枚1992年巴塞罗那奥运会纪念章。我还为近三十位奥委会委员还有他们家属捏了34件作品送给他们，委员们都跷起大拇指赞不绝口，还鼓掌，场面挺热烈的。

还有一天，一位美国朋友来到我的展台前拿出一枚纪念章递给我看，并通过翻译问我上面这个吉祥物您能捏吗？那是1996年要在美国亚特兰大举行奥运会的纪念章，但上面那个吉祥物也看不出是什么（这是一个幻想出来的生物，起名叫作"Izzy"，是奥运会上第一个用电脑制作出的吉祥物），但我告诉他能捏。旁边有工作人员跟我说，那个人是美国亚特兰大市市长的秘书。等吉祥物捏完了，工作人员找我："百发同志让你拿着吉祥物到北京接待室去见外宾。"去了，见的就是美国亚特兰大市市长梅·杰克逊。我把吉祥物递给杰克逊市长，还说祝他们承办的下一届奥运会成功，人家市长看了吉祥物感谢我，跟我说：做得非常像，你这个礼物非常好。

又有一回，一个澳大利亚的国际奥委会委员带着她的女儿来到我的展台前，拿出两张狗的照片，通过翻译问我能做吗？我一看照片不是特别的清楚，但我还是接了。我琢磨着狗毛的问题最大，用什么材料做出来的小狗和真的一样呢，我想到狗身上的毛可以用毽子的毛做。可问题是毽子到哪里去找呀！和同行的朋友们一说，有人提议在工作人员中问一问是否有带毽子的。经过一番了解，还真有人带着两个毽子，毫无怨言地送给我用一个。真得好好谢谢人家，可那个朋友却说：我们都是中国人，为了一个共同目标"申奥"，任何一个中国人都会这么做。大家聊着，我的小狗也捏完了，就连小狗眼边的一个小黑痣，我也没放过它。不知道什么时候那母女俩已站在我的面前了。我把塑好的小狗递给她们，女儿当时就蹦了起来。委员说："照片上的小狗是她养的，但丢了，她一直怀念着它，现在有了（指我捏的小狗），我也了却了一份心愿。"

我们每到一个地方，都有很多志愿者前来为展览会做义务服务。他们不要任何报酬，甘心为大会做翻译工作和其他事情，和我们展团的每一个人的关系处得特别好。不管我们是参加社交活动，还是到外边讲课或是新闻采访电视台录像，多晚他们都陪着，毫无怨言。我记得有一回，临时有重大活动通知我的时候，捏人儿的面不太好用，需要蒸一下。怎么办？这里条件又不具备。这时有志愿者马上带着我，翻过两个山丘找到一家中国餐馆，把问题解决了。反正那次申奥大家特齐心，都觉得能成，但最后差两票没办成。

——郎志丽

等北京最终申奥成功已是8年以后的2001年。在进入新千年的第一年，发生了许多大事，美国的911恐怖袭击、中国的申奥成功、中国正式加入世贸……也在那一年，北京工艺美术界也发生了一件震动整个业界的大事，在业外却没什么人知道——北京市工艺美术厂破产了。

进入新千年：北京市工艺美术厂破产了

从蒙特卡洛回来后，郎志丽又应邀去过瑞士、韩国、德国等地进行面塑表演，1995年还和同事——绢人名家杨乃慧一起参加了第四次世界妇女大会……那时的她已经从工艺美术厂退休，像绝大多数工美行业的退休职工一样，郎志丽靠退休金生活，面人儿作为传统文化的表演项目，很少销售。截止到1998年年末，北京市工艺美术厂所在的整个北京工美集团总公司在职职工1.7万人，下岗5200人，离退休职工1.3万人……

2002年8月23日，《北京晚报》刊出消息《北京工美厂破产》:[3]

全国最大的工艺美术企业——北京市工艺美术厂日前因资不抵债宣告破产，库存近50年的工艺美术品将被整体拍卖。

破产程序在一年前就已开始。2001年2月6日，北京市工艺美术厂正式向西城区法院提交破产申请。厂注册资本金968.7万元，2000年全厂亏损699万元，平均每月亏损近60万元。9月19日，西城区法院裁定北京市工艺美术厂资不抵债，符合破产条件。[4]

这意味着什么？这是有40年历史，全国最大的工艺美术厂，国家一手建立起来的中国工艺美术的窗口、标杆，不存在了。

北京市工艺美术厂的前身是北京工艺美术工厂，是两代面人郎和众多北京最顶尖的工艺美术人工作过几十年的地方。这个厂成立于1960年9月13日，建厂目的主要是三个：以手工操作为主，接待外宾参观；试制新产品和精尖产品；培养高级的绝技接班人。1970年，郎氏父女调入该厂。1982年，该厂成为北京工艺美术品总公司的直属厂。1984年，因为"船小好调头"，北京工艺美术工厂撤销，被拆分为六个厂，郎志丽被分到其中之一的艺美公司。到1988年，北京工艺美术品总公司又发文件"恢复北京市工艺美术厂的名称"，只是文件中还把厂名写错了，多了个"市"，落下个"工"字，所以只能将错就错，原名为"北京工艺美术工厂"的厂子以后就叫"北京市工艺美术厂"了。1992年，曾被拆分的艺美公司等三个单位又并入北京市工艺美术厂。1999年，工艺美术厂等37个北京工美集团（原北京工艺美术品总公司）下属的生产经营型企业全部划转各区县。自成立以来到1990年代，工艺美术厂累计接待外宾上百万，国家元首、总统夫人、各国政要不计其数。就在1970年代，国家最困难的时候，这个厂还年上缴利润近500万。

从年缴利润500万，到因年亏损600万而破产，消息被刊出时，当时40岁以下的北京人已经不知道还有个有着40年历史曾经辉煌的北京市工艺美术厂。北京市工艺美术厂怎么了？北京工艺美术行业怎么了？翻开《当代北京工艺美术大事记》《北京志·工艺美术志》看几组数字：

1957年，由于贯彻执行扶植生产的政策，特种工艺品生产得到迅速发展，生产工人由1950年的1680人发展到1955年的11341人；年产值由1950年的78.7亿元增加到1956年的1300亿元（旧币值，

1∶10000），增长 16.5 倍。1950—1956 年出口创汇总额为 818.6 万美元，占北京市出口创汇总额的 93%。[5]

1973 年北京工美行业的年产值达 1.268 亿元，出口换汇 4000 多万美元，占全市出口总值超过 30%。[6] 1973 年到 1976 年，出口工艺美术品平均每年递增 22.4%，四年共为国家换取外汇 19 亿多美元。

1981 年北京工美总公司（1993 年后为北京工美集团总公司）职工达到 3 万人，生产企业 63 家，同时发展了乡镇企业辅助生产单位 2000 个，外加工队伍达到 18 万多人，年实现工业总产值达 7 亿多元，实现利税 1 亿多元，出口创汇 1.5 亿美元，成为当时北京市对外贸易出口创汇最高的行业。[7]

从新中国成立到 1980 年代以前，工艺美术行业一直是北京的出口支柱，然而 1981 年后，却第一次陷入了困境。

1983 年以前，工艺美术行业重出口、轻内销，当国际市场发生变化时，产品积压，陷于困境。1984 年，工艺美术行业立足国内，以内促外，积极发展适销对路的内销、旅游产品，终于走出了低谷。

到 1990 年代，出口渐渐退出工艺美术销售中心地位，靠内销、旅游产品支撑了一阵子的工艺美术业到 1995 年又发生了变化，据 1996 年《北京工美集团总公司关于工业企业销售情况调查》显示，1993 年到 1995 年销售收入大幅下降。从结构看，内销和旅游产品明显减少，而房租、旅馆等三产占 20%，已成为重要的收入来源！

1996 年 10 月《北京工美集团总公司关于工业企业销售情况调查》中说：38 个企业里，靠房租生存的 9 个，转为旅馆、商场的 9 个，还有 4 个企业无以为生。仅剩下 16 个企业靠产品为生，这里还有两家生产的已不是工艺品。[8]

"市场环境的变化,经营困难"成了1990年代中后期整个北京工艺美术企业的关键词。1997年5月20日,中华人民共和国国务院令第217号,发布中国第一部《传统工艺美术保护条例》……

回到2002年8月23日《北京晚报》上那篇消息《北京工美厂破产》:

全国最大的工艺美术企业——北京市工艺美术厂日前因资不抵债宣告破产,库存近50年的工艺美术品将被整体拍卖。这是记者今天从北京市产权交易中心获得的消息。据业内人士介绍,传统工艺美术尚能维持的品种仅有11个,已失传或面临失传的品种达到了43个。而工美行业在鼎盛时期曾是北京的支柱产业之一,在国内外享有很高知名度。由于这一行业投资极大,产品价格昂贵,又缺乏市场运作经验,加上赝品横行,现在面临着后继无人、技艺失传、生产急速萎缩的状况,进行传统工美生产创作的人员已不足千人……

最后,北京市工艺美术厂的全部工艺品被一个叫富来宫的温泉山庄拍走了,说是增加酒店特色。全部艺术品第二次拍卖才勉强卖了180万,本来第一次拍卖起拍价是570万元,无人举牌。后来降到350万元还是没有人举牌,结果流拍了。

从1960年创建到2001年破产,北京市工艺美术厂的路也是北京工艺美术行业走过的路。2001年,北京花丝镶嵌厂、北京市证章厂、天坛毛织厂、正光地毯厂等相继破产,雕漆工厂、礼花厂、首饰厂、长城美术品厂等有的清盘,有的歇业……传统工艺美术未来的路该怎么走?

都成了非物质文化遗产

还是 2001 年，联合国教科文组织第一次公布了 19 项世界级非物质文化遗产，中国昆曲入选。这个消息让一个陌生的名词——非物质文化遗产——走进了中国人的视线。

根据联合国教科文组织《保护非物质文化遗产公约》定义：非物质文化遗产指被各群体、团体、有时为个人所视为其文化遗产的各种实践、表演、表现形式、知识体系和技能及其有关的工具、实物、工艺品和文化场所。包括以下五个方面：1. 口头传统和表现形式，包括作为非物质文化遗产媒介的语言；2. 表演艺术；3. 社会实践、仪式、节庆活动；4. 有关自然界和宇宙的知识和实践；5. 传统手工艺。根据《中华人民共和国非物质文化遗产法》规定：非物质文化遗产是指各族人民世代相传并视为其文化遗产组成部分的各种传统文化表现形式，以及与传统文化表现形式相关的实物和场所。[9]

2002 年 8 月 9 日北京市公布《北京市传统工艺美术保护办法》，这是有史以来北京第一部由市政府颁发的工艺美术地方性法规。2005 年，国务院发出《关于加强文化遗产保护的通知》，第一次提出"文化遗产包括物质文化遗产和非物质文化遗产"的概念。2005 年 6 月 6 日，在首都博物馆举办了为迎接我国第一个"文化遗产日"的宣传活动，中国国家级非遗的申请开始了。

听说可以申请"国家非物质文化遗产"了，2005 年开始，郎志丽、陈永昌老两口儿忙着为申报准备资料。郎老太太总说："为了我的申报，陈老师人家把自己的申报都耽误了。"本来一身绝活儿的陈永昌完全可以同时申请北京刻瓷的非遗，可要准备的材料太多了，如果两个人都申请肯定来不及，所以，陈永昌决定把自己的事先放下，全力支持老伴郎志丽。申报材料要求电子版，两个人谁也不会用电脑，家里年轻人又要上班没时间，六十多岁的陈永昌又开始从头学电脑。

人家陈老师不光是学电脑就行了，往电脑里打字儿得用拼音啊，英文字母那个汉语拼音我们上学那会儿还没有呢，也没学过。陈老师拿着家里孙辈的小学课本打拼音学起。我俩又去图书馆啊四处查资料，回来整理，再一个字一个字写出来打字打进电脑里，真是太难了。

——郎志丽

因为以前留的资料，还有最早在工艺美术研究所的面塑资料，"文革"时大部分给毁了，历年报刊杂志上刊登过的关于面人郎的事，郎志丽说"以前也没特意收集过，没在乎过"。所以一点一点往回找资料，对于正在学电脑、还不会用网络的老两口儿真是个巨大的工程。等好不容易弄齐了材料，交了上去，"可能因为渠道不对，也可能因为大家都是第一次，谁也弄不太清是怎么回事"，第一批申遗[10]就错过了。到了2007年，第二批申遗开始，这次很顺利，郎志丽申请的面人郎项目一下完成了区级、市级、国家级非遗三级跳。2008年2月郎志丽成为海淀区非遗项目北京面人郎传承人；4月成为北京市级非遗项目传承人；2008年6月7日，国务院公布第二批国家非物质文化遗产名录，同时公布第一批国家级非物质文化遗产扩展名录，北京地区进入名录的手工艺项目：面人（北京面人郎）[11]……

图30 非遗代表性传承人郎志丽

截至2019年,北京已有国家级、市级非遗项目200余个,翻开名录,里面不少都是郎志丽、陈永昌原来在北京工艺美术工厂甚至北京市工艺美术研究所等单位工作时候的老师傅、老同事、老朋友。比如教过郎志丽脸谱的双起翔是国家级非遗项目北京兔儿爷的传承人;郎志丽的老同事,曾和他一起去蒙特卡洛参加申奥活动的刘守本,是内画壶传承人,刘守本的师傅叶奉祺、叶晓峰又是郎绍安的老同事……后来,郎志丽的老伴儿陈永昌也成为北京刻瓷传承人……而两代面人郎100年来经历过的许多身边事几乎可以用"非遗"串起来:郎绍安生在大年三十儿,现在春节是非遗;小时候为生计卖过臭豆腐,王致和腐乳酿造技艺是非遗;年轻时在厂甸庙会卖了一个春节,挣了点钱,结了婚,厂甸庙会是非遗;1956年去伦敦表演,出国前现置办了套王麻子的小工具,王麻子剪刀锻制技艺是非遗;喜欢捏戏出儿,为了捏戏出儿,攒洋画儿、看戏,昆曲、京戏是非遗;郎志丽的第一件作品是《穆桂英挂帅》,穆桂英的传说是非遗;郎氏父女都最爱捏旧京三百六十行,走街串巷的吆喝声老北京叫卖还是非遗[12]……

郎老太太说:"现在,光我们这楼里住着的非遗的就有5个,不说申请的啊,就说那个已经批下来的项目,就有5个。"郎志丽、陈永昌住的那座加固过的红砖楼位于西直门外高梁桥北北京交通大学对面,建于1980年代,原来是辉煌一时的北京工艺美术工厂的家属楼……

注释

[1] 陈建功:《拆》,载徐勇策划、程小玲主编:《胡同九十九》,北京出版社1996年版,第77页。

[2] 梁晓声:《胡同和"长镜头"》,载《胡同九十九》,第75页。

[3] 李苍彦、王琪主编:《当代北京工艺美术大事记》,中国文联出版社2014年版,第347页。

[4] 《当代北京工艺美术大事记》,第340页。

[5] 北京市地方志编纂委员会编著:《北京志·工业卷·纺织工业志、工艺美术志》,北京出版社2002年版,第612页。

[6] 陈新增:《当代北京工艺美术史话》,当代中国出版社2013年版,第80页。

[7] 《北京志·工业卷·纺织工业志、工艺美术志》,第633页。

[8] 《北京志·工业卷·纺织工业志、工艺美术志》,第628页。

[9] 文件出自全国人大常委会法制工作委员会行政法室编著:《中华人

民共和国非物质文化遗产法释义及实用指南》，中国民主法制出版社 2011年版。

［10］2006 年 5 月 20 日，国务院公布第一批国家级非物质文化遗产名录，共 518 项，北京地区有：象牙雕刻、景泰蓝制作技艺、雕漆技艺、聚元号弓箭制作技艺、木版水印技艺等。

［11］除面人郎外还有：玉雕（北京玉雕）、北京绢花、料器（北京料器）、传统插花、琉璃烧制技艺、地毯织造（北京宫毯织造）、花丝镶嵌、金漆镶嵌髹饰、装裱修复（古字画装裱修复、古籍修复）、官式古建筑营造、皮影戏（北京皮影戏）、内画（北京内画鼻烟壶）、灯彩（北京灯彩）、家具制作技艺（京作硬木家具）、剧装戏具、风筝（北京风筝哈）等。

［12］参考自北京非物质文化遗产保护中心、北京汉声文化创意有限公司编著：《北京非物质文化遗产图典》，北京美术摄影出版社 2018 年版。

27　尾声：就想留下点儿东西给后人

从 2011 年中秋过后的那个晚上，我第一次走进郎志丽、陈永昌两位老手艺人的家，被郎老太太手中的面吸引，觉得面和手之间一定有情、有故事，9 年，已记不清在那座位于西直门外、高粱桥北、交大东门对面的 6 层红砖楼里进出过多少次，在郎家那个位于 5 层也就 60 多平方米的小三居里，开始是学艺，后来是聊天、听故事……

不会做买卖

吴：咱这楼里的人都有故事，非遗的有几个？

郎：不算申请还没批的啊，就说申请下来的，绢人这个项目，还有风筝哈哈亦琦，我和老伴儿陈老师我们俩，还有一个练八卦掌的，除了绢人，都是家传。风筝、八卦掌、面人都是国家级的，绢人这个杨乃蕙也是我们美术工厂的，原来是美校的学生，绢人做得好极了，那时候她就是病了，前些年去世了，否则要申请肯定是，现在只是项目是。陈老师要不是为了给我写材料耽误了，人家也得是国家级的。陈老师不争这个，反正也就是个名儿，咱家孩子也会，也有自己的工作，这里头勾心斗角的事也挺多，算了。

陈：2000 年以后才有了非遗的概念，原先根本没有。现在文化局非遗处和北京市旅游局合并,我们这个变成旅游工艺品了。

郎:不知道这路怎么走。

陈:我们俩从学到现在就没接触过商业上的事儿,对价格啊,怎么卖啊,不摸门儿。我们父亲那辈儿得靠卖,她父亲是走街串巷,我父亲是给瓷器店做加工。我们是不会做买卖,这也是一门学问。这也和社会大环境有关,她父亲不走街串巷,我父亲不给瓷器店干,怎么养活一家子啊?生活从哪儿来?到我们这儿,十几岁进研究所,从来没进过市场卖东西。

别说老两口儿不会做买卖,就是郎氏父女的原单位北京市工艺美术厂,不说2001年倒闭的事儿,就算是厂子最红火的时候,都不会卖东西。那时厂子只管生产,做出来的东西由外贸部门统销。据说当年丘吉尔的孙子小丘吉尔到厂参观,一眼看上一个1米多高的景泰蓝大瓶,要买,厂方说不卖,人家不理解非要买,结果厂方没办法只好层层向上级请示,直到下班才得到销售许可。卖了还没包装,小丘吉尔是肩扛着景泰蓝大瓶走的。

陈:环境改造人。我琢磨着人改造环境很困难,环境改造人,不知不觉你就绕进去了。

郎:现在生活是好了,想起地震以后,我妈都没看过电视,1978年我买的第一台电视,9寸,后来出国回来买一个松下22寸,大电视,木箱子。现在这个电视都换了几代了。生活是好了,我们就想留点东西。我们有退休费。但年轻一代再学,很难。

父辈是把活儿做好能挣着钱；到郎志丽、陈永昌那辈是拿工资没后顾之忧，把活儿做好别的不用操心；现在是这两头都没了，既没有人给工资，把活儿做好也没人买。"找到好的传承人不是说一两个人就能解决的，它需要机制。为什么现在工艺美术少有人学，原来有工厂、有产品、有一定的产品出路，工人也会因此有稳定的收入，有医疗费等等，这样就没有后顾之忧了，人就会安定下来，待在那里踏实学艺。现在有这种保障吗？"[1]这是早在2007年，接受《北京青年报》采访的时候，陈永昌和记者说的一段话。后来，老人家还说过，愿意自己掏钱供学生一年的吃喝，让学生来学，可谁愿意学呢，一年之后又怎么办呢？把手艺传下去成了老两口儿最大的心病。

发愁接班人

图31　郎志丽与徒弟李萌

吴：关于带徒弟、教学，您最早是在景山少年宫当辅导员，那时候才十八岁，之后呢？

郎：在美术厂就带学徒，72年以后，面人儿恢复后我也就开始带学徒。开始是带一个插队回来的荣振国，男的。后来又带了一个乔桂荣，女的。乔桂荣有时候跟我爸学。还带了一个本厂职工子女，苏艳敏。后来又有陈静。之后又有个男孩子，陈奇，后来随他父亲去香港了。就这五个学徒。退休后，带了李萌、你（吴欣还），在家里头上课，还有时间不长的也有几个。

吴：这几个现在还捏的有谁？

郎：没谁了吧，就李萌。剩下的都是家里的人了。这个得有市场。我经营这方面不行，一开始学就是在单位，经营方面完全不行，跟我学的人这方面我也帮不了他们什么。所以现在销路是问题。

吴：您现在还经常去学校教课？

郎：非遗定下来后，非遗进校园，萌萌（李萌）帮我联系的。北医附小和农科附小，萌萌也上我也上。她怀孕生孩子去不了的时候，我和我女儿、外孙女去，别把俩学校丢了。坚持着。现在小学是三个。

吴：在学校是一周一次？兴趣小组？

郎：对，一次一个小时。

吴：教孩子捏是用面？

郎：用纸黏土。孩子不珍惜面，恨不能一袋面就捏一个，你让他捏小点他也不听。咱们这做面也费劲，挑米磨面过细箩筛。等他们要有兴趣想进一步学，知道不容易了，再用面。先普及，纸黏土比较合适。

吴：每次怎么教？

郎：做几个样子。李萌买了小摄影棚，把我做的一步一步地拍下来,在学校在屏幕上放。揪什么面,怎么揉怎么搓,捏什么形状,一步一步地放映,这样教。有电脑好教多了。后来我也买了个小摄影棚,我第一步捏什么,陈老师"哢叽"给我照了,再第二步搓鼻子,照下来;再安上,再照下来。然后都放在U盘里。我现在不会使学校那个放映设备,我上课的时候都是陈老师跟着。

吴:陈老师对您太好了,您上课还有一助教。

郎:嗯,老伴儿老伴儿,这会儿真体现出来了。从我病了以后,我上课他都跟着我。原来小学那也有刻瓷,教了一年,但声音大,当当当的,人家给停了,所以他没课,就跟着我。

吴:别的不说,就冲陈老师跟您这样,您这辈子就非常幸福。难得。

图32　郎志丽在农科附小教面人儿

正说着，陈老师从外间屋掏着耳朵进来了。

陈：快，麻烦你拿镊子帮我个忙，棉签儿进耳朵了。快帮我夹出来。

郎：哈哈，那棉签儿，你使的时候怎么不看看松紧啊？那个大镊子行吗？哈哈！冲亮儿，夹出来了。陈老师这两天耳朵正不好呢，才去的医院，本来就听不见，再堵一棉花球儿……哈哈，一天净出故事……

图 33 老两口儿日常，吴欣还摄影

北京艺术家庭、北下关才艺老人

作为国家级非遗传承人，郎志丽获奖无数，从国际的、国家的到地区的全有。看到"北京艺术家庭""北下关才艺老人"的证书奖杯，觉得这两个"小小"的奖很可爱，完全就是郎老师和陈老师老两口儿和他们的家。郎老太太不看重这些,她总说,过的好坏也不是给别人看的,自己满足就成了,但如果有可能,她想让父母看到现在的自己过得很好,好放心。

原来结婚开始爹妈不同意。我爸他们觉得陈老师他们家就他这么一个男孩子,别宠坏了,怕我过去受欺负。过得好坏只有自己知道,也不是给别人看的,也没必要和别人说,自己满足了就成了。我爸妈要是看见现在这样也会放心……现在要能告诉他们就好了。当然他们也没真的不同意,生了孩子还给我们带着……

——郎志丽

现在的郎志丽和陈永昌两个人住在这个小三居里很知足,还有只叫悠悠的小狗。就是住五层,老楼没电梯,每天爬上爬下,越来越吃力了。

吴:您这房住了得有 30 多年了吧?

陈:嗯,这房还是美术厂分的,可以买的时候加上我俩工龄折合的才两万多。她也没在家,我凑两万买的。

郎:现在一平米得一万吧。

陈:一万?六万多!

郎:我从小就不会算账。

陈:您是现在钱多了算不过来了。

郎:哈哈,你踩咕我。

陈:哈哈,她退的时候(1992 年)退休金才 100 多,现在(2019

年）4300，做梦也做不到这儿啊？

郎：我不做这梦，有你给我呢，我不想这个，哈哈。

吴：您二老最逗了，平时就这么逗啊。

郎：平时我俩各是各的，他那屋我这屋，各干各的。

陈：没啥新鲜的。

各干各的，就是郎老太太在里间屋捏面人儿，安安静静，老伴儿陈老爷子在外间屋刻瓷，当当当当。老两口儿的共同想法是：多留下点儿东西。不为了卖，他们说给孩子留钱，一花就没了，不如留下东西，一是个念想，二可以让后人知道还有这么个东西。年近八十，两位老人家都有些力不从心。2018 年，郎老太太刚经历一次中风，捏不了面人儿，正从捏花篮练起；而老伴儿，年轻时半个月出一件作品，现在一个礼拜刻一条线也是常事……

吴：您希望您的孩子继承您的这个手艺吗？

郎：郎家我这辈的现在还有六个，都会捏面人儿，他们的再下一代也有不少会的，像（郎）志英的两个女儿，（郎）志春的儿子。我闺女跟我学的面人儿，儿子跟陈老师学的刻瓷，他们有自己的工

图 34　郎志丽与女儿陈君一起捏面人儿

图35 郎志丽教外孙女高雅淇

作,但都会了。我闺女的闺女,外孙女高雅淇,也会,再往后就看自己深造了。手艺反正我交给你们了,再往后看他们了。他们不姓郎,但学的是"面人郎"的手艺。我就想多教点人,甭管他姓什么。因为如果你只教一个,只教姓郎的,那好坏就是他了,可你要多教几个呢,就有可能有更好的。外孙女雅淇就说,姥姥别着急,再谁学它也是郎家的手艺,谁做得好都是往下传承。孩子们说得多好。现在侄子郎佳子彧、外孙女高雅淇也都被评上区级非遗北京面人郎传承人了。

还是在那个有点转不开身儿的三居室,里间、外间各有一个大柜子,外间的柜子顶天立地,占了整整一面墙,满满当当,只有小三分之一是刻瓷,剩下三分之二都是郎志丽的面塑。郎老太太指着柜子:

这个戏出儿坐宫是我爸爸的,这个穆桂英是师爷送我的,陈老师去上海带回来的,这个哼哈二将是我爸爸的,大肚子弥勒佛是我师爷的。家里就这四件宝贝。剩下的这些都是我做的,司马光砸缸、红楼梦这些个故事,还有这些个剃头的、锅锅锔碗的这些民俗的……

图 36 郎家大柜子

郎家里屋外屋各有一个占一面墙的柜子,放的小面人儿没人能说得清有多少个,而这还只是郎志丽作品的一部分,太多了,不可能都摆出来。

《司马光砸缸》,我看着格外亲切,这是郎老师教给我们做的第一个历史典故,第一个有好几个人物又有情景的成组的面人儿。

郎:嗯,这里还有个故事。原来我爸也老做这个司马光砸缸,年轻的时候就做。我记得大概 1960 年的时候,我认识一人她说她们家有组面人儿,是司马光这个,我爸就让我看看是不是我爸做的,如果是就跟人家商量以旧换新,我爸再新做一个给人家。后来一看果然是,人家听了还特好,说给我们也成……这么着,1962 年把旧的换回来了,这个活儿是 1940 年前后的,到现在快 80 年了都,还很好,在我弟弟那儿。

吴:您这些北京街头的面人儿是照着您父亲以前捏的三百六十行捏的?

郎:不用,那还用照着,我小时候这些个都有啊,天天看。我闺女她们估计都没见过了。这个贝壳的是上外面吃完饭,我跟儿子说拿俩贝壳,万一回来琢磨琢磨做个活儿呢。做了那个八仙过海,放在生蚝壳里了。还有这个砗磲,儿子去海南正好遇见买回来,我也用上了。

吴:您家里这两面墙的柜子一多半都是您的面人儿,给陈老师就留那么点儿地方?

郎:原来都是我的,他没申报非遗的时候,这不人家申报成了咱就得自觉点儿,往下撤了点儿东西给人家腾地方。

吴:这还是您特意腾的地儿,要不连这个也没有?

郎:哈哈哈。他的柜子里还有我的一个多宝阁。我这东西实在没地方放。那个(指后面柜子上面)是我新做的一个花篮,这不中风了吗,手有点不听使唤,正恢复呢,练手(花篮上写1949—2019)……

2019年中秋,我又来到郎老太太家,老人家又因为站在凳子上拿玻璃罩摔断了脊椎。"这都是两个月前的事儿了,现在好多了,没敢告诉你,这不带着这个'刑具'也能走走,还能做点活儿。"老太太说的"刑具"是固定脊椎的支架,"我正画面人儿脸谱呢,想做100个,组成个寿字"。做花脸从贴彩塑面条到直接往捏好的脸上勾画颜色,这是郎志丽的

图37 摔伤后的郎志丽

创新,什么三块瓦、碎花脸、元宝脸等等这些谱式不能弄错,"我就是想给后人留个样子。你问工匠精神,我就知道我一辈子只干了捏面人儿这一件事,还没干够,无论干什么我脑子里想的全是它。我想把这个手艺一代一代传下去……"

老人身后,还是那个大柜子,到 2020 年中秋,那里面又添了几个戴口罩的小面人儿……大柜子里的东西我也不知看过多少回,还是没有看全过,也数不清到底有多少个,但我越看越懂得,层层叠叠的小面人儿,正讲着郎家的 100 年,北京面人郎手艺的 100 年。

图 38 《2020 年疫情》,郎志丽作品

注释

[1] 张倩:《葫芦里面乾坤大》,《北京青年报》2007 年 6 月 12 日。

后面的话：什么是北京面人郎的黄金时代？

在本书一开始"前面的话"里曾打了个比方："无论是手艺人还是作家艺术家，都是曾经的老北京这棵大树上的虫儿，树供养着虫儿，虫儿也改变着树。让大树上多一个小虫说说话，认真记下来，不求清晰，但求贴切，可以回放出一点点被揉捏进面人儿的旧光阴。"

从深秋到隆冬，郎家不时响起蝈蝈的鸣叫。郎绍安、郎志丽两代面人郎都曾捏过《玉米蝈蝈》，金黄的老玉米上趴着一只老北京人喜欢的铁蝈蝈，蓝头绿身，肚鼓膀子宽，触须、挠钩、爪花分明，尤其是一对薄薄的翅膀，轻轻碰在一起，仿佛鸣声就响在耳边。在郎家聊着往事，听着虫鸣，正是——络纬啼残，凉秋已到，豆棚瓜架，声声慢诉[1]……

图 39 《玉米蝈蝈》，郎志丽作品，宋朝辉摄影

什么是北京面人郎的黄金时代？

回望旧光阴，看郎家，看京城手艺人，看北京城的变迁起落，再次想起书中反复提起的一个问题：什么是郎家、郎氏面人儿、老北京街头手艺人的"黄金时代"？

从第一代面人郎郎绍安开始学手艺，到今天已走过100年，张恨水在《小月旦》说人生一世，总有一个比较好的日子，这个日子就叫作黄金时代。照这个定义面人郎的"黄金时代"，是1920年代？十几岁的郎绍安在白塔寺庙会上爱上捏面人儿，和师傅饿着肚子学手艺；是1930、1940年代？背着箱子大马扎儿，走街串巷，胡同口庙会里卖面人儿，捏得要好，手又要快，从民间传说到戏出儿故事，从街头小景到花鸟鱼虫，什么好卖捏什么，面人郎扬名厂甸，但也一天卖不出去一天没饭吃；是1950、1960年代？因为朱德的一句话，民间老艺人坐进了办公室，面人儿进了美术服务部的玻璃柜台，手艺展示在报刊上乃至英国的展览会上，郎志丽进了研究所，踏踏实实跟父亲学手艺，从老师傅到小学徒，全都挣工资，再也不用发生计的愁；是1970年代末、1980年代初？郎绍安从"文革"中拉煤球、挖防空洞，到平反后又凭记忆创作早已消失的老北京三百六十行；是1980年代到1990年代？郎志丽频繁出国做面塑表演，还是2008年前后？面人郎进入国家级非物质文化遗产名录。

什么是最好的年代，什么是最坏的年代，什么是面人郎的黄金年代，看了故事，每个人都有自己的答案。

2009年3月10日，北京工美行业协会、北京民间文艺家协会、北京玩具协会联合下发《关于授予张同禄等二十三位同志以姓氏命名的艺术流派誉名的决定》：决定面人郎（郎志丽），还有张氏景泰蓝（张同禄）、葡萄常（常弘、常燕）、风筝哈（哈亦琦）、脸谱双（双起翔）等都可以用姓氏命名了。[2]前文说过："手艺人，把你从事的行当后面加上姓，比如泥人张、风筝哈、葡萄常，那不是随便叫的，那是响当当的名号，手艺得好，按冯骥才的话说就是'手艺人靠的是手，手上就必得有绝活。有绝活的，吃荤，亮堂，站在大街中央；没能耐的，吃素，发蔫，靠边呆着'。"[3]打80年前，郎绍安去青岛第一次靠面人儿闯江湖，又回北京扬名厂甸，北京三百六十行里，手艺人的江湖中就开始有了面人郎这一号。如今，多个协会组织联合下发了文件正式命名了面人郎、葡萄常、风筝哈……可如果再问一次本书一开始就问的那个问题——如果你是北京人，在你小时候的记忆里，有面人儿吗？你的答案是？

面人儿与手办，谁是"更高明的老师"

记得有一回去郎家，看见郎老太太在修一个吃麦当劳套餐赠送的小玩偶，她说："这种事儿太多了，家里孩子喜欢外面这些个小玩意儿，攒着，要玩儿的哪儿坏了就找我来，我就给粘粘弄弄，要缺胳膊腿儿了，拿面做一个，跟好的一样，看不出来。别的不会，咱们不是干这个的吗，顺手儿。"

看郎家那个放满面人儿的大柜子里，关公旁边站着一排美国《花生漫画》里的史努比，穿肚兜儿抱鲤鱼的中国娃娃旁边游着迪士尼《海底总动员》里的小尼莫……一件件面塑因为地方太小，只好挤在一处，比关公战秦琼还远十万八千里。看得出，郎老太太前些年也试着捏了些国外动画片里的形象,都是动漫里的大 IP,因为现在小孩儿不都看这些吗?不光是小孩儿,现在不少成年人热衷收藏的手办、盲盒[4]不就是树脂材料、批量生产的人偶吗?可是面人儿呢?曾几何时,一个个用手捏出来,每个和每个都不一样的小面人儿,是多少儿童愉悦又充满幻想的记忆!

在"前面的话"里,引用过1910年代在北京的小女孩儿冰心对面人儿的记忆,她说:"这都是面人郎小时候最熟悉的北京街头巷尾的一切,也是我自己童年所熟悉的一切,当我重新看见这些形象的时候,心头涌起的却是甜柔与辛酸杂揉的味道……"再来看看1910年代的北京小男孩儿萧乾怎么说:

我的艺术教育最早是在庙会里受的……走进庙门就像是进入了童话世界。这里有三尺长的大风筝——沙雁或是龙睛鱼,有串成朝珠一般可以挂在脖子上的山里红;有香甜可口的驴打滚,也有一个大子儿一碗的豆汁……还有算灵卦的,捏面人儿的……在庙会这个课堂里,我往往也是个交不起学费的穷学生……[5]

庙会就是萧乾最早的课堂,这里面包括小面人儿。到1940年代时,北京小男孩儿徐城北依然有着类似的记忆,讲夏天逛什刹海,专门说起了捏面人儿的:

这些小商品花花绿绿,总是洋溢着一种淳朴民风,其中也有些小手工艺品,材料未必多值钱,但手工终究不容易。比如捏面人儿的,卖者总是个大男人啊,居然那双手一摆弄手中的小工具,左一按右一压的，小小彩色的面团，就千变万化成为各种各样的古装戏人儿——这个是关公，那个是秦琼，再一个是战马，以至还有长枪和大刀……他们和被捏成的"它们"，给童年的我以多大的愉悦。[6]

看似东一榔头西一棒子的小面人儿，曾拉扯、衍生出多少故事，又给孩子的好奇心、想象力扩展了多大的空间，这些个小面人儿，依托的不正是一个个中国传统文化中的超级大 IP！此时正静静待在郎家大柜子里的"被捏成的它们"，曾经诞生在庙会上，行走在胡同间，捧在小男孩儿小女孩儿的手里头，故事也不知不觉记在孩子心里头。徐城北曾说庙会是不照本宣科的"老师"，是"更高明的老师"——他知道你爱玩，更知道你还是个"男孩儿"，于是在教育你时就充分考虑到你的年纪和天性，让你随意，让你尽兴，让你在"玩儿"中得到一切。这老师里，有面人儿，有捏面人儿的人。

冰心、萧乾、徐城北们的童年记忆随着他们那几代人陆续远去。最新版的冰心文集《小桔灯》[7]里已经没有了《"面人郎"访问记》，中学课本里也不见了这篇文章。如今，北京孩子们"更高明的老师"又是谁？是速食店随套餐赠送的食玩，是知名动漫、游戏衍生的手办，还是蒙着买等着惊喜的盲盒呢？成为非遗项目的面人儿早已退出了新一代北京人的童年记忆，成为被保护的对象是否就可以让小面人儿重获新生？郎志丽说"不知道路怎么走"，老伴儿陈永昌总说"环境改造人。我琢磨着人改造环境很困难，环境改造人，不知不觉你就绕进去了"。究竟谁改变着谁？这就从"树供养的虫"说回到了"虫依托的树"，老北京这棵大树。这个问题让我想到郎氏面人儿的诞生地——白塔寺，从 2013 年开始，那里正进行着一个"再生计划"。

由"白塔寺再生计划"再谈人与城

2018年4月25日,《北京晨报》刊出一则消息:《老人老地儿传承老味道·西城白塔寺社区会客厅帮老街坊找回忆 "最美大街"会以最美方式呈现》:

玻璃柜台上放着的台秤、算盘和玻璃糖果罐,里面放的是酸三色水果糖;货柜上方摆放着缝纫机,还有80后熟悉的饼干筒……位于西城区阜内大街白塔寺西侧胡同内的白塔寺社区会客厅,上下两层120多平方米的屋子,成了街坊邻居最爱去的地方。做饭、会客、联谊,甚至连胡同里的小学生写作业都用上了。西城区采取多种举措落实新版城市总规划,推动历史文化名城保护和老城提升,让老街坊惊喜地找回了以前的记忆。

这是从2013年就开始的名为"白塔寺再生计划"的一部分,这个计划就是通过对阜成门内白塔寺地区"传统院落的修缮整治、挖掘并引入文化触媒,复兴区域胡同文化,在胡同中,在院落中,重新找回传统的居住理想,并探索和开辟一条新的城市升级和社区复兴发展之路"[8]。"白塔寺再生计划"追求的就是"老人,老地,老味"。2018年春节前后,在白塔寺会客厅里还办了届"微庙会",上演了8天的文化记忆活动。到2018年9月,"白塔寺再生计划"又成为北京国际设计周重要的分会场,各路专家在这里探讨着四合院修缮示范、文化记忆挖掘……

那个白塔寺会客厅就临着宫门口东岔胡同口,附近的宫门口横四条、针线胡同,是郎家住过大半辈子的地方。郎老太太不知道有设计周、再生计划什么的,就说 2018 年自己中风后恢复身体,想多走走,让闺女陪着去了一趟阜成门内、白塔寺,到了,不认识了。知道阜成门内大街南边父亲的出生地大喜鹊胡同,自己结婚后住过的北太常都没了,六十多条胡同换了一条金融街,可阜成门内大街北边白塔寺这边也有点儿找不着路了。原来的针线胡同的名字没有了,都叫宫门口西岔了;横四条现在叫作青塔胡同,郎家住了有半个世纪的横四条三清观现在的门牌号是青塔胡同 65 号。院门锁着,里面所有的住家已经全腾退了,从围挡往里看,各时代私搭乱建的简易房凌乱不堪,也看不出旧时的什么,只有那棵一人抱不过来的大槐树,郎老太太说"记得记得"。三清观说是要作为文物重建了,而白塔寺这一带也成为北京白塔寺文化保护区。

图 40　白塔寺宫门口

2019 年 10 月的白塔寺宫门口,这一带已成为胡同文化保护区。

"人情绵绵的北京胡同早晚会渐渐消失的,直至剩下一块圈起的游览区、保留地……"[9]这是早在20世纪90年代初,张承志说的,他说"只有钻进北京的胡同才觉得心里踏实。这里起码有一点人的气味"。

问胡同里的老住户郎老太太再去白塔寺觉得和小时候有什么不一样,老人家突然冒出一句——"我觉着白塔寺好像矮了,山门陷到地里了"。其实,从1997年"打开山门亮出白塔"行动拆了门前的副食店,山门好歹是露出来了。不是塔矮了、庙陷了,而是因为一次一次修路,阜成门内大街的地基越来越高了。按北京出生的作家过士行的话说就是"北京的胡同老了,白塔寺土埋半截,连东西筒子河畔的紫禁城城墙都不见了脚面。每修一次路,老北京就矮人三分"[10]。而同为作家但从没住过胡同的外乡人何志云曾说过,自己"在地道的北京人面前,永没有开口的那份自信……"[11]如今,那份自信,北京人自己还有吗?

季羡林说过一句特别可爱的话:"我爱北京的小胡同,北京的小胡同也爱我。"那是怎样的一种踏实和底气啊!小胡同和从小胡同诞生的小面人儿也曾经这样互相爱着吧。消失的胡同可以再生吗?已不在孩子记忆当中的小面人儿可以再生吗?它们之间那种踏实又接地气、有底气的爱可以再生吗?

在本书"人杰地灵阜成门"一节里说到人与城,引用了林语堂的一句话:"多少代人通过自己的生活方式和创造成就给这个城市留下宝贵遗产,并把自己的性格融于整个城市。"照这个说法,在如今应该已性情大变了的北京城里,原先的曾塑造过这个城的手艺人又当如何自处呢?冯骥才说:"城市和人一样,也有记忆,因为它有完整的生命历史……一代代人创造了它之后纷纷离去,却把记忆留在了城市中。"[12]如果城面目全非,那人是否也会失忆,就像郎老太太那样,有点找不到原来的家了……

雪可赏乎?亦可吊乎?

又一次从西直门外郎家出来,奔城里走,就是奔二环路西直门走,必然要经过高梁桥,这里有 700 年前刘伯温刚建北京城时的典故——高亮赶水,高亮追上了龙王讨回了北京城的水,却因为一回头,被大水吞没。也许时过境迁,往事真的不可回头再来。又一次想起老北京那副对联儿:

自街东望街西,恍若无,恍若见,
由城南往城北,朝而出,暮而归。

本书回望了面人郎的 100 年,在"前面的话"里笔者说过这是本"揉捏"出来的书,汪曾祺曾把写作比作揉面,"水和面粉本来是不相干的,多揉揉,水和面的分子就发生了变化,写作也是这样"[13],但愿本书也能做到一二。又想起郎志丽家从粗到细的磨刀石和大大小小筛面的箩,老太太说工具要随时磨,面得一遍一遍筛,马虎不得……郎家的故事、手艺,郎家身边的手艺人,郎家世代居住的北京城……一遍遍磨过、筛过,书中的叙述肯定是片面甚至带有"偏见"的。1928 年,张恨水曾写隆冬的北京城,大雪,屋里一少爷说:"妙极了,到北海看雪去,多带几卷胶卷。"屋外门洞里两个顿着脚的车夫说："妈的，晚上还要下雪，就没法子拉了。"一刻之间，一屋之地，个人所对之天气一样，而意见不齐。雪可赏乎？亦可吊乎？[14]所以，也许有时"片面与偏见"就是另一种真实，或者离真实更近一些也说不定。

回到捏面人儿，这类来自民间的"雕虫小技"对文人是长物，对郎家、对手艺人是吃饭的本钱，对孩子则是最具想象力的玩具。这并不矛盾，老舍说自己小时候没有任何玩具，"当家里偶尔吃顿白面的时候，给我一点，揉好了的面，就是我的玩艺儿"，还说"能把面块翻来覆去地揉捏，捏成我以为形态很正的小鸡小鱼与各样的东西"。[15]林语堂则说过，"我宁愿学校中教授儿童做些泥塑手工"，"以为这样实在较胜于少数几个艺术家为了职业关系而从事这些工作"。[16]最后借用约翰·杜威的一句话："如果人们始终抱着游戏的态度去工作，工作将会变成艺术。"[17]没准儿，等业余主义、游戏精神广泛存在的时候，就是捏面人儿这类"雕虫小技"未来的黄金时代呢？

注释

[1]（清）郭廪：《琐寒窗咏蝈蝈》。

[2]李苍彦、王琪主编：《当代北京工艺美术大事记》，中国文联出版社2014年版，第403页。

[3]见本书"'黄金十年'面人郎"一节。

[4]盲盒里通常装的是动漫里或单独设计的玩偶，因为买前不可以打开，只有买回来拆开才知道里面是什么，所以叫盲盒。

[5]萧乾：《东方赤子·大家丛书：萧乾卷》，华文出版社1998年版，第63—65页。

[6]徐城北:《童年印象》,载金子成主编:《北京西城往事》,作家出版社2005年版,第319页。

[7]冰心:《小桔灯》,云南人民出版社2016年版。

[8]李海霞:《小院重生"味儿"不变》,《北京晚报》2016年10月13日。

[9]张承志:《网状胡同》,载徐勇策划、程小玲主编:《胡同九十九》,北京出版社1996年版,第71页。

[10]过士行:《北京的胡同》,载《胡同九十九》,第86页。

[11]何志云:《雨夜的跨越》,载《胡同九十九》,第79页。

[12]冯骥才:《为文化保护立言》,文化艺术出版社2017年版,"城市为什么要有记忆"。

[13]汪曾祺:《晚翠文谈》,载《汪曾祺集》,河南文艺出版社2017年版,"揉面"——谈语言。

[14]张恨水:《小月旦》,时代文艺出版社2015年版,第160页。

[15]老舍:《小人物自述》,载舒乙选编:《老舍讲北京》,北京出版社2005年版,第120页。

[16]林语堂:《生活的艺术》,载《林语堂经典作品集》,中南博集天卷文化传媒有限公司2016年版。

[17]〔美〕理查德·桑内特:《匠人》,李继宏译,上海译文出版社2015年版,"结语 哲学作坊"。

参考书目

1. 冰心：《小桔灯》，人民文学出版社1978年版。
2. 姜德明编：《北京乎》（上、下），生活·读书·新知三联书店1992年版。
3. 茶乌龙主编：《知日·不朽的匠人》，中信出版集团2018年版。
4. 张北海：《侠隐》，上海人民出版社2018年版。
5. 老舍：《正红旗下》，天津人民出版社2017年版。
6. 中国人民政治协商会议北京市委员会文史资料研究委员会编：《文史资料选编》第十六辑，北京出版社1983年版。
7. 北京市西城区文史学会编：《西城史迹：辛亥前后三十年》，团结出版社2011年版。
8. 朱耀廷主编：《北京文化史研究》，光明日报出版社2008年版。
9. 张中行：《步痕心影》，中国旅游出版社2000年版。
10. 陆昕选编：《张中行讲北京》，北京出版社2005年版。
11. 北京燕山出版社编：《旧京人物与风情》，北京燕山出版社1996年版。
12. 张清常：《北京街巷名称史话》，北京语言文化大学出版社1997年版。
13. 刘小萌：《旗人史话》，社会科学文献出版社2011年版。

14. 北京市西城区档案局（馆）编：《北京西城往事》第五卷，2012年版，资料汇编。

15. 金醉：《北洋夜行记》，长江文艺出版社2017年版。

16. 王隐菊、田光远、金应元编著：《旧都三百六十行》，北京旅游出版社1986年版。

17. 〔瑞典〕喜仁龙：《北京的城墙与城门》，邓可译，北京联合出版公司2017年版。

18. 赵晓阳编：《旧京歌谣》，北京图书馆出版社2006年版。

19. 张恨水：《小月旦》，时代文艺出版社2015年版。

20. 常人春：《老北京的风俗》，北京燕山出版社1990年版。

21. 〔美〕萨莫尔·维克多·康斯坦：《京都叫卖图》，陶立译，北京图书馆出版社1994年版。

22. 翟鸿起：《老北京的街头巷尾》，中国书店1997年版。

23. 梁实秋：《雅舍小品》，陕西师范大学出版总社有限公司2011年版。

24. 陈鸿年：《北平风物》，九州出版社2016年版。

25. 刘喜峰、曲铁夫、李英荔、戴正光、张凌波编著：《名人忆童年·中国卷》，哈尔滨出版社2000年版。

26. 翁偶虹：《北京话旧》，百花文艺出版社1985年版。

27. 齐如山：《北京三百六十行》，中华书局2015年版。

28. 陈独秀主编：《新青年》第4卷第1号，1918年1月15日。

29. 侯仁之主编：《北京历史地图集》人文社会卷，文津出版社2013年版。

30. 陈凯峰：《沪上奇葩：海派面塑》，中州古籍出版社2017年版。

31. 舒乙选编：《老舍讲北京》，北京出版社 2005 年版。

32. 陶亢德编：《北平一顾》，宇宙风社 1936 年版。

33. 徐勇策划，程小玲主编：《胡同九十九》，北京出版社 1996 年版。

34. 〔瑞典〕喜仁龙：《北京的城墙和城门》，许永全译，北京燕山出版社 1985 年版。

35. 北京西城区档案馆编：《北京西城往事》第二部，2007 年版。

36. 林语堂：《林语堂经典作品集》，中南博集天卷文化传媒有限公司 2016 年版。

37. 蒋梦麟：《西潮·新潮：蒋梦麟回忆录》，新星出版社 2016 年版。

38. 胡玉远主编：《燕都说故》，北京燕山出版社 1996 年版。

39. 周简段：《画坛旧事》，新星出版社 2017 年版。

40. 北京市地方志编纂委员会编著：《北京志·工业卷·纺织工业志、工艺美术志》，北京出版社 2002 年版。

41. 齐如山：《北平杂记》，当代中国出版社 2015 年版。

42. 齐白石口述：《白石老人自述》，张次溪笔录，生活·读书·新知三联书店 2014 年版。

43. 老向：《庶务日记》，华夏出版社 2011 年版。

44. 北京汉声文化信息咨询有限公司：《惠山泥人》，吉林美术出版社 2005 年版。

45. 徐城北：《老北京：巷陌民风》，江苏美术出版社 1999 年版。

46. 徐城北：《老北京：帝都遗韵》，江苏美术出版社 1998 年版。

47. 沈国平主编：《老香烟牌子：京剧》，上海文化出版社 2012

年版。

48. 马芷庠:《老北京旅行指南》(《北平旅行指南》重排本),北京燕山出版社 1997 年版。

49. 冯骥才:《俗世奇人》,作家出版社 2000 年版。

50. 刘闻选编:《刘叶秋讲北京》,北京出版社 2005 年版。

51. 薄松年:《中国民间美术》,三民书局股份有限公司 2011 年版。

52. 曾毅著,王金昌整理:《北平日记》,人民出版社 2015 年版。

53. 北京市西城区档案局(馆)编:《北京西城往事 8》,2015 年版。

54. 中国人民政治协商会议北京市委员会文史资料研究委员会编:《文史资料选编》第二十九辑,北京出版社 1986 年版。

55. 北京市西城区档案馆编:《北京西城往事 3》,中国文史出版社 2008 年版。

56. 喻世长著,王金昌整理:《建国日记》,东方出版社 2009 年版。

57. 汪曾祺:《胡同文化——摄影艺术集〈胡同文化之没〉序》,载《汪曾祺集》,河南文艺出版社 2018 年版。

58. 金子成主编:《北京西城往事》,作家出版社 2005 年版。

59. 孔庆普:《北京的城楼与牌楼结构考察》,东方出版社 2014 年版。

60. 中共北京市委党史研究室、中共西城区委党史资料征集办公室编:《西城建设史》,北京出版社 2008 年版。

61. 白少川:《北京粮票简史》,煤炭工业出版社 2000 年版。

62. 李苍彦、王琪主编:《当代北京工艺美术大事记》,中国文联出版社 2014 年版。

63. 王军:《城记》,生活·读书·新知三联书店 2003 年版。

64. 金受申：《老北京的生活》，北京出版社 1989 年版。

65.〔英〕阿加莎·克里斯蒂：《马普尔小姐探案全集》，新星出版社 2017 年版。

66.〔美〕理查德·桑内特：《匠人》，李继宏译，上海译文出版社 2015 年版。

67. 陈新增：《当代北京工艺美术史话》，当代中国出版社 2013 年版。

68. 周一兴主编：《当代北京大事记 1949—2003》，当代中国出版社 2003 年版。

69. 叶圣陶：《小记十篇》，百花文艺出版社 1958 年版。

70. 王蒙：《王蒙自传：1. 半生多事》，花城出版社 2006 年版。

71. 李德生、苑焕乔：《烟画老北京 360 行》，北京大学出版社 2016 年版。

72. 北京市工艺美术研究所编著：《北京刻瓷》，轻工业出版社 1959 年版。

73. 定宜庄：《北京口述史》，北京出版社 2017 年版。

74.〔加〕玛格雷特·麦克米兰：《当尼克松遇上毛泽东：改变世界的一周》，温洽溢译，天津人民出版社 2017 年版。

75. 余秋雨：《借我一生》，作家出版社 2004 年版。

76. 查建英：《八十年代访谈录》，生活·读书·新知三联书店 2006 年版。

77.《新周刊》杂志编：《我的故乡在八十年代》，中信出版社 2014 年版。

78. 全国人大常委会法制工作委员会行政法室编著：《中华人民共

和国非物质文化遗产法释义及实用指南》，中国民主法制出版社 2011 年版。

79. 北京非物质文化遗产保护中心、北京汉声文化创意有限公司编著：《北京非物质文化遗产图典》，北京美术摄影出版社 2018 年版。

80. 萧乾：《东方赤子·大家丛书：萧乾卷》，华文出版社 1998 年版。

81. 冯骥才：《为文化保护立言》，文化艺术出版社 2017 年版。

82. 汪曾祺：《晚翠文谈》，载《汪曾祺集》，河南文艺出版社 2017 年版。

83. 冰心：《小桔灯》，云南人民出版社 2016 年版。

84. 冰心：《小桔灯》（中小学语文新课标同步必读丛书），北京时代华文书局 2016 年版。

85. 王冠英：《中国古代民间工艺》，载任继愈主编：《中国文化史知识丛书》，中共中央党校出版社 1991 年版。

86. 余世存著，老树绘：《时间之书：余世存说二十四节气》，中国友谊出版公司 2017 年版。

87. 汉声杂志社编著：《最美最美的中国童话》，江苏美术出版社 2012 年版。

88. 李济宁、金开诚：《古代农业》，吉林文史出版社 2010 年版。

89. 周简段：《民俗话旧》，新星出版社 2017 年版。

90. 唐家路、杨传杰：《山东曹县江米人·王锡金》，海天出版社 2017 年版。

91. 吕思勉：《国学知识大全》，吉林出版集团有限公司 2012 年版。

文章

1. 郎绍安口述,郎志丽、冯国定、张子和执笔:《我的面塑艺术生涯》,载中国人民政治协商会议北京市委员会文史资料研究委员会编:《文史资料选编》第十六辑,北京出版社 1983 年版。

2. 郎绍安口述:《面人郎自传》,1979 年,金静文整理。

3. 郎绍安口述:《我的一生》,1992 年,记录者佚名。

4. 冰心:《"面人郎"访问记》,1957 年。

5. 巩华:《面塑生涯》,《纵横》1989 年第 5 期。

附录1 郎绍安、郎志丽大事记

1910年

2月9日（清宣统元年农历己酉大年三十），郎绍安出生在北京阜成门内大喜鹊胡同，满族镶红旗家庭。

1915年—1919年

郎绍安上私塾又入官学，后因母亲病逝失学。

1920年—1921年

郎绍安在北京街头做小买卖，卖臭豆腐、卖半空儿，学过做信封，去天津学过石印技术，干一切儿童力所能及的事，甚至拉过洋车。家搬至白塔寺宫门口横四条三清观。

1922年—1925年

郎绍安在北京白塔寺拜师赵阔明学做面人儿，他做了箱子并安上"郎绍安承做面人坚固耐久"的铜牌，开始在北京、天津街头卖面人儿兼拉洋车，做其他小买卖。

1926年—1930年

郎绍安在北京消防队工作，同时做面人儿生意，苦练面人儿技艺。

1930年—1931年

郎绍安在青岛做面人儿生意，纯凭捏面人儿挣钱生活。

1931年—1937年

郎绍安在北平做面人儿生意。1935年，郎绍安在北平物产展览会上面塑作品获一等奖。在厂甸第一次被叫面人郎。

1937 年

郎绍安与赵淑清在北平三清观家中结婚。

1937 年—1939 年

郎绍安与妻子在上海做面人儿生意，其间，1939 年郎绍安长女郎志英在上海出生。

1939 年

郎绍安携妻女从上海回到北平。

1940 年

郎绍安父亲郎成泰去世。

1940 年—1945 年

郎绍安在北平做面人儿生意。

1942 年

郎绍安三女儿郎志丽出生。

1945 年—1948 年

郎绍安带全家在西北、东北等地做面人儿生意。

1948 年

郎绍安带全家回北平谋生，做小买卖，卖炸丸子、贴饼子。

1949 年—1950 年

郎绍安在北京做面人儿生意，郎志丽姐妹也跟着父亲下街，捏点小玩意儿。

1950 年

郎绍安在北京戏曲改进局当合同工。

1951 年—1953 年

郎绍安在北京做面人儿生意。1953 年，被说浪费面，不让捏面人儿了，郎绍安自杀后被救。

1953 年—1954 年

郎绍安全家在北京白塔寺一带卖烤白薯。

1954 年

郎绍安面塑《智取华山》参加在中山公园的展览会，被朱德看到，让其"归队"。

1955 年

郎绍安在北京市手工业经理部从事面塑工作，结束了漂泊生活。其间，1955 年 4 月 17 日《北京日报》发表《我一定好好学习，多捏新样式的面人》，署名：老艺人郎绍安。

1956 年

郎绍安在北京市工艺美术服务部从事面塑工作；8 月，去伦敦参加英国伦敦手工艺品家庭爱好品国际展览会，表演面塑 13 天。回来后，家已经从横四条三清观搬到了针线胡同。

1957 年

郎绍安进入刚成立的北京市工艺美术研究所从事面塑工作，并被评为老艺人，聘为"研究员"；5 月 7 日，郎志丽离开小学，进入北京市工艺美术研究所当学徒，正式随父捏面人儿；7 月，全国工艺美术艺人代表会议在北京政协礼堂召开，赵阔明、郎绍安分别是上海、北京的手艺人代表，师徒二人阔别十九年后再见面。郎绍安被选为北京市西城区政协委员，中国美术家协会会员；11 月 21 日，冰心到北京市工艺美术研究所访问郎绍安。

1958 年

受公安部委派，郎绍安、郎志丽一起制作了上海大世界新旧对比面塑；全国政协副主席董必武视察北京市工艺美术研究所，同郎绍安、郎志丽等工作人员合影。

1959 年

郎志丽学徒期间第一件作品《穆桂英挂帅》参加莫斯科"国际少年儿童作品比赛"获奖。此作品还成为新建成的人民大会堂的献礼作品。

1960 年

郎志丽被北京市少年宫聘为面塑小组辅导员。

1960 年—1962 年

郎志丽三年学徒期满出师,下放劳动,先后去过顺义李遂公社挖水渠,北京第一食品厂包糖纸;后进入北京彩塑工厂,和双起翔学画脸谱。

1963 年

郎志丽回到北京市工艺美术研究所,继续从事面塑工作;春节,受北京市工艺美术研究所委派,郎志丽在厂甸表演面塑;4月《人民画报》发表《热闹的厂甸》,刊登郎志丽在春节厂甸捏面人儿的图片。

1964 年

郎志丽、陈永昌结婚;郎志丽加入中国共产主义青年团。

1966 年

郎绍安、郎志丽从北京市工艺美术研究所调入北京彩塑厂,完成一批核桃面人儿的出口任务。

1966 年—1970 年

"文革"开始后,面塑停产。在北京彩塑厂,郎绍安被打成走"黑专路线"的"反动学术权威",揪出来劳动,当勤杂工,生炉子、拉水泥。郎志丽被要求改做主席石膏像。

1970 年—1972 年

郎绍安、郎志丽被调到北京工艺美术工厂,郎绍安挖防空洞,郎志丽当赤脚医生。

1972 年

朱德视察北京工艺美术工厂后,面塑等恢复生产;郎绍安、郎志丽恢复面塑工作;尼克松访华,代表团成员参观了北京工艺美术工厂。

1973 年

赵阔明来北京,郎绍安与师傅一起重走摆摊儿旧地。

1978 年

郎绍安妻子赵淑清去世,享年 58 岁。

1979 年

10 月,《人民画报》刊登文章《"面人郎"和他的后代——记一个民间艺人世家》。

1980 年

郎绍安从北京工艺美术工厂退休,在家继续从事面塑创作,重捏了旧京三百六十行等众多作品。

郎志丽当选为北京市第四届青年联合会常委。

1981 年

郎志丽应中国工艺品公司邀请参加在美国夏威夷举办的"中国工艺品展览会",现场表演面塑。

1983 年

1 月,郎绍安口述的《我的面塑艺术生涯》,由郎志丽、冯国定、张子和执笔,发表在中国人民政治协商会议北京市委员会文史资料研究委员会编《文史资料选编》第十六辑;郎志丽应中国科技馆邀请赴美国芝加哥现场表演面塑。

1984 年

郎志丽加入中国共产党。加入北京市文学艺术界联合会和北京市民间文艺家协会。应中国古代艺术表演团邀请赴美国西雅图参加"中国古代艺术展览及面塑表演"。赴美国西雅图华盛顿西北州社交大学讲课，内容为"我的面塑艺术"。

1984年—1991年

郎志丽在北京艺美服务公司工作。

1987年

郎志丽作品《熊猫》参加北京第十一届亚运会会标展，获得二等奖；应中科院邀请，参加科教片《菌蘑》拍摄，以面塑制作蘑菇模型等。

1989年

北京电影制片厂拍摄对外科教宣传片《民间艺术》，介绍"面人郎"艺术。

1990年

郎志丽面塑作品参加中国传统工艺品联合展并获奖；应中国工艺美术协会邀请，参加"中日工艺"联合展，现场表演面塑。

1992年

6月16日，第一代面人郎——郎绍安因病去世，享年82岁；郎志丽从北京市工艺美术厂退休。《当代中国工艺美术名人辞典》（大众文艺出版社）出版，这是新中国成立后正式出版的第一部工艺美术专业名人辞典。北京有57名工艺美术工作者入选，郎绍安、郎志丽都名列其中。

1993年

郎志丽应邀参加中日文化技术交流会做现场面塑艺术表演；应北京奥申委邀请随中国代表团到蒙特卡洛现场表演面塑艺术；加入中国工艺美术协会民间工艺美术专业委员会。

1995年

郎志丽应国家旅游局邀请赴瑞士日内瓦，现场表演面塑；加入中国工艺美术学会雕塑专业委员会；被联合国教科文组织授予"民间工艺美术家"；参加联合国第四届妇女大会工作，因成绩显著被嘉奖。

郎志丽撰写面塑论文《论民间艺术的创新》。

1996 年

郎志丽应北京市文化局邀请赴香港九龙现场表演面塑。

1999 年

郎志丽面塑作品《四大天王》参加北京民俗博物馆举办的老北京民俗风物展；面塑作品《关公》参加北京市民间文艺家协会举办的庆祝中华人民共和国成立 50 周年北京民间艺术精品展，并获奖；应韩国邀请赴汉城现场表演面塑，面塑作品《还珠格格》被韩国海林通商收藏。

2000 年

北京面人郎传统作品参加第一届北京国际玩具博览会，获传统民间玩具二等奖。

2001 年

郎志丽加入北京工艺美术学会；加入北京玩具协会；面塑作品《四大天王》被某德国商人收藏。

2003 年

郎志丽被北京市经济委员会授予北京二级民间工艺大师荣誉称号；应中国科技馆邀请赴美国克里夫兰现场表演面塑艺术；被北京市玩具协会授予"北京市民间玩具工艺大师"称号；成为中国民间文艺家协会会员。

2004 年

郎志丽应中国古代艺术团邀请赴美国北卡罗来纳州罗利探索馆参加"中国传统技术展"并现场表演面塑，面塑作品《关公》《宝玉黛玉》《穆桂英》《老寿星》被美国北卡罗利探索馆收藏。

2005 年

郎志丽当选为北京市民间文艺家协会理事；面塑作品《葫芦红楼梦人物系列》被中国艺术研究院收藏一件；被中国艺术研究院聘为民间艺术创作研究员；应邀参加上海民族民间博览会并获得特殊贡献奖；面塑作品《葫芦西游记》被上海民族民间工艺博览会收藏；参加第二届北京工艺美术展，作品《葫芦西游记》获工美杯银奖；面塑作品《葫芦百子图》《民俗娃娃》《核桃人十八罗汉》等共十二件被首都博物馆收藏。

2006 年

郎志丽成为中国工艺美术协会会员；面塑作品《吉祥娃娃》参加第四届奥林匹克文化节民间艺术展；郎志丽荣获北下关地区妇女才艺成果展示活动一等奖。

2007 年

北京面人郎面塑被北京市政府、北京市文化局授予市级非物质文化遗产项目。

2007 年

中国文学艺术界联合会、中国民间文艺家协会授予郎志丽"中国民间文化杰出传承人"荣誉称号；面塑作品《霸王别姬》获第三届工美杯银奖。

2008 年

郎志丽被授予海淀区非物质文化遗产项目（面人郎 面塑）代表性传承人；被北京市文化局授予非物质文化遗产（面人郎 面塑）项目代表性传承人；面塑作品《穆桂英挂帅》《元春省亲》《葫芦：文彦博树洞取球·司马光砸缸》被北京妇联收藏；参加北京市文联举办的首都文艺家抗震救灾献爱心作品义卖活动；参加第 29 届奥运会服务项目，被北京文学艺术界联合会、北京民间文艺家协会授予荣誉证书；被北京市文化局授予"艺术家庭"称号。

6月，郎志丽被中华人民共和国文化部授予国家级非物质文化遗产项目面塑"北京面人郎"代表性传承人。

2009年

郎志丽在农展馆参加中国非物质文化遗产"传统技艺"大展，现场表演面塑；被北京工艺美术行业协会、北京市民间文艺家协会、北京玩具协会授予"面人郎"称号；面塑作品《楚霸王》被中国艺术研究院收藏；作品《元春省亲》参加第四届北京工美展，获工美杯金奖。

2010年

郎志丽当选北京市（新）东城区民间文艺家协会理事；参加第27届（厦门）海峡两岸非物质文化遗产作品展。

2011年

郎志丽参加浙江义乌"中国非物质文化遗产博览会"，《核桃人十八罗汉》获银奖；作品《贝壳八仙过海》获首届同仁堂杯传承奖；参加第七届中国（深圳）国际文化产业博览会，现场表演面塑；参加西城文化馆"非遗展"，参展作品《元春省亲》《鲍鱼壳童子观音》获得工美杯银奖。

2012年

郎志丽被北京市育英学校特聘为非物质文化遗产项目组专家。12月，被北京经济委员会评为北京一级民间工艺美术大师。

2013年

郎志丽面塑作品《玉米蝈蝈》参加中国杭州亚太传统手工艺展并获奖。

2015年

郎志丽面塑作品《福满人间》获得工美杯优秀奖；被北医附小聘为非遗面塑授课教师；被北京联合大学广告学院聘为大学生校外导

师；被北京联合大学手工艺研究院聘为客座研究员。

2016年

郎志丽面塑作品《鸵鸟蛋敦煌飞天》参加一带一路主题展；被第十二中学洋桥学校聘为课外活动课指导教师。

2018年—2019年

郎志丽获得北京海淀区北下关非遗传承人突出贡献奖。在家带徒弟，继续从事面塑创作；参加"非遗进校园"活动，和徒弟、子女一起，先后在北下关、农科院等多所小学开课外班，教孩子捏面人儿。

2020年

郎志丽的侄子郎佳子彧，外孙女高雅淇分别获批成为非遗项目面人郎第三代、第四代区级传承人。

附录2　面人儿小春秋

如果说历史是无数次春秋的更替,那岁时就是一年中的春生夏长,秋收冬藏。

用《面人儿小春秋》和《面人儿岁时记》两篇小文,两种时间线经纬交织,希望可以粗略地编出一点点面人儿的来龙去脉。

先说面人儿。面人俗称江米人,现在称面塑,广义说,用面塑形都可称面塑。狭义说,"是一种用面粉为原料捏塑动物、人物形象的手工工艺。它是民间泥塑的流变,也可以说是泥塑的一个品种。"[1]这是任继愈主编的《中国文化史知识丛书》之《中国古代民间工艺》里的定义。面人即江米人,从名字上就可看出,用料是面与粉,六分面,四分粉。分米为粉,磨麦为面,这就引出了我国自古以来最重要的两大农作物:麦和稻。

麦、稻里面有春秋。自孔子后,春秋就成了历史的代名词。余世存在《时间之书》中说:"因为庄稼春生秋熟,春生是历史之因,秋熟是历史之果,春去秋来,是时间,时间循环是历史。"[2]如此看,由两大庄稼捏成的面人儿确定是"历史"本人无疑了。玩笑,也不全是。

由面人儿引出的——
七千年前的稻,
五千年前的麦;

三千年前的蒸锅,

两千年前的磨;

战国的俑,

两汉的饼;

三国的馒首能祭鬼,

隋唐的面蒸似仙人;

两宋有巧果名"笑靥儿",

明朝稻麦有"黄裳";

万历年大才子把面人儿叫"非想",

乾隆朝大学士让北京面人儿安了家;

清末传说有个唱本张,

民国真的有个面人郎。

……

这一桩桩一件件,串起的不是面人儿的历史吗?但,要说这就是面人儿的正史也不敢,好像也没人给捏面人儿这个事儿专门写过史。吕思勉说中国二十四史就是帝王史,平民衣食住行都缺[3],更何况这种"薄技小器"。所以要想将一捋面人儿的来龙去脉只能口述、文献、故事、传说、神话,有影儿的没影儿的一起上,攒一篇《面人儿小春秋》。"春秋"取体例编年,也有褒贬取舍之意;"小",附会王充《论衡·书虚》里"短书小传,竟虚不可信也"[4]之意。虚肯定有,但不可信也未必,更何况捏面人儿本身就是件充满想象力的事,不以可不可信论高下。

游走于虚实之间,"面弥离于指端,手萦回而交错",成馒首,成果食,成狮蛮,成笑靥儿,成了小面人儿……从可祭、可卜、可食到可玩、可看、可回忆……小面人儿里面有民风、有时节,有饮食文化,有故事传说。《汉声》杂志曾在《最美最美的中国童话》里问"昔日的中国故事今安在？"说在采访捏面人儿的老艺人时，"一个个造型生动、色彩艳丽而又散发着糯米甜香的江米人，每一个不都牵连着一则相关的人物故事吗？"[5]

昔日的故事在面人儿里。那昔日的面人儿今安在？在今天最常吃的饺子、馒头、油条里——东汉张仲景为治疗冻耳朵捏出了饺子；三国诸葛亮为渡水祭鬼塑成了馒头；宋朝百姓因为恨秦桧把面拧巴了下油锅有了油条"油炸桧（鬼）"……更在过去最平常的习俗里——做寿，要面捏的寿桃点红嘴，上面还得插着八仙人；生孩子，要送馒头、面羊和卧鹿，取意分痛、好眠；办丧事要摆一堂江米人，捏戏三出：《唐僧破地狱》《目连救母》《双吊孝》……

明朝张岱曾把"捻塑米面"叫"非想"[6]——不可想象，今天的我们也不妨展开想象，跟着小面人儿，纵横7000年，寻找藏着的故事，看古今的春秋。

七千年前的稻

稻是中国原产的。迄今为止，我国第一颗稻米粒发现在湖南（道县玉蟾岩），距今15000年；完全掌握水稻种植技术，把稻米当成主要粮食是7000年前，长江中下游河姆渡遗址中出土了大量稻谷、米粒。

五千年前的麦

麦大概是从西亚传来的，四五千年前。《诗经·周颂·思文》里说"贻我来牟，帝命率育"，来是小麦，牟是大麦，上天赐给我们麦种，让我们种植。这可能说明，小麦是外来的，到《诗经》成书的春秋时已成为重要农作物。

三千年前的蒸锅

我国是最早使用蒸汽蒸制食物的国家，被叫作"中国蒸"。距今

3000多年的安阳殷墟妇好墓里，有青铜的三联甗（yǎn），就是三口连在一起的大蒸锅，能同时蒸三种不同的东西，可见蒸法在商朝运用已相当成熟。

两千年前的磨

据说春秋时鲁班发明了石磨。旋转型的石磨出现在战国，真正发展在汉代。[7]现今留下的最早的石磨出土于保定满城汉墓，距今2100年。磨可以将麦、稻等谷物由颗粒变成粉，就有了面和粉。

战国的俑

战国到秦汉，制作人俑技术已十分成熟，兵马俑就是证明。战国时，传说齐国孙膑和魏国庞涓开战时，孙膑曾捏制泥人泥马演练阵法，孙膑也成了泥塑的祖师爷。有面塑是泥塑的流变的说法，那孙膑也可算面塑的小半个祖师爷。

至此，面、粉、蒸锅、捏制的手法全已齐备，当面粉遇上水进入蒸汽再揉捏于双手中，会出现怎样的千变万化？

两汉的饼

汉代已有用丝织品做的筛罗，"重罗之面"使制作更精细的面食成为可能。西汉马王堆汉墓中出土过各种饼，蜂蜜煎饼、鸡蛋米饼之类。东汉刘熙在《释名·饮食》里说："饼并也，溲面使合并也。"溲（sōu），原意是用水调和。"蒸饼、汤饼、蝎饼、髓饼、金饼、索饼之属皆随形而名也。"[8]面粉遇水后被捏制成的最早的东西就是各种以形状命名的饼。

三国的馒首能祭鬼

据说面人儿的祖师爷是诸葛亮,他让人用面捏人头——馒首。《三国演义》里说,诸葛亮七擒孟获后,班师回朝,为渡泸水祭神,听说祭祀要用人头,孔明曰:本为人死而成怨鬼,岂可又杀生人。于是唤行厨杀牛马,和面为剂,塑成人头,内以牛羊肉代之,名曰"馒头"。这件事最早的记载出自北宋高承的《事物纪原》[9]。虽说是传说,可信度存疑,但西晋束皙《饼赋》里说"三春之初,阴阳交际。寒气既消,温不至热。于时享宴,则曼头宜设",可见三国魏晋时,馒头肯定已有。到北魏,贾思勰在《齐民要术》里更是记述了白饼、烧饼、髓饼、膏环、蝎子饼等十几种饼的做法。

隋唐的面蒸似仙人

面人儿史上,用面塑形,划时代的一幕出现在唐朝。宋代陶谷《清异录·馔羞门》[10]记载了唐朝大官韦巨源家一个宴会的菜单。宴会名为"烧尾宴",菜单里有一道面点叫"素蒸音声部(面蒸,像蓬莱仙人,凡七十事)"。唐代歌女、乐人称音声人,音声部就是歌女乐人群,唱歌、吹笛、弹琴、鼓瑟……这个面点就是造型如蓬莱仙子的,蔬果馅的,面蒸歌女群。至此,真正的面人儿出现了,而且不是一个,是一整套,足足有70件!此外,菜谱里共记载面点二十余道:巨胜奴(蜜制馓子)、婆罗门轻高面(蒸面)、贵妃红(红酥皮点心)、汉宫棋(煮印花圆面片)、甜雪(蜜饯面)、单笼金乳酥(蒸制酥点)、曼陀样夹饼(炉烤饼)、二十四气馄饨、见风消、火馅盏口䭔、水晶龙凤糕、双伴双破饼、玉露团、八方寒食饼……每一道看名字就是一件工艺品。

上面是文字记载,而现存最早的面人儿实物也是唐代的。新疆吐鲁番阿斯塔那唐永徽四年的墓葬中出土了面制女俑(头)、男俑(上半身），还有小面猪。那一地区的古墓群中还出土了大量的隋唐时期花样面点、泥制、木制的人俑、动物俑，惊艳异常。

两宋有巧果名"笑靥儿"

南宋吴自牧《梦粱录》[11]里写临安（杭州）街市上卖果食（面做的糕点）点心，有笑靥儿、金银炙焦牡丹饼、寿带龟仙桃、子母春蚕、果实将军、糕粉孩儿鸟兽、像生花朵、风糖饼……这些都是面和糖蜜做成，都有好听又形象的名字。比如笑靥儿，带酒窝的笑脸；果食将军，披甲胄，如"门神之像"。如此花样果食今天已看不到，吃不着，但也许正因为这样，让人更有了想象。

明朝稻麦有"黄裳"

如果说宋代的"面人儿"是街上卖的，那在明代，"面人儿"是可以一家人坐一起捏的。王应山《闽火记》中说"冬至日，粉米为丸"，今天福州仍有冬至一家人用米粉搓丸的习俗，象征团圆，全家老幼围坐在盛着江米面的大竹箩旁，大人们捏蝙蝠（福）、鹿竹（禄）、寿桃（寿）、山羊（吉祥）、如意、鲤鱼（有余）等吉利的东西，小孩们喜欢捏老虎、狮子、白兔等小动物。小孩子每捏出一件东西，大人都要用吉利的话表扬一下，叫"喝彩"，即使小孩捏出一个乌龟，大人也要喝彩"长寿长寿"。[12]一竹箩粉与面，就欢欢喜喜团聚了一家人。

回到原料稻与麦。明宋应星《天工开物·精粹》[13]中有段话："天生五谷以育民，美在其中，有黄裳之意焉。稻以糠为甲，麦以麸为衣……"这说的当然不是捏面人儿，但读到这几句，总觉得只要风一吹，披着甲，穿着衣，围着黄裙子的一颗颗麦稻们，就会变成一个个小人儿真的跑起来。披着甲，穿着衣，围着黄裙子……宋应星的原意是在说稻与麦在黄裳——糠麸之下,"美在其中",这就叫"精粹","盖精之至者,稻中再春之米;萃之至者,麦中重罗之面也。"那不妨再做联想,六分面,四分粉,说面人儿是集米面之精粹于一身也实不为过。想的有点多?一笑,但用面塑形确实引起过一个大才子的想象。

万历年大才子给面人儿起名叫"非想"

说到想象,必须要提一个人——张岱。这个明朝大才子给了捏面人儿这件事一个极具空间和想象力的名字——非想。《陶庵梦忆》里说,正月十五上元节上供要用"非地、非天、非制、非性、非理、非想"之物。什么意思,就是非本地出产的、非正当时令的、不合常规礼制的、不是本来味道的、不合常理的,以及无法想象的神奇物品。重点是最后——非想,即无法想象的神奇物品,张岱列出的是——"捻塑米面"!捻,就是用手指搓和转,捻塑米面,在《陶庵梦忆》里第一次被称为无法想象的事,不得不说,张岱寥寥数字,面塑这件事境界已大为不同。

乾隆朝大学士让北京面人儿安了家

有想象就有传说,传说北京面人儿的起源和乾隆时著名的刘墉(刘罗锅)有关。说刘家有个厨房的帮工叫老王,山东人,能捏各种花样馒头,做花馍可是山东人的传统。刘墉见了,让老王往面里加蜂蜜,再染颜色,经点拨后,老王捏了一套八仙外加一个老寿星,乾隆皇帝见了都夸好。刘墉又点拨老王说面人儿能挣钱,老王还真收徒弟上街摆摊卖面人儿了。老王成了北京面人儿第一人,刘墉成了传说里北京面人儿半个祖师爷。想起《骆驼祥子》里虎妞背地里掖给祥子两块钱,教他去叫寿桃寿面,大寿桃要点着红嘴,上面还得插一份儿八仙人……这规矩兴许也是打刘墉那儿传下的。

以上是传说和想象，但可以说明三件事儿，一是清朝时，北京街头已经出现卖面人儿的了；二是这种面人儿很可能源自山东；三是面塑里能吃的与不能吃的已经分开。被制成各色形状的花样果食、饽饽、面食在餐桌、供桌上继续存在，而只为看不能吃的小面人儿在街头正式登场，演绎着戏出儿故事、神话传说，也养活着靠捏面人儿吃饭的手艺人。

清末有个唱本张

先说能吃的。清末，各式点心继续存在发展，仅举一例，现在还有的老北京京八件，"有扁圆、如意、桃、杏、腰子、枣花、荷叶、卵圆八种形状，大八件是八件一斤，小八件是八件半斤，有福字饼、太师饼、寿桃饼、喜字饼、银锭饼、卷酥饼、鸡油饼、枣花饼，各自代表福、禄、寿、喜、富、贵、吉、祥"[14]。

再说不能吃的。咸丰年，山东曹县，来了两个江西捏泥人儿的手艺人王清源、郭湘云，遇见了当地的花供匠人贺胜、杨白四，他们用面粉、糯米粉染色蒸熟再捏塑，把面人儿由供品变成了挑担串乡贩卖的玩具。[15]光绪年，天津有个姓张的老头，他早年替人抄录戏本，人称"唱本张"，后来改学面人儿，技艺精湛，晚年因困顿而死。据说他是京津地区最早的专职面人儿艺人。[16]

以上还是传说，到赵阔明的师傅、郎绍安的师爷韩亮英就确有其人了。韩亮英就是天津街头捏面人儿的老艺人，不知和传说里的"唱本张"学过没？到民国初年，赵阔明去天津遇到韩亮英，跟他学面人儿，再回北京，又收了徒，才有了后来的北京"面人郎"。

民国有个面人郎

民国时，捏面人儿在北京已很常见，胡同里，庙会上，成了那时北京孩子不可缺少的记忆。《旧都三百六十行》[17]里说："捏江米人的可分为两种。一种是技艺比较低，只能捏一种简单的穿着裙子与花衣，打着小花伞的妇女形象，面型也不好看。另外还能捏个手拿金箍棒的孙猴儿，其他的就捏不出来了。购者都是儿童，铜元一大枚买一个。卖不出去时插在小柜上。一种是捏细江米人的，捏出的人物特别小，能在半个核桃内捏两三个人物，也能捏戏出儿，或少数民族人物，形象逼真，栩栩如生。北京西城区宫门口西岔有位郎绍安，江米人捏得极好，人称面人郎。"

当时京城捏细面人的有两大派，一派是从赵阔明延续下来的郎绍安，"面人郎"；一派是来自北京通州的"面人汤"汤子博三兄弟。前文说的刘墉家老王捏的面人儿乾隆见没见过不好说，但末代皇帝溥仪肯定有过面人汤的小面人儿，解放后还在故宫展出过。

再说郎绍安的师傅赵阔明，后来去了上海，又拜师上海的"粉人潘"潘树华。潘树华不但会捏面人儿还会捏泥人儿。1930年左右，"上海贫民习艺所"的艺人到了惠山，捏粉人的方法随之传入，当时潘树华就在习艺所教书。[18]汉声出品的《惠山泥人》[19]里也曾说潘树华的门徒董文亮等人到惠州，促进了泥人儿的发展。如果说最初，面人儿是泥人儿的一个流变，那后来面人儿也反过来对泥人儿有影响。

1949年后手艺人进了办公室

1950年代，"面人郎"郎绍安，不再走街串巷，进了北京市工艺美术研究所，有了稳定的工作，专职捏面人儿，女儿郎志丽也进研究所，当学徒，跟随父亲捏面人儿；"面人汤"汤子博在北京工艺美院有了面人汤工作室，儿子汤夙国后来又上了中央美院雕塑系；赵阔明在上海也进了上海工艺美术研究所，他的女儿赵艳林也在研究所和他学面人儿。

2008年捏面人儿成非遗

2008年，第二代北京"面人郎"郎志丽成为第二批国家级非物质文化遗产项目代表性传承人；2009年第二代上海"面人赵"赵艳林成为第三批国家级非物质文化遗产项目代表性传承人；2012年第二代"面人汤"汤夙国成为第四批国家级非物质文化遗产项目代表性传承人。

注释

[1] 王冠英：《中国古代民间工艺》，载任继愈主编：《中国文化史知识丛书》，中共中央党校出版社1991年版，第91页。

[2] 余世存著，老树绘：《时间之书：余世存说二十四节气》，中国友谊出版公司2017年版，"春　立春　天下雷行而育万物"。

[3] 吕思勉：《国学知识大全》，吉林出版集团有限公司2012年版，第五篇"历史研究方法　旧时历史的弊病何在"。

[4]（汉）王充：《论衡》。

[5] 汉声杂志社编著：《最美最美的中国童话》，江苏美术出版社2012年版。

[6]（明）张岱：《陶庵梦忆》。

[7] 李济宁、金开诚：《古代农业》，吉林文史出版社2010年版，"农业技术的创造"。

[8]（汉）刘熙：《释名》。

［9］（宋）高承撰，（明）李果订：《事物纪原》，载王云五主编：《丛书集成初编》，商务印书馆1937年版，第332—333页。

［10］（宋）陶谷：《清异录》（饮食部分），李益民、王明德、王子辉注释，中国商业出版社1985年版，第5—12页。

［11］（宋）吴自牧：《梦粱录》上、下。

［12］参考自周简段：《民俗话旧》，新星出版社2017年版，"民俗偶记 福州冬节搓丸风俗"。

［13］（明）宋应星：《天工开物》。

［14］（清）袁枚著，王刚编著：《随园食单》，江苏凤凰文艺出版社2015年版，"点心单"。

［15］唐家路、杨传杰：《山东曹县江米人·王锡金》，海天出版社2017年版，第14页。

［16］王冠英：《中国古代民间工艺》，第94页。

［17］王隐菊、田光远、金应元编著：《旧都三百六十行》，北京旅游出版社1986年版，第150页。

［18］张文俊：《无锡惠山泥人艺术的改造问题》，《美术》1954年第6期。

［19］北京汉声文化信息咨询有限公司：《惠山泥人》第二册，吉林美术出版社2005年版，第197页。

附录3　面人儿岁时记

面人儿岁时记就是：一岁，四时，二十四节气，七十二候中，与面人儿有关的事。面人儿一词取广义，以面塑形的都算，吃的、看的、玩的、祭祀的、占卜的……涉及主要朝代地域：取从唐到今各朝京师名城——唐长安、洛阳、宋开封、杭州、元明清的北京、苏州……

古人写过各种岁时记，从宋代的《东京梦华录》《岁时广记》到清代《燕京岁时记》再到民国《北京岁时记》，应时当令才是天经地义的生活。寒来暑往，秋收冬藏，这是《千字文》第二句，每一个旧时小朋友都知道的事。《清异录》里写唐代有一种花苞状的馄饨——二十四气馄饨，分二十四个节气，花形不同馅料二十四种，真美；宋代陈元靓《岁时广记》中说，从初春到初夏有二十四番花信风，五日一番风候，从梅花风到楝花风，风花有信，人呢？京城有时令糕饼，三月有榆钱糕，四月有玫瑰、藤萝饼，五月有牡丹饼。而时令面塑更是面人郎郎绍安的得意之作，春天捏放风筝、踢毽子；夏天捏卖冰核儿、卖大碗儿茶；秋天捏抽汉奸（陀螺）、推铁环；冬天捏卖茶汤、滑冰、放鞭炮……旧京，捏面人儿的艺人在街头，小面人儿里就有老北京街头的四季；翁偶虹在《北京话旧》里记下了从清到民国，北京的街头的十二月货声[1]，春天的太阳糕上站着小鸡，夏天的五毒饼上有蛇蝎，秋天的团圆饼上有玉兔，冬天的硬面饽饽里有五福捧寿，听一听看一看尝一尝，四时、气、候，就到了耳朵里、眼里、嘴里、心里。

"青春至焉，时雨降焉，始之耕田……"每次读到北魏贾思勰《齐民要术》[2]里这几句话，总会有种要走出屋子去做点什么的冲动，这就是时令的感召。在时、候越来越模糊，所有日子都一样的今天，跟着小面人儿，看"面团"在一年四时七十二候当中的"七十二般变化"，看"应时当令"可以让每天变得多么不同。

春

元月

立春：初候东风解冻；二候蛰虫始振；三候鱼陟负冰
雨水：初候獭祭鱼；二候候雁北；三候草木萌动

岁交子，煮饽饽

清，元旦，是日，无论贫富贵贱，皆以白面作角而食之，谓之煮饽饽，举国皆然，无不同也。[3]煮饽饽就是饺子。传说东汉张仲景为给人治疗冻伤的耳朵，把混着草药的肉馅儿包在面皮里，捏成了耳朵的形状，"娇耳"饺子诞生了。

钉面蛇，去疾病

宋，元旦，京师人以面为蛇形，又以炒熟黑豆、煮熟鸡子三物，于元日四鼓时，用三姓人掘地、逐件以铁钉各钉三下，边钉边说咒语：蛇行则病行，黑豆生则病行，鸡子生则病行。念完，遂埋。[4]

摸门钉，不生病

民国，北京，年初一一大早要去前门摸门钉，一年不得病，之后步行去天桥，走两遍，叫"走百病"。所以那时北京各饭馆都有卖门钉的，就是豆沙馒头，形状与门钉相同，取个吉利。[5]

庙会上，有"粉人"

清，苏州，新年，玄妙观里游人最多，有江阴人抟五色粉，状诸人物，曰"粉人"。[6]到民国时，捏面人儿的在很多地方新年庙会上已很常见，赵阔明、郎绍安都曾在庙会上卖面人儿。

食馄饨，吃元宝

清，北京，正月初二，人家铺肆，咸祭财神。或食馄饨，谓之元宝。[7]

造面茧，卜前程

宋，正月初七，人日，京都贵家造面茧。面茧就是带馅儿（或肉或素）的厚皮馒头，馅儿里面放币签或写着官品、名人警句的小木片，人自探取，占卜前程，所以这种面茧又叫"探官茧"，如立春日做，就叫"探春茧"。[8]这有点像20世纪初开始在美国、加拿大的中国餐馆里流行的夹带字条儿的幸运饼干，都说这种幸运饼干是源自日本一种可占卜的和果子，不知那和果子是否受了宋时"探官茧"的启发？

献元宵，祭星君

清，北京，正月初八，祭本命星君。以糯米为面，裹糖果馅儿，谓之元宵为献。以其形肖星象也。[9]

咬焦䭔，金银堆

唐宋，正月十五，元宵节。"京师上元节食焦䭔最盛且久"[10]。唐宋时风行的焦䭔就是油炸元宵，䭔音 duī，北方已不用，但今天的粤语中还有"煎䭔"这个词，中山地区过年时仍有不少家庭会自己动手炸煎䭔，并有"年晚煎䭔，人有我有""年晚煎䭔，金银成堆"的说法。

二月

惊蛰：初候桃始华；二候仓庚鸣；三候鹰化为鸠
春分：初候玄鸟至；二候雷乃发声；三候始电

太阳糕，立小鸡

　　清，北京，二月初一日，太阳生日，市人以米麦团成小饼，五枚一层，上立面做寸余小鸡，谓之太阳糕。都人祭祀太阳，买而供之，三五具不等。[11]旧京有小贩挎木盘卖太阳糕。太阳糕用白米磨粉加白糖，加茯苓粉做成，二寸高的长方块，有的有豆沙馅儿，蒸熟。太阳又叫金乌，因此太阳糕上插着用面捏成的小鸡，并抹些红绿颜色，很是好看。太阳糕据说小孩吃了胆子大。太阳糕不说买，都说请，也不问价儿，都是多给钱图吉利的，一年卖一回。[12]

龙鳞饼，龙须面

　　清，二月二，龙抬头，吃饼者谓之龙鳞饼，在蒸饼上做出龙鳞来，食面者谓之龙须面。旧京把吃春饼也叫吃"龙鳞饼"。

三月

清明：初候桐始华；二候田鼠化为鴽；三候虹始见
谷雨：初候萍始生；二候鸣鸠拂其羽；三候戴胜降于桑

大寒食,子推燕

宋,清明,寻常京师以冬至后一百五日为大寒食。前一日,谓之"炊熟",用面造枣飞燕,柳条串之,插于门楣,谓之"子推燕"。[13] 子推燕,就是用面和枣做成的燕子形状的饼,用柳条串起,清明节时放在门前,以纪念春秋时晋国宁可烧死也不出山的介子推。

夏

四月

立夏:初候蝼蝈鸣;二候蚯蚓出;三候王瓜生
小满:初候苦菜秀;二候靡草死;三候麦秋至

榆钱糕,藤萝饼

清到民国,北京。京城有时令糕饼,三月榆钱下来时,有榆钱糕,四月玫瑰、藤萝花开,就有玫瑰饼、藤萝饼。"立夏,取平日曝晾之米粉、春芽,并用糨面煎作各式果叠,往来馈遗。"[14]旧京的点心花样不少,比如著名的八大件,一套福禄寿喜,各有各的模子,圆的、方的、花形的、蝙蝠形的,不但好吃,样儿也极受看。不但个头娇小玲珑,所施用的颜色,也无比的鲜艳。[15]

五月

芒种:初候螳螂生;二候鹏始鸣;三候反舌无声
夏至:初候鹿角解;二候蜩始鸣;三候半夏生

造白团，射粉团

宋时，端午，作水团，又名白团，就是糯米面做成团子，还捏成"五色人兽花果之状"。《天宝遗事》中又说，唐朝时，宫中的人捏小面团子用小弓箭射着玩儿，"造粉团钉金盘中，以小小角弓架箭，射中者得食，粉圆滑腻而难射，都中盛行此戏"[16]。

五毒饼，避蛇蝎

清，五月初五，富家买饼，上有蝎、蛇、虾蟆、蜈蚣、蝎虎之像，谓之五毒饽饽，馈送亲友称为上品。[17] 五毒饽饽又叫五毒饼，据说吃了一夏天不遭五毒侵扰。

六月

小暑：初候温风至，二候蟋蟀居壁；三候鹰始挚
大暑：初候腐草为萤；二候土润溽暑；三候大雨时行

豌豆糕，制作巧

民国，北京，六月，胡同里"凉凉儿的——豌豆糕"就上市了。卖者挑担，遇买家，糕用豌豆面当场现捏，桃、果、鱼、鸟各行，制作精巧，上涂颜色，宜欣赏不宜大嚼。[18]

秋

七月

立秋：初候凉风至；二候白露降；三候寒蝉鸣

处暑：初候鹰乃祭鸟；二候天地始肃；三候禾乃登

笑靥儿，巧果食

宋，东京，七夕有一种可爱的食物——巧果"笑靥儿"，就是指用面糖做成的人形面点（果食就是面点，笑靥原指脸上的酒窝）。"京师人以糖面为果食，如僧食。但至七夕，有为人物之形者，以相饷遗。"[19] 宋人会做生意，买一斤果食的还赠送两个面做的盔甲人"果食将军"，样子类似门神，现在闽南有七夕果可能类似。

中元节，放焰口

中元节是祭奠逝者的日子，要放焰口，老北京办丧事时，也要放焰口，供斛食饽饽一堂。讲究的富户，斛食饽饽摆在一个有三层木栏的高座上，每层木栏上摆一堂江米人儿。通常是捏三出戏：《目连救母》《双吊孝》《唐僧破地狱》。远望有如一座玲珑塔。[20]

八月

白露：初候鸿雁来；二候玄鸟归；三候群鸟养羞
秋分：初候雷始收声；二候蛰虫坯户；三候水始涸

团圆饼，月华糕

民国，北京，中秋要买团圆饼，以糖烙饼，供后，合家分食之。月华糕即月饼，以前门致美斋为最。大者尺余，上刻月宫、蟾兔之形。[21]

九月

寒露：初候鸿雁来宾；二候雀入大水为蛤；三候菊有黄花
霜降：初候豺乃祭兽；二候草木黄落；三候蛰虫咸俯

作狮蛮，花糕忙

宋，重阳，前一二日，大家各以粉面蒸糕相互赠送，糕上插剪彩小旗，再掺上石榴子、栗子黄、银杏、松子肉，又用五色米粉捏成狮子蛮王之状，置于糕上，谓之"狮蛮"。狮蛮就是南蛮王坐骑狮子的形象。这种规矩北宋时流行，不仅在民间，在宫廷里也这样做。重九作糕，除了狮蛮糕，还有万象糕，多以小泥象在糕上，国家祭祀用，又有糕上放小鹿数枚的，叫食禄糕。[22]

冬

十月

立冬：初候水始冰；二候地始冻；三候雉入大水为蜃
小雪：初候虹藏不见；二候天气上腾地气下降；三候闭塞而成冬

小炸食，一大包

北魏《齐民要术》里贾思勰说："十月亥日食饼，令人无病。"书里还专门讲了髓饼、膏环、蝎子饼等各种形状的饼的做法十几种。北魏毕竟离得有点远，到民国时，十月，一种儿童喜欢的吆喝声起来了"小炸食，一大包，小孩吃了会摔跤，摔官跤，摔私跤，外带给你一波脚！啊，嘎嘎嘎……"小炸食，就是捏成各种花样儿油炸的小面块儿。[23]

十一月

大雪：初候渴鴂不鸣；二候虎始交；三候荔挺出
冬至：初候蚯蚓结；二候麋角解；三候水泉动

吃馄饨，搓米团

明代到民国，福州，冬至，有用米粉搓丸的习俗，象征团圆，全家老幼围坐在盛着江米面的大竹箩旁，捏蝙蝠（福）、鹿竹（禄）、寿桃（寿）、山羊（吉祥）、如意、鲤鱼（有余）等吉利的东西，也捏老虎、狮子、白兔等小动物。[24]

清到民国，北京，冬至，民谚：冬至馄饨夏至面。《燕京岁时记》里说："夫馄饨之形有如鸡卵，颇似天地浑沌之象，故于冬至日食之。"这个风俗宋代就有，《岁时广记》里说："新节已故，皮鞋底破，大捏馄饨，一口一个。"

十二月

小寒：初候雁北向；二候鹊始巢；三候雉雊
大寒：初候鸡乳；二候征鸟厉疾；三候水泽腹坚

造花餤，供面茧

宋，洛阳，腊日，造脂花餤。[25]餤是有馅儿的饼。《清异录》里说，五代周世宗时有一位擅制花式点心的宫女，其最擅长的作品是"莲花饼馅"，一只大盘分十五小格，每一格内有折枝莲花造型的饼，花开朵朵，各不重复。[26]

清，苏州，过年，祭神，要用巨型盘龙馒头。用面捏制成龙形，"蜿蜒"于馒头上，在加上宝瓶、夜明珠、金元宝等做装饰，图吉利。

民国，北京，除夕，佛堂上供，供品里有面鲜，就是面做的桃、苹果、橘子、柿子、佛手。[27]还有月饼（不是中秋的那种），大月饼上放小月饼，个头一个个递减，堆五六层，最上面是面做的托，周围抹红颜色，托上有一个面做的尖嘴的桃儿，有绿的叶，歪的红嘴儿。上面还用面盘个红寿字，或双喜字儿。[28]

江米人，卖儿童

民国蔡省吾《北京岁时记》中说"凡年终应用之物，入腊渐次街市设摊结棚"，其中"江米人"一项，与风筝、口琴、纸牌等归在一处，"率皆童玩之物也"。可见民国时面人儿已成了京城必备的年货。林语堂的《京华烟云》中，北京城外乡下来的舅妈见了新婚第二天的大家闺秀姚木兰，开口便是"哎呀，你就像过年人家买的那面人儿一样啊"。

这就是面，面被揉成团，面团变成小面人儿的故事，它们的春秋，它们的四季。林语堂在给《中国故事》写的序言里说真理和虚构之间有条令人愉悦的界限，二者在中国故事里融合，谁是谁已经不再重要。[29]编写《面人儿春秋》《面人儿岁时记》正是本着这样的精神。

注释

[1]翁偶虹：《北京话旧》，百花文艺出版社 1985 年版，第 132 页。

[2]（北魏）贾思勰：《齐民要术》，序。

［3］（清）富察敦崇：《燕京岁时记》，载王碧滢、张勃标点：《燕京岁时记：外六种》，北京出版社2018年版，第67页。

［4］（宋）陈元靓编：《岁时广记》，载王云五主编：《丛书集成初编》，商务印书馆1939年版，第60页。

［5］齐如山：《北平杂记》，当代中国出版社2015年版，第153页。

［6］（清）顾禄：《清嘉录》，王密林、韩育生译，江苏凤凰文艺出版社2019年版，"正月"。

［7］（清）让廉：《春明岁时琐记》，载王碧滢、张勃标点：《燕京岁时记：外六种》，北京出版社2018年版，第197页。

［8］（宋）陈元靓编：《岁时广记》，第89页。

［9］（清）让廉：《春明岁时琐记》，载王碧滢、张勃标点：《燕京岁时记：外六种》，第197页。

［10］（宋）陈元靓编：《岁时广记》，第116页。

［11］（清）富察敦崇：《燕京岁时记》，载王碧滢、张勃标点：《燕京岁时记：外六种》，第78页。

［12］王隐菊、田光远、金应元编著：《旧都三百六十行》，北京旅游出版社1986年版，第177页。

［13］（宋）孟元老：《东京梦华录》，中国画报出版社2013年版，电子版，卷之七。

［14］（清）潘荣陛：《帝京岁时纪胜》，载王碧滢、张勃标点：《燕京岁时记：外六种》，第40页。

［15］陈鸿年：《北平风物》，九州出版社2016年版，第304页。

［16］（宋）陈元靓编：《岁时广记》，第237页。

［17］（清）让廉：《春明岁时琐记》，载王碧滢、张勃标点：《燕京岁时记：外六种》，第204页。

［18］翁偶虹：《北京话旧》，第156页。

［19］（宋）陈元靓编：《岁时广记》卷二十六，引（宋）吕原明：《岁时杂记》，第305页。

［20］常人春：《老北京的风俗》，北京燕山出版社1990年版，第288页。

［21］蔡省吾：《北京岁时记》，载王碧滢、张勃标点：《燕京岁时记：外六种》，第233页。

［22］（宋）陈元靓编：《岁时广记》，第382页。

［23］翁偶虹：《北京话旧》，第171页。

［24］周简段：《民俗话旧》，新星出版社2017年版，"民俗偶记　福州冬节搓丸风俗"。

［25］（宋）陈元靓编：《岁时广记》，第425页。

［26］（宋）陶谷：《清异录》（饮食部分），李益民、王明德、王子辉注释，中国商业出版社1985年版，第2页。

［27］常人春：《老北京的风俗》，第125页。

［28］陈鸿年：《北平风物》，第225页。

［29］林语堂：《林语堂经典作品集》，中南博集天卷文化传媒有限公司2016年版，"中国印度之智慧：中国的智慧"，"第四部分 中国人生活随笔"。

附录4　面人郎重要作品名录

郎绍安主要作品：

历史与传说

屈原怒斥楚怀王、将相和、越王勾践卧薪尝胆、东郭先生、蔡文姬、桃园三结义、凤仪亭、三英战吕布、三顾茅庐、关公夜读春秋、长坂坡、司马光砸缸、愚公移山、郑成功收复台湾、大肚子弥勒佛、钟馗嫁妹、仿珊瑚六臂锁蛟龙。

戏出儿

二进宫、三岔口、白蛇传、小女婿等。

1949年后现实题材作品

智取华山、上海新旧大世界、小二黑结婚、鸡毛信、白毛女、红军爬雪山过草地模型等。

旧京街头的人与事

孙中山出殡、四季图、红白喜事、厂甸归来、摔虎妞，吹糖人的、打糖锣的、剃头的、锔碗的、卖小金鱼的等旧京街头小买卖八十余种。

其他

玉米蝈蝈等动植物。

郎志丽主要作品：

历史传说与戏出儿民俗

娃娃：娃娃抱枣（抱栗子、风车、糖葫芦等）、竹报平安、福到眼前、平安五福、招财进宝、福寿双全、年年有余、喜从天降、欢天喜地等。

传统仕女、穆桂英挂帅、梁红玉、杨贵妃、千手观音（砗磲）、十二花神（核桃）、敦煌飞天（鸵鸟蛋）、麻姑献寿、天女散花、嫦娥、妈祖、何仙姑等。

百子图（葫芦）、十八罗汉（核桃）、观音、寿星、百子图、伏虎罗汉、四大天王、八仙过海（鲍鱼壳、生蚝）、福禄寿喜、财神、十二生肖等。

霸王别姬、东郭先生、曹冲称象、包公、司马光砸缸、文彦博取球、孔融让梨、刘海戏金蟾、秋翁遇仙记（葫芦）、张果老倒骑驴、钟馗嫁妹、白蛇传、三岔口等。

四大名著

红楼梦：宝黛看西厢、元春省亲、黛玉葬花、史湘云醉卧芍药荫、惜春作画、刘姥姥逛大观园、菊花诗社、十二金钗等。

西游记：西游记（葫芦）、三打白骨精、三盗芭蕉扇、通天河、蟠桃会、观音、释迦牟尼等。

三国演义：关羽（夜读春秋）、诸葛亮、刘备、张飞、赵云、黄忠、庞统、桃园三结义、蒋干盗书等。

水浒：一百单八将（葫芦）、鲁智深等。

旧京街头的人和事

红事、北京风俗、洋车夫、卖馄饨的、锔锅锔碗、剃头、打糖锣、吹糖人、卖面茶、卖豆汁儿、卖豆腐脑儿、卖切糕、磨剪子磨刀的、卖糖葫芦的、元宵花灯等。

现代题材作品

熊猫：火把、拳击、举重、射箭、体操、骑车、跳水、福娃五项运动、中国梦鸟巢、长城等。

五十六个民族、白毛女、刘巧、还珠格格、打电脑、航天员、芭蕾舞、和谐小区等。

史努比、天线宝宝、龙猫、海底总动员等。

创新材料的应用

葫芦、贝壳、鸵鸟蛋、砗磲作品等。

其他

玉米蝈蝈、西施犬、猫、花篮等动植物小品。

附录5　面人郎面塑技法

面塑这手艺百分之十靠师傅指点,剩下都得靠自己研究揣摩。父亲郎绍安没受过专业的美术教育,长期的底层生活使他有机会得以深入地观察和体验,他的艺术灵感完全来自民间生活的历练。

——郎志丽

一个小面人儿的诞生
——郎志丽的面人技艺

明代才子魏学洢有《核舟记》,里面讲了个奇巧人,"能以径寸之木,为宫室、器皿、人物,以至鸟兽、木石,罔不因势象形,各具情态"。说他能在核桃上刻小船,刻的是苏子泛舟赤壁。民国时北平也有个奇巧人,能以径寸之"面",为宫室、器皿、人物,以至鸟兽、木石,情态俱佳,也能在核桃中做小人儿,用的是"面",手法是"捏",江湖人称"面人郎"——郎绍安。《核舟记》载所刻核桃"通计一舟,为人五",郎氏于半个核桃里放下了十八个罗汉,托塔的、举钵的……情态各具,而到了面人郎第二代传人郎家三妹子郎志丽

图41　娃娃,郎志丽作品

上，竟能在 10 厘米的葫芦里捏出《水浒》一百单八将，"嘻，技亦灵怪矣哉！"

风格篇

面人郎面塑特点如果只用一句话概括就是——

- 老北京街头的小面人儿；
- 像工笔画的老北京街头的小面人儿；
- 能讲故事的像工笔画的老北京街头的小面人儿；
- 现场拼手速的能讲故事的像工笔画的老北京街头的小面人儿。

1. 老北京街头的

面人郎起源发展形成流派都在北京，捏的是京俗京戏北京街头。这也是面人郎最重要的文化价值之一。

2. 像工笔画的

面人郎的面人儿像工笔画，小、真、艳。

小，面人儿身材小，大的不过几厘米，小的能在核桃里，不足半厘米，而有些作品里的小动物不过米粒大小。细节处理到位，哪怕核桃里的人，从人物眉眼、手足，到衣物配饰、褶皱，都交代清楚，丝毫不马虎。

真，造型逼真，作品源自生活，高度写实，如玉米蝈蝈，栩栩如生，再如旧京三百六十行，所捏人物相关物件完全是视觉化的旧京史料。

艳，色彩艳丽、丰富，民间特色浓厚。

3. 能讲故事的

面人郎的面塑无论是单个面人儿作品，还是由两个到上百个人组成的集成作品，人物都置身某种情境当中，有事件、有典故，甚至还能连续讲故事。布局讲究、能讲故事是面人郎面人儿的突出特色。作品布局讲究，小中见大，虚中有实。比如黛玉读西厢，有花草有山石；人、境、事，把人放在一个环境中讲了一个故事，故事有时还不是一幕，是一幕幕，是连续的。而多情节、连续性也是郎志丽在面塑上的一个创新。比如葫芦一劈两半，可以"上演"《西游记》，一边是《三打白骨精》，另一边就是《三盗芭蕉扇》；也可以"开讲"古代小典故，一边是《司马光砸缸》，另一边是《文彦博取球》。

4. 现场拼手速的

都说看戏听评书一定要去现场，郎氏面人也要看现场。面人郎源自街头，基因里表演性强。摊子支起来，往路边一坐，面团一上手就得能引来人，黏住人。从面团到小面人儿，必须得快，一气呵成，变戏法似的。手法讲究狠、稳、准，成品虽然是精细的"工笔画"，但捏制时手速却极快。面团毕竟是面和水做的，在空气中时间长了就会干，表面形成一层皮儿，这时面团与面团就粘不住了，所以做面人儿时一定要狠、稳、准。

狠，手法狠，迅速有力道，捏制作品时间短，简单的小动物几分钟一个，普通仕女人20分钟可完成，十分适合现场表演，制作者捏得快和平时的训练、观察密不可分；搪瓷托盘上的面团与面塑工具，制作面人儿时托盘要放在面前。

稳，拿得稳，捏制过程稳健，要做什么心中有数，各种手法，揉搓捏挑，均有规矩，按部就班，捏面人儿就得坐得稳、心里稳才能手稳、捏得稳。

准，看得准，大小比例、用面多少等都拿捏精准，落手无悔。捏面人儿是加法，面一点一点加上去，一步一个变化，一次安在哪儿就是哪儿，不能更改，不容犹豫反复，一气呵成。

面人郎的面人儿成品精彩，而观看面人郎的捏制过程更是一种享受。

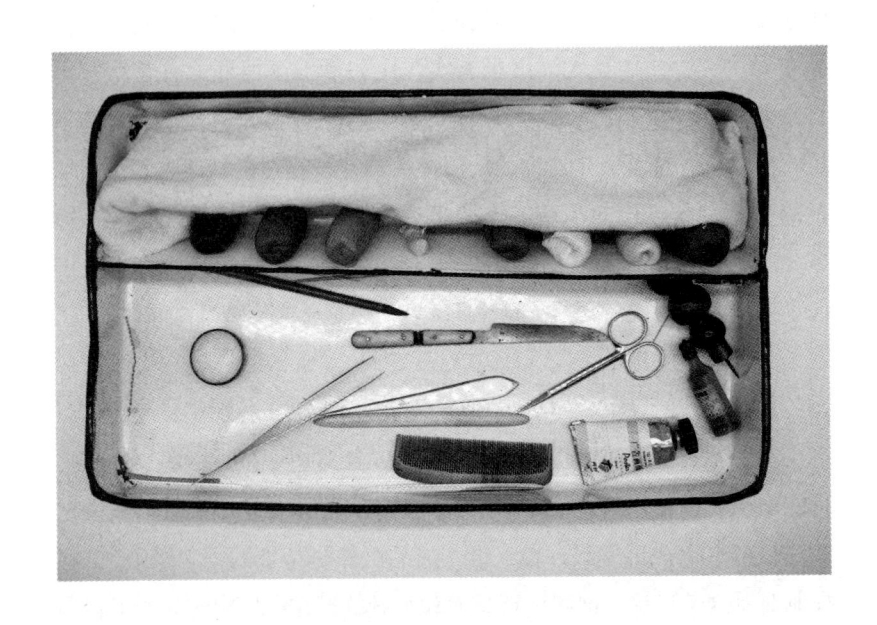

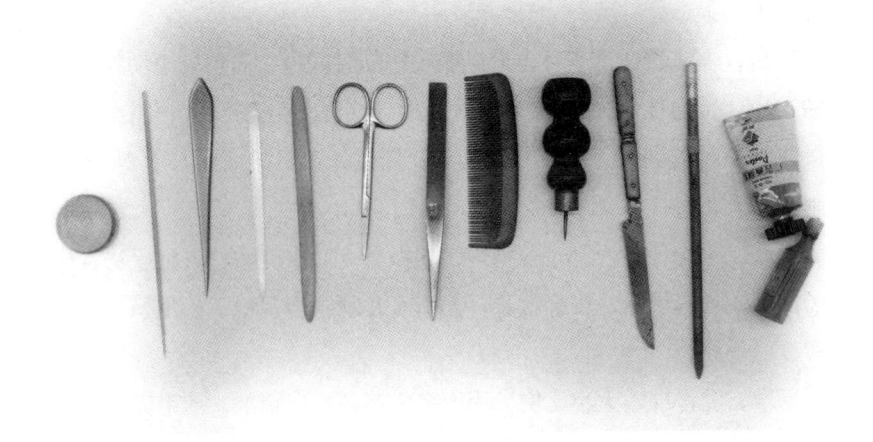

图 42　面与工具盘

准备篇

做面塑前，你需要准备：

- 面团（面人儿的原料）
- 辅料（面人儿内部起连接支撑固定作用的材料）
- 工具（制作面人儿时要用到的物品）
- 容器（面人儿做好后安放的地方）

一、面团

做面塑要先准备面团，面团的基本原料是白面和江米粉，要两种混合使用，还要适当加些蜂蜜、盐、水等。各流派的面人儿配料虽然类似，但配方比例不尽相同，面人郎所用材料包括以下几种：

1. 白面：小麦去麸皮后磨成的精细面粉，现在的富强粉。
2. 江米粉：江米（糯米）磨成的粉。现在市场上卖的糯米常混有大米，要挑干净，再把糯米磨成粉，用150目的箩筛过。
3. 盐：食用的精盐即可。
4. 蜂蜜：食用蜂蜜，种类不限，颜色浅淡的为好。蜂蜜起润滑作用，这样面就好揉了。
5. 清水：清水需煮沸。
6. 防腐剂：加防腐剂可以让面人儿更持久保存，初学者也可以不用。
7. 颜料：广告颜料等。

面团又分底面与色面。底面就是可供捏制的原色的面团，在底面里混入各种颜色就成了色面。

底面的制作是面塑创作的第一步，底面的好坏直接影响到之后的面塑效果，所以需严格按配方比例和操作步骤制作。

第一步：混面

白面与江米粉的比例为 6∶4，用白面 300 克和江米粉 200 克混合在一起（以下各种材料所注用量均以此为基准）。

特别提示：

底面必须用白面和江米粉混合而成制作。不能只用江米粉，因为江米粉黏性大，拉长后会往回缩，黏手无法捏，不能成形，作品完成后也会慢慢往下塌。也不能只用白面，因为白面延展性不如江米粉，不能做成很均匀细腻的薄片，而且作品干后易裂。两者混合使用，可避免以上缺点。混合时比例一定要掌握好，否则后期作品会出现问题，比如做成的人脸，江米粉太多，就会缩成许多皱纹，而白面太多就会皱裂。

第二步：烫面与揉面

清水加入 25 克盐煮沸，将沸盐水倒入混合好的面粉中就是烫面；搅拌并用力揉压面团，使面团的软硬程度比家庭擀面条（切面）的面要软一点，与抻面（拉面）的软硬度相似。

特别提示：

用盐水烫面可增强面的韧性，使面塑作品干后不易裂，但加盐后的面回缩性比不加盐的要大，所以加盐比例也要掌握好，如盐不足，面干后易裂，而盐多，则面干后在表面易出白霜（盐结晶）。

第三步：蒸面

面揉好后压成饼状，用手指在面饼上戳一些洞（可使受热均匀），面饼放在笼屉里蒸 30 分钟，将面拿出。

第四步：加蜂蜜揉成底面

把面饼从蒸锅拿出后，等到不烫手时开始揉。然后加进蜂蜜和防腐剂，500 克面加蜂蜜 50 克—75 克，防腐剂以面粉的千分之五为比例添加。接下来把面揉匀，这就制成了原色面，就是底面。

特别提示：

加入蜂蜜可使面团滋润柔软，捏制时舒适顺手。不用蜂蜜也可，但是滋润性差。总之，加了盐和蜂蜜的面想捏什么样就是什么样。添加防腐剂起防蛀、延长保存期的作用。切记：塑面不能食用！

第五步：把底面揉进颜色成为色面

把底面分成若干小面团，大小自定，分别加上各种颜料再揉匀，就成了色面。也可以用两种不同颜色的面放在一起揉捏调制成第三种颜色的面。可用一点儿开水把底面揉软一些再兑色。但勾兑肉色面时一定要用稍硬的底面，因为肉色面多用来做头面部，面硬一些可以使面人儿干后面部收缩变化不大。各种颜色的色面做好后，分别卷成柱状，按颜色由浅到深由冷到暖排列，留出间隔，以防粘连串色。

色彩艳丽丰富是面人郎面塑的特点之一，通常以白、桃红、黄、蓝、黑为基本色，其他颜色都是用以上五种颜色面团混合而成。比如：

白＋桃红＝粉；粉＋白＝淡粉；桃红＋黄＝红色；红＋黄＝橘黄；橘黄＋白＝淡橘黄；黄＋蓝＝绿；红＋蓝＝紫；黑＋蓝＝深蓝；白＋蓝＝天蓝；红＋黑＝赭石；白＋黑＝灰；等等。配色需要有色彩应用知识，根据自己作品的要求进行搭配。

特别提示：

无论是底面还是色面，做好后要马上用拧不出水的湿毛巾盖好（或用食品薄膜），以防水分流失。如果长时间不用可放冰箱保存。使用隔日剩下的面时，必须重新蒸约五至十分钟，再用双手反复揉，面便会柔软如初。

二、辅料

辅料是指在面塑内部起连接支撑固定作用的一些小材料，不一定每件作品都用得到，何时使用依作品而定。

1. 竹签：短竹签，一头插面人儿，一头插在底板上，作用是使面人能站在底板上，竹签长短依所作面人儿大小而定。

2. 竹劈儿：用以连接头部和身体的细薄竹片儿。

3. 细铁丝：极细又易弯折的铁丝，制作某些作品时，在内部起连接作用。

三、工具

各流派的面塑都有各自自制的工具，工具的使用对面塑创作至关重要。面人郎面塑使用的工具包括以下十余种：

1. 竹扦子：这里指长竹扦，长约20厘米，区别于把面人固定在托板上的短竹签。面人儿的捏制一般从头到尾都在长竹扦上完成，一手持竹扦，面附于竹扦之上，一手捏制。完成后，将竹扦从面塑中抽出。

2. 拨子：拨子一头尖，一头扁宽，三角形，长10厘米左右，三角形的宽头宽约1.5厘米，两边磨薄，类似刃儿。拨子是面塑创作过程中从头至尾不离手的主要工具，两头都可以用，宽头用以做眼眶、嘴巴，也可用来切割极少量的面，比如做眼珠、嘴唇等；尖头用来挑鼻子，栽眼珠、嘴唇等。过去拨子是用牛角磨成的，现在使用有机玻璃的，使用时不粘面。拨子的尖头一定要保持尖锐，刃的部分要保持锐利，否则做精细的眼睛鼻子时会影响效果，要随时用磨刀石或砂纸打磨。

3. 拨棍：两头圆的细棍儿，长10厘米左右，直径不到半厘米，有机玻璃制成，用来滚鼻梁、按酒窝、压衣纹、压裙子边、肌肉等。

4. 压子：细长扁片，长10厘米，宽不到半厘米，用于压衣褶儿等。

5. 大小剪刀：小剪刀用来剪手指、刀、剑、装饰物等；大剪刀可剪纸板等。

6. 小梳子：齿间距越密越好，可以压制很细的珠子项链、配饰、毛衣纹理等。

7. 毛笔：上颜色、花纹等，如在衣服上画花纹，在脸上抹胭脂等。

8. 镊子：制作盔甲、鱼鳞、麦穗等，或用镊子夹住小竹劈儿插入面人儿某些部位做连接用。

9. 戳子：这是面人郎独家工具。一套十几个，像一个个圆头小钉子，但头上花纹各不相同，用于制作不同的衣纹、盔甲等，各种戳子都是自制的，郎派面人，看面人儿身上的戳子印儿就能分辨出来，别的人没有。

10. 小刀：切面、削竹签等。

11. 小锥子：在纸板上扎小孔、插短竹签时使用。

12. 毛巾：在面塑过程中，用拧不出水的湿毛巾盖在备用的面团上以防止干皮。

13. 面盘：用来盛放备用面团和各种工具，多为搪瓷盘子，可根据需要选择其他材质的，以不粘面为好。

14. 蜡油：由 80% 的黄蜡和 20% 的香油混合熬制而成。用中药丸子的蜡丸再加点香油或其他食用油熬也可以。捏制面人儿时涂抹一点在手上，面不易粘手。

四、容器

一般面塑作品是立于托板之上的，托板多用硬纸壳制成，上面需要用锥子扎孔，供插竹签使用。托板大小，扎孔多少依作品尺寸人物多少而定。也有面人在核桃、葫芦、贝壳中的，面塑者可自己发挥想象，依作品灵活选取，没有一定之规。为了防尘，所有面塑作品可以放在玻璃罩中，玻璃罩可以在市场买到，不赘述。

手法篇（面人儿的制作手法）

图片提供：郎志丽

一、手塑八法

1. 揉（揉面）

把面团放在手心，用手掌来回按压，在制作面塑前，通常要反复揉面，面才会变得柔软，更容易塑形。

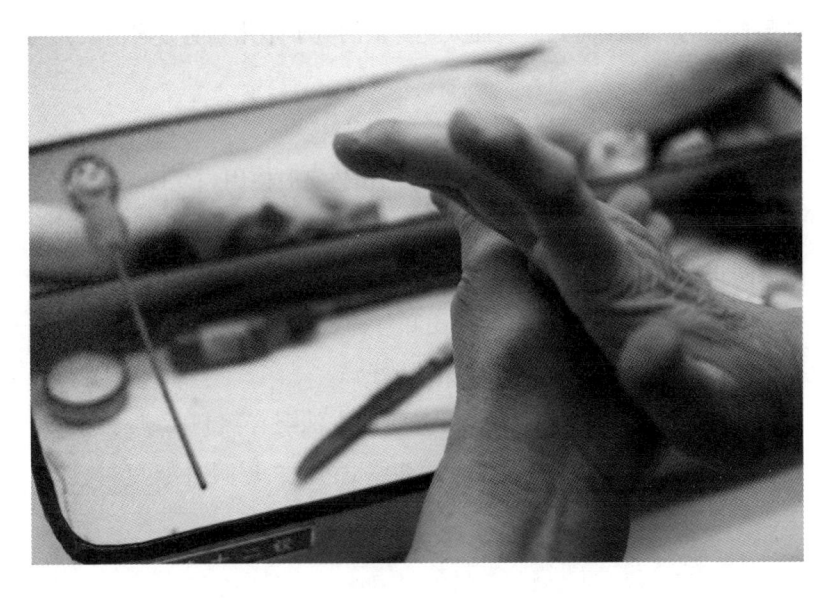

2. 捏（捏出脸型）

将面塑成各种形状的基本手法，初步塑出大致形状时需要捏，调整细部时也需要捏。

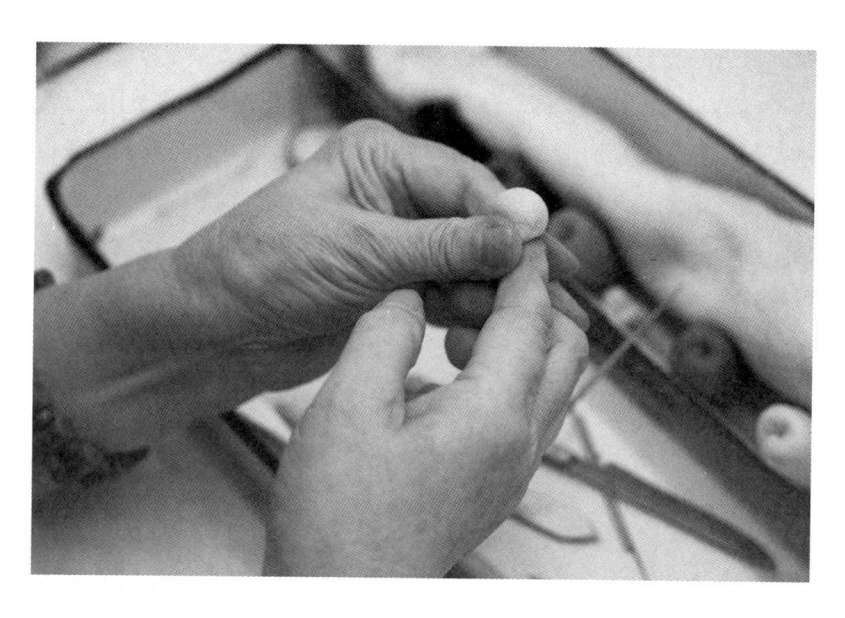

3. 搓（手搓条）

把面做成长条，做成球都需要搓。把面放手心里搓成球，以此为

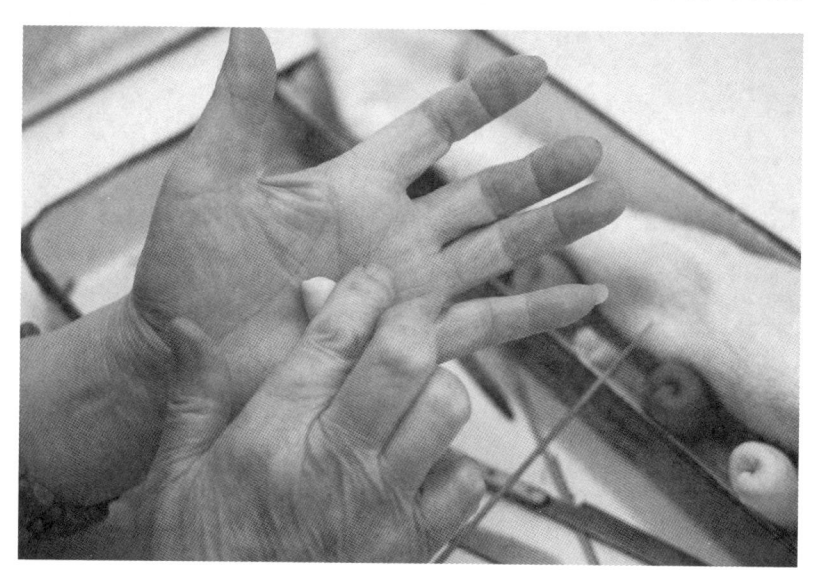

基础再进一步塑形，比如各种圆形的水果，或者小动物等都是以圆球为基础的。把面搓成长条，手法是将面放在手心，另一只手用食指、中指同时压住面来回滚动，搓制中两个手指慢慢向两边分开，面条也会慢慢变细变长，粗细长短依需要而定。粗长条可以进一步做人物四肢，细长条是做珠链的基础，极细长条则可做眉毛、眼睛甚至眼线。

4. 镶（把胳臂镶在身体上）

将身体或衣服的一部分与另一部分拼接镶嵌在一起。比如把胳臂、腿镶在身体上，把衣领配饰镶在衣服上等。

5. 拧（拧出弯曲的手臂）

用手指扳拧，可对面人儿的手、胳臂、腿等动态进行调整，也可用于对动物姿态的调整。将几股面团拧在一起可做辫子、绳子，这也是拧。

6. 碾（碾薄片）

把面放在手心，用手指压住，把面碾压成薄片。可包在面人儿身

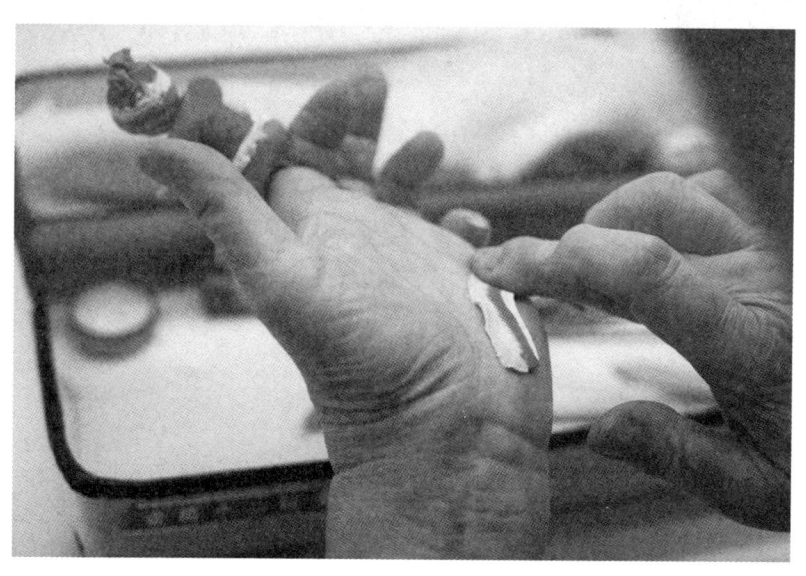

上做衣服、裤子、裙子等。注意碾压时力度要适中，速度要均匀，以免碾破或薄厚不均。碾的动作也可以借助拨子完成。

7. 裹（包裹衣服）

把一片碾好的薄面片包裹在某种形状的面团外面，比如在身上包裹衣服，在胳臂上包裹袖子，在腿上裹裤腿或裙子，在头上包裹头发或帽子。

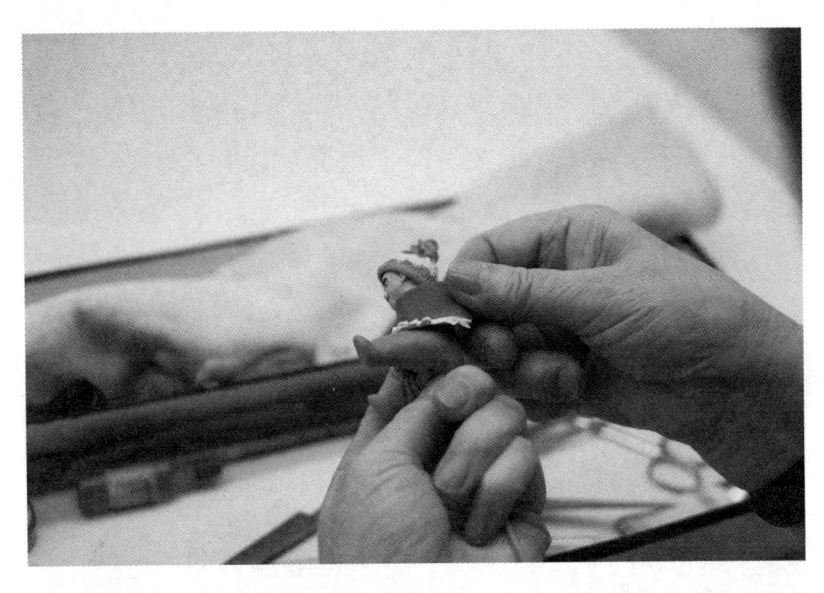

8. 揪（包裹帽子后揪掉多余的面）

用手在大块面上揪出小块面来，或者在捏塑过程中去掉多余的面。

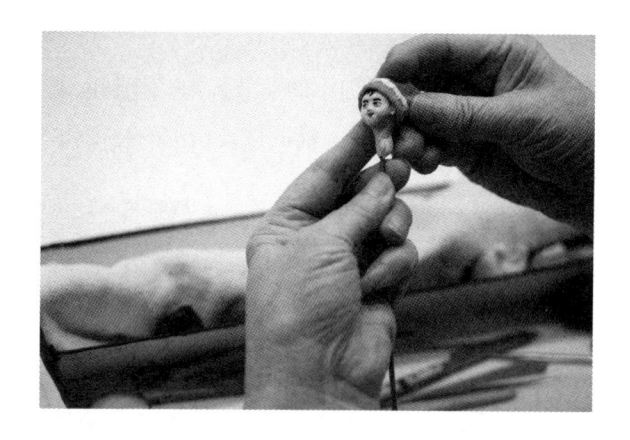

二、工具十法

1. 挑（挑鼻子）

使用拨子，分两种，一种用拨子尖端，把面轻轻挑起，如挑鼻子等；一种是用拨子宽头扁平端，挑眼眶、眼皮等。

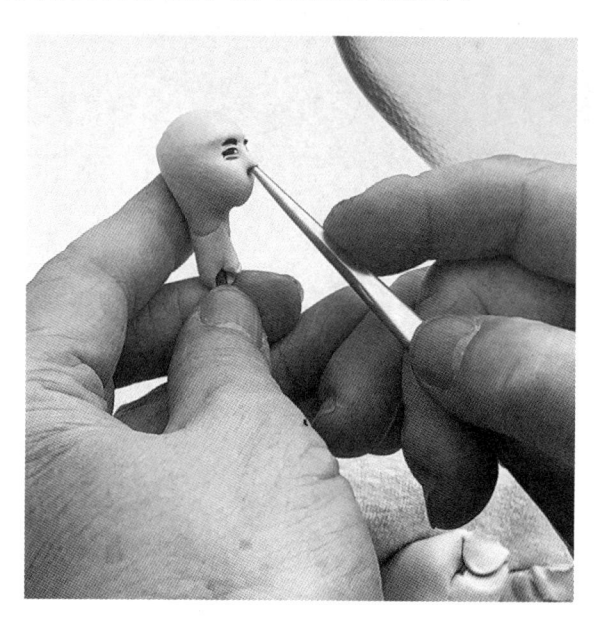

2. 栽（栽嘴唇）

使用拨子，用拨子尖端把细小的部分挑起，扎到面塑主体部分，牢固连接。比如栽眼珠子、耳朵、嘴唇以及精细的装饰物等。

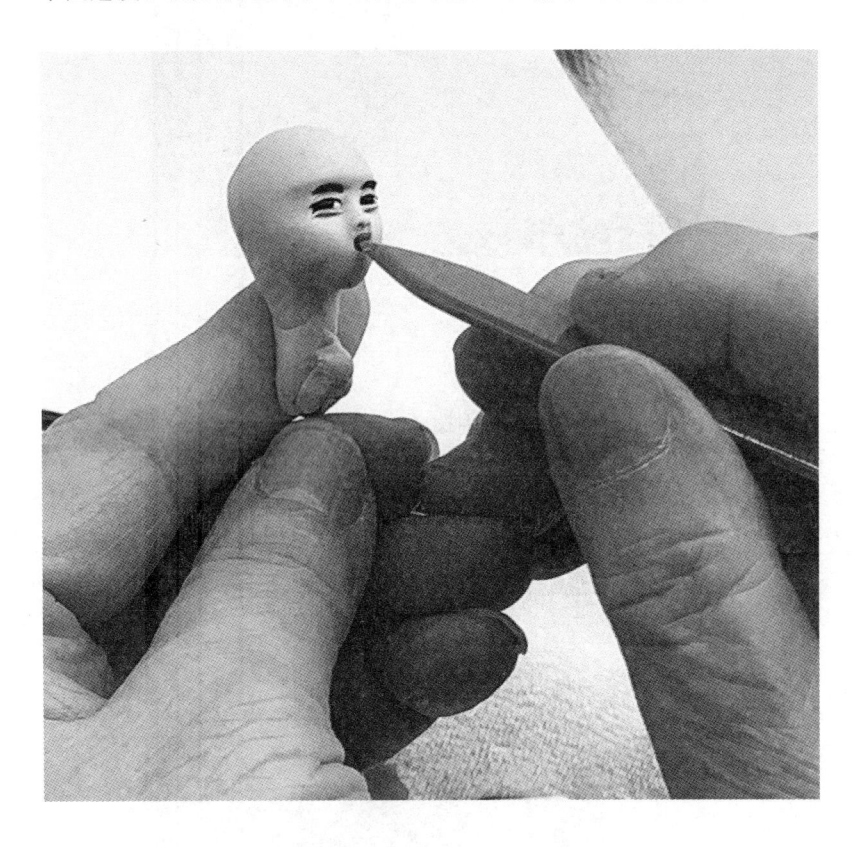

3. 滚（用拨棍调整脸型）

使用拨棍，在面人儿的脸上塑形，来回滚动拨棍，可滚出颧骨、下巴，也可调整鼻梁。使用梳子，手拿小梳子压住细长条面迅速移动，使细面条在梳子下面滚一下，就成为一粒一粒连着的珠链，可做珠花、项链、珠耳环等饰物。注意力度，不要把面条压断成小粒。

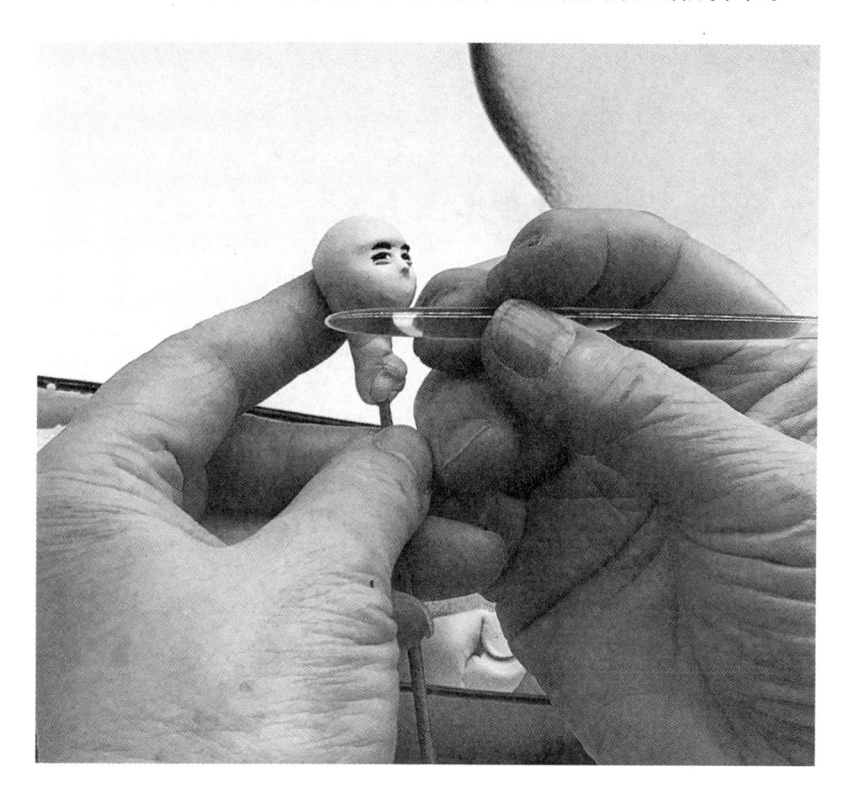

4. 切（用拨子切眼珠）

使用拨子，扁平端在压扁的面上或细长条上，切下细条或小面球，可做眉毛、眼线、眼珠等。使用小刀，切割薄片边缘，使面边缘整齐，用以做衣服、裤子、袖子等。

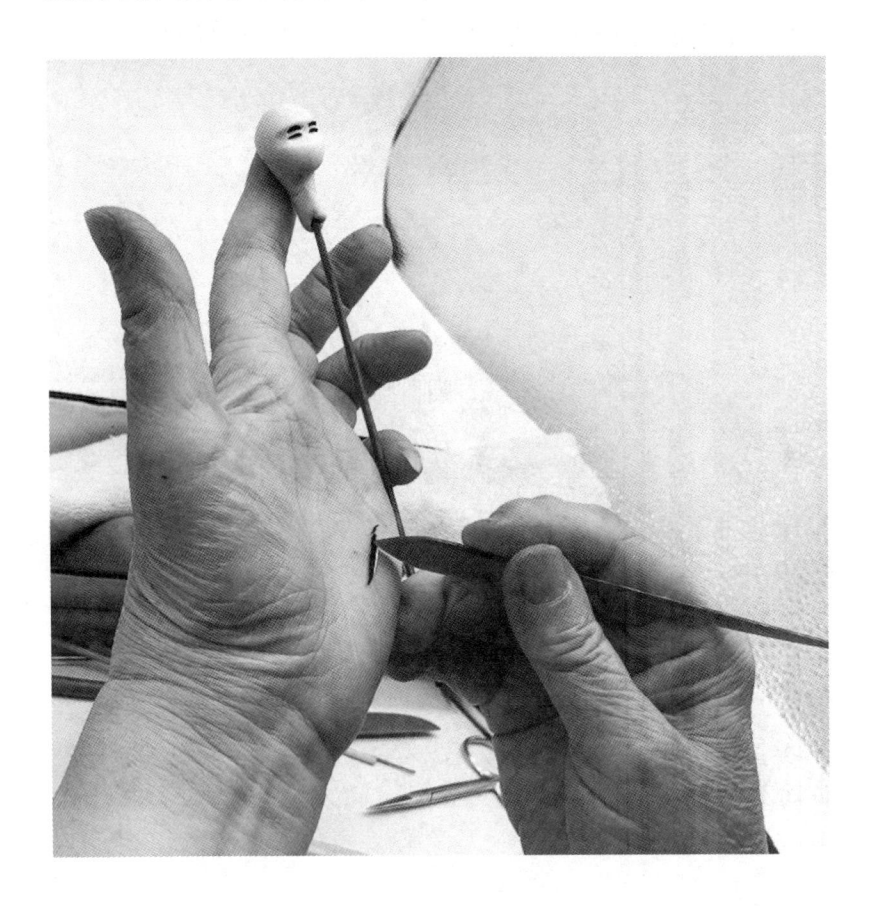

5. 剪（剪出手指）

制作手部，先将面捏成手掌形，用小剪子将手指剪出来。也可用小剪子剪出所需形状的面片，或剪去多余的面。

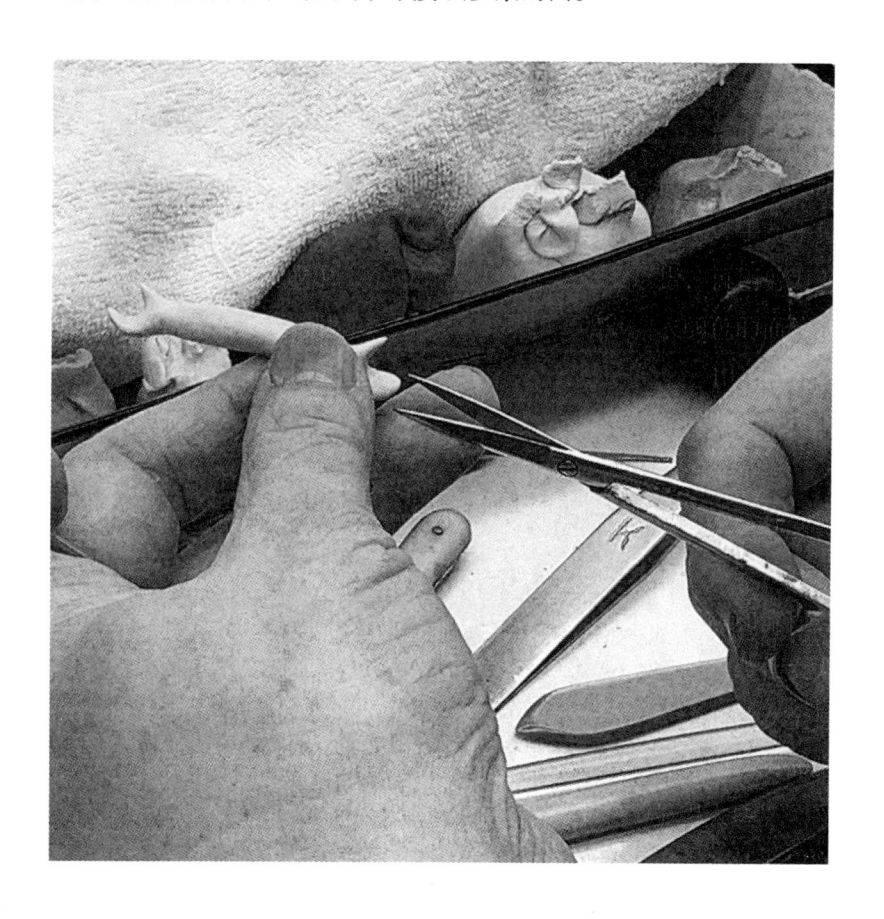

6. 拨（拨出花边）

使用拨子，尖端在薄面片上来回拨动，形成花边，也可拨动后将面卷起，可成一朵花，装饰在古装仕女发髻上，也可用来做卷发等。

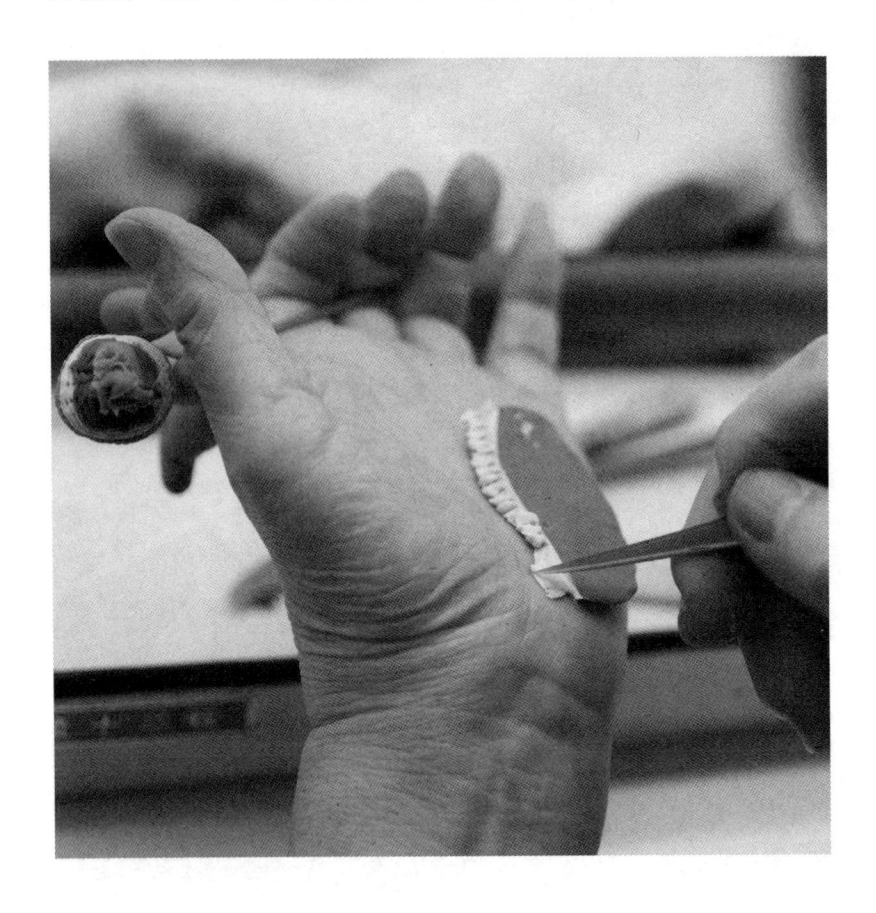

7. 戳（用梳子戳帽子纹）

使用小梳子，用梳子齿尖在面上轻戳，用来做帽子、毛巾、毛衣上的纹。使用戳子在衣服盔甲上戳花纹。

8. 扦（镊子夹竹劈儿扦入头）

把竹签、竹劈儿等扦插入面中，可用镊子夹住竹劈儿。比如做身体与头部连接时会用到，作品完成后也需要把成品插入带竹签的底座上。

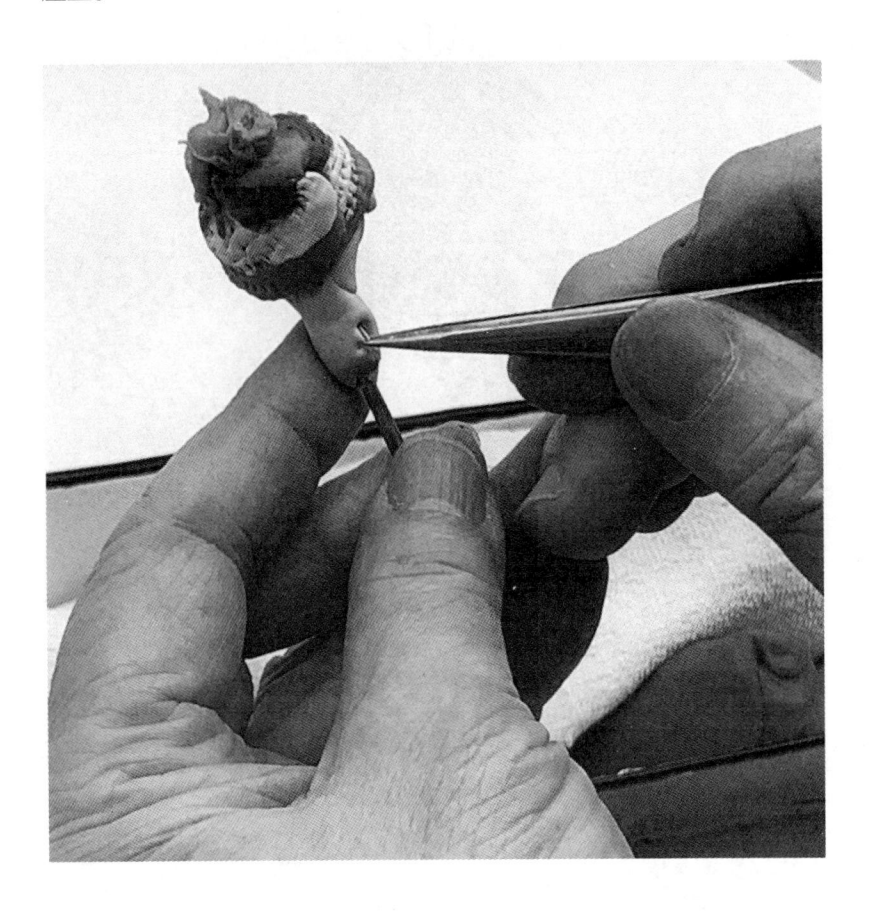

9. 抹（抹平连接处）

使用拨子将面轻推、抹平。比如头、胳臂、腿与身体的连接处等，都要将面抹平，使其看不出连接痕迹。

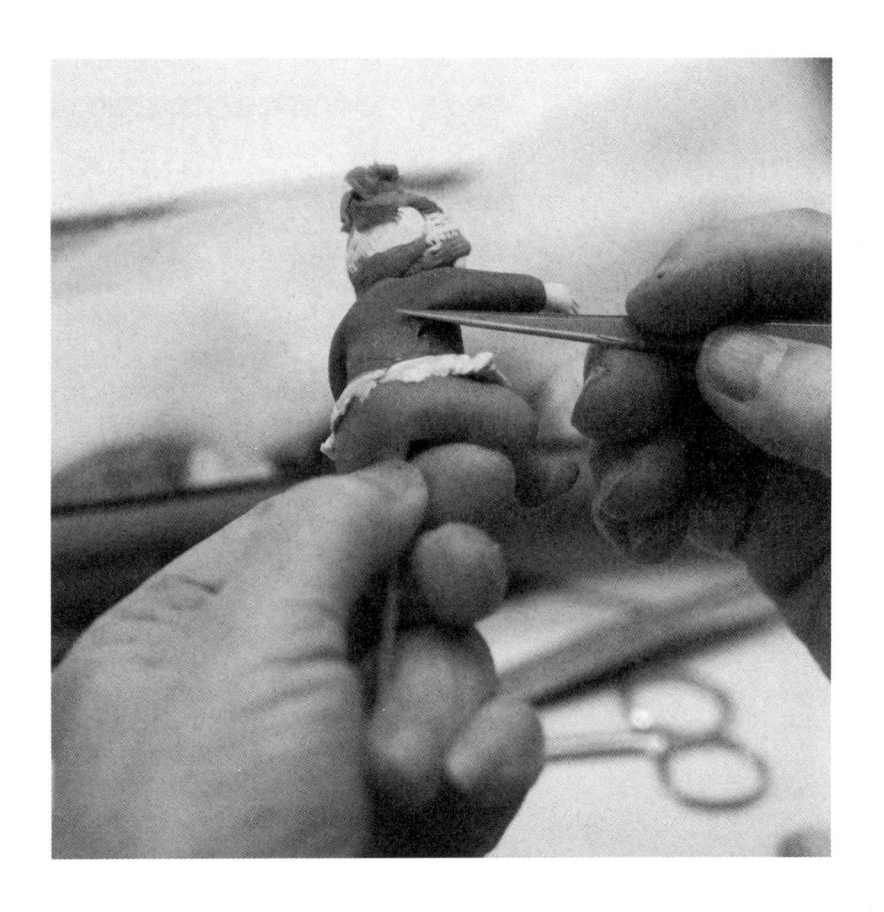

10. 按（用拨子按衣褶）

按也叫压。使用拨棍，圆头端按脸颊下方可出酒窝；使用拨子扁平面按压面可使得两部分面粘接更牢，比如往脸上安眉毛时；用拨子或压子刃端也可按压出皱褶、衣纹等。

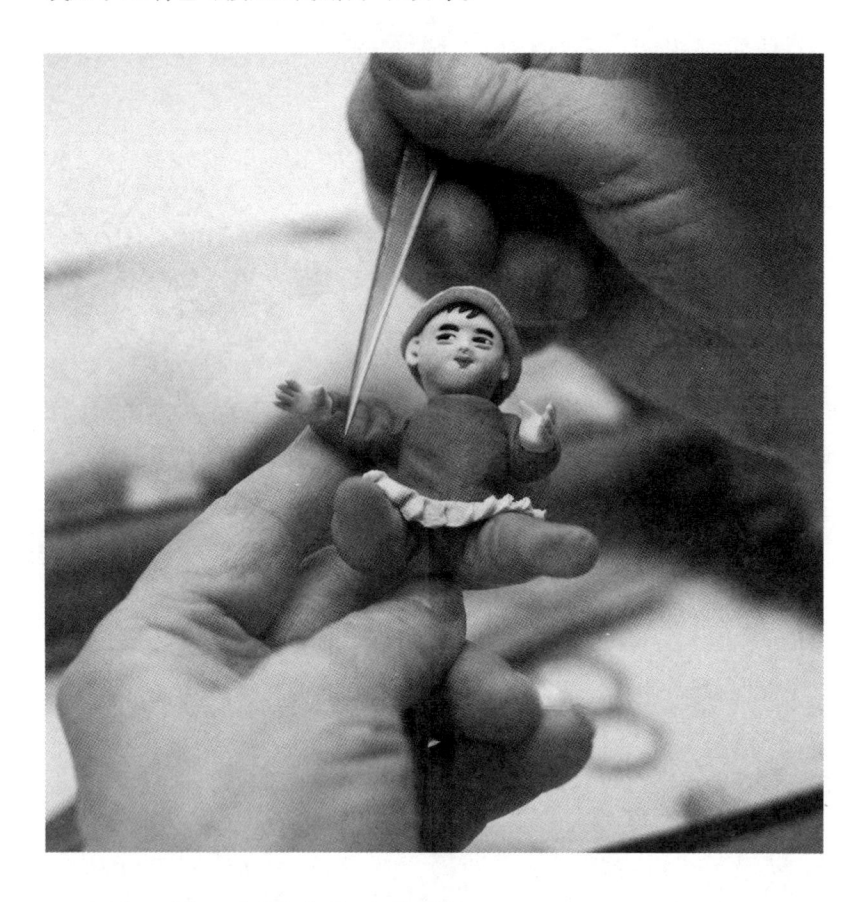

工序篇　捏一个面人儿（步骤）

和雕塑技艺做减法不同，面塑做的是加法。比如做面塑人物先做头，然后做眉毛、眼睛、鼻子、嘴、耳朵、头发、发饰，一点点地一路加上去……非常繁琐，而且不能更改。所以，捏之前要把所用细节和内容都想好，捏制时必须静心、有耐心，手不能停，一气呵成。

特别提示：做任何面塑之前都需要从以下几步开始

1. 净手：把手洗干净，之后拿一块废面反复揉捏，可使手上细小的灰尘纤维被面粘走，再往手上抹少许蜡油，可使面不粘手。

2. 备面：把需要用的各色面团反复揉捏，使面捏起来顺手，然后按颜色放入托盘排列好。如果是一天以前的面则需要事先再蒸 5—10 分钟。

3. 备器具：把所需工具备齐放在眼前托盘中，方便使用。把面塑做好后要用的承托容器也准备好。

捏人物的工艺顺序是首先做头部，然后做上半身躯干部分，接下来做腿、脚、袜子、鞋子、裤子，再做上衣（含衬衣外衣，从里到外）、领子，最后是胳膊、手、袖子等。各类面人儿的基本技法、流程都类似。娃娃、成人、仕女人、盔甲人等学会一种就可举一反三。学捏人物最好是从捏娃娃开始，捏娃娃是一切的基础。

一、娃娃（用时约 16 分钟）

做娃娃前要先把幼儿的特征记在心里：

1. 幼儿眉在头部纵线二分之一处，眉到下颌骨底之间四等分，也就是眼、鼻、口的位置。

2. 幼儿肩宽略大于头长，躯干和头的比例，一岁的约一又二分之一头长，五六岁约两头长，十岁为二又二分之一头长。

3. 幼儿上肢较短，初生儿垂手时，中指尖在耻骨附近，年岁增长逐渐到大腿中段。

4. 幼儿下肢，一二岁为一又二分之一头长，三四岁为两头长，五六岁为二又二分之一头长，十岁为三头长。

5. 幼儿眉淡而短，眼较大，鼻根平坦鼻梁低而短，鼻翼、鼻孔较小，鼻唇沟较显著。

6. 幼儿手足部肌肉的外形骨相不显于外表，手背、足背较丰满。

做一个娃娃的步骤：

头部

1. 脸型。用一小块肉色面（底面加一点白色、粉色揉匀而成），揉成圆形，大小在半个鹌鹑蛋左右，插在长竹扦子上，捏出头型与脖子，以较光滑的一面做脸部，捏成脸型。

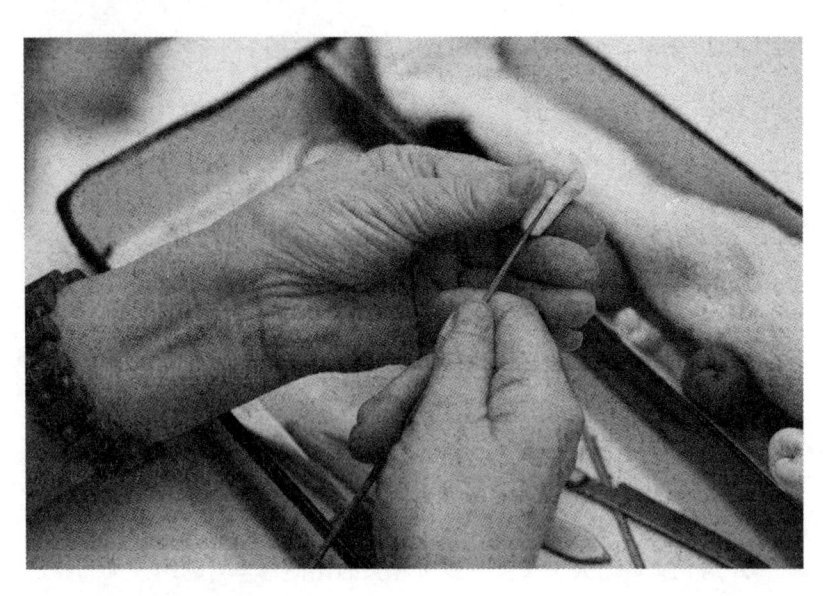

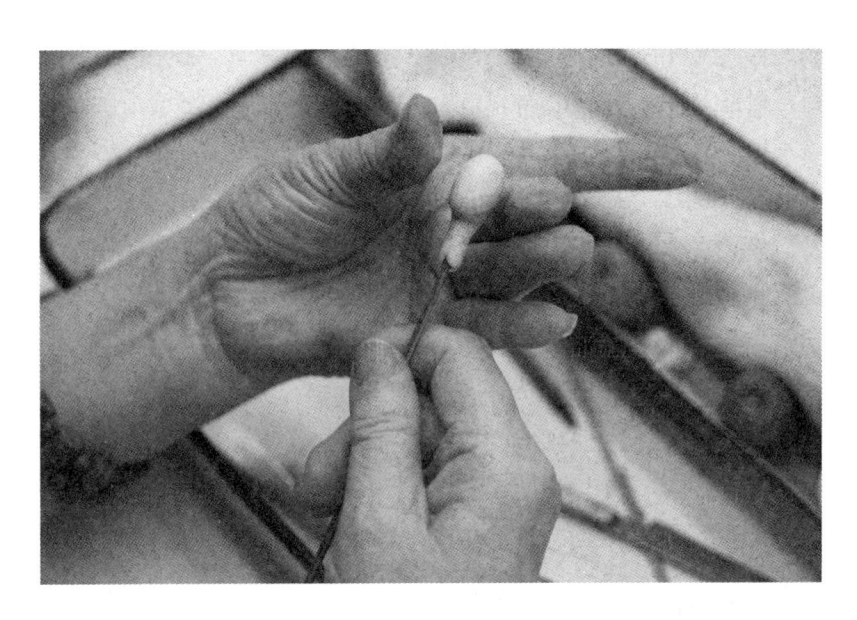

2. 眉毛。用拨棍在脸二分之一处压一下，上方凸起的地方就是安眉毛的地方。拿一点黑面搓成小条，用拨子在搓成小条的黑面上略压

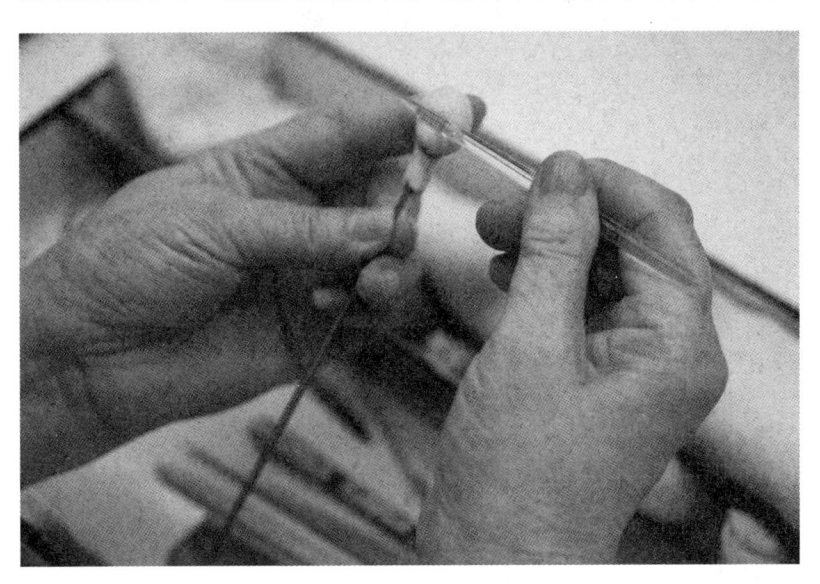

扁，再在压扁的黑面条上切下两细黑条，放在眉毛处。眉毛的粗细长短可根据人头的大小切时加以掌握，把眉毛放好确认位置合适后再用拨棍按一下，使眉毛不至于掉下来。

3.眼睛。用拨子扁平端在眉毛下面一些地方轻轻往上挑，挑时尖端稍向上，就成为弧形的单眼皮眼眶，如做双眼皮，则要先按一条纹，第一次按得浅一些，第二次挑得离第一次有点距离，深一些。双眼皮眼眶挑好后，切一条很细的黑色面放在眼眶上，做眼睫毛，然后用黑、白色面各一点儿，搓成细条，并列放在一起，略按后，用拨子切下一点儿来放在眼眶里，黑的是黑眼球，白的是白眼球。两眼黑眼珠的方向应该是一致的，并且两眼的黑白部分要一致，否则会形成斗鸡眼。也有用白、黑、白三条并列切下来做眼球放在眼眶里的，但这样的人物神情会显得呆板，一般很少采用。最后用肉色面搓成条，切下一细条放在眼球下面，算是下眼皮，用拨子把上下眼皮两端粘在一起，眼睛就做成了。

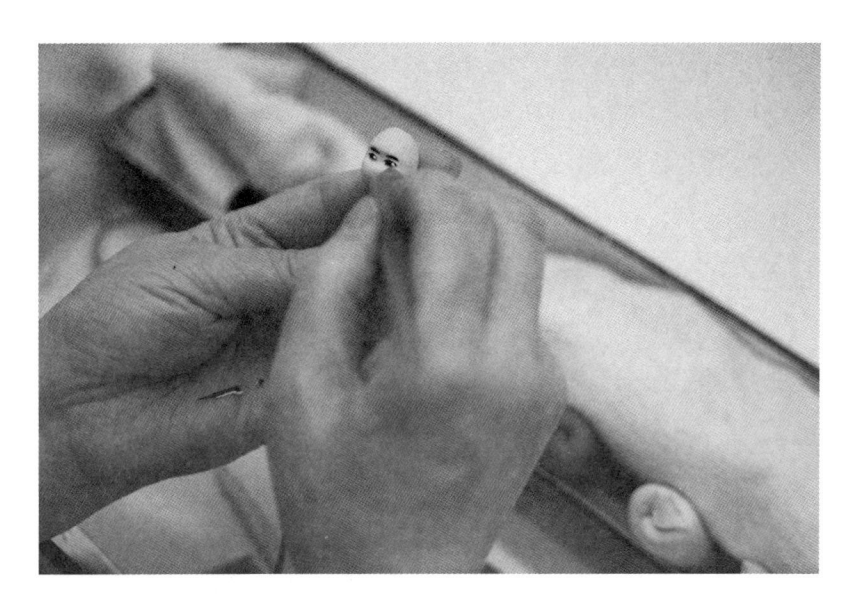

4. 鼻子。将拨子与脸部平行，用尖的一端在两眼中下部一些地方挑出一个鼻子，用细条肉色面填进鼻孔里，这样挑起的鼻子就不会塌下来。用拨子宽端把留在鼻孔外的肉色面切掉抹光，用拨棍在鼻子两旁轻按出鼻梁，然后在鼻子下端点两个鼻孔。

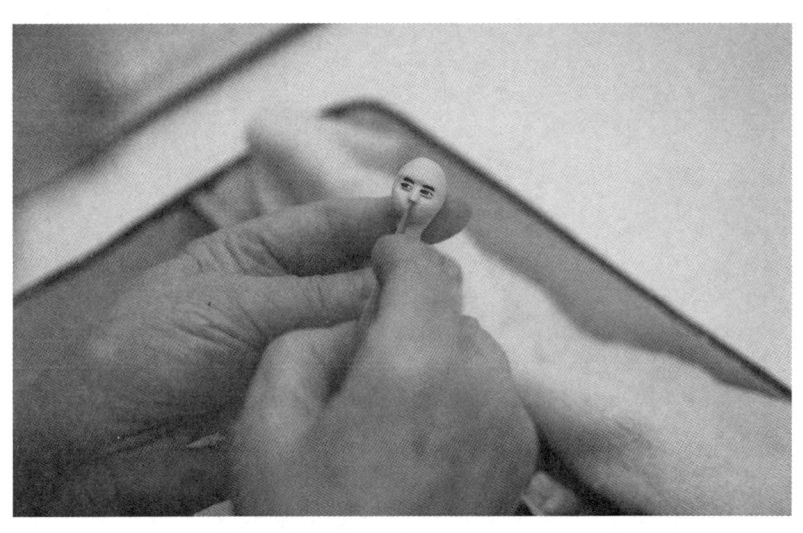

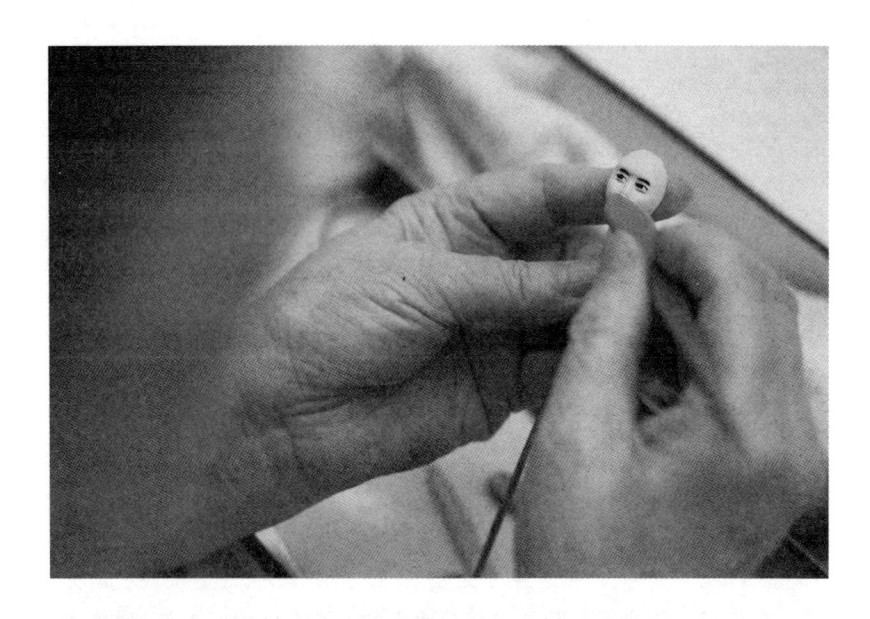

5. 嘴。用拨子扁平端在鼻子下面一些地方轻轻往上、下拨动，拨成嘴型，再用拨子把两小片淡红色面放在嘴的位置，就是上下嘴唇，并拨成嘴角、嘴唇的形状。如果用拨子把嘴角轻轻向上挑，用拨棍在

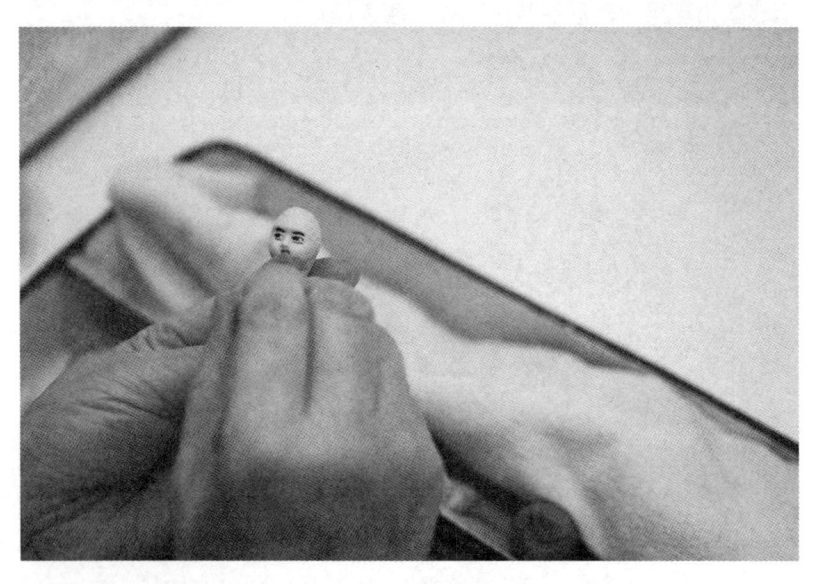

嘴旁按些弧形，就成为微笑了。

6. 耳朵。用肉色面切两块放在耳朵的位置上，头两侧约与眉毛平齐，最高不能超过眉毛，下端不能超过鼻子。用拨子调整耳朵形状，耳廓耳垂等，用拨子尖的一端把它按两下，这样就能粘得住，注意要压实以防脱落。如果帽子或头发遮住了耳朵此步可省略。

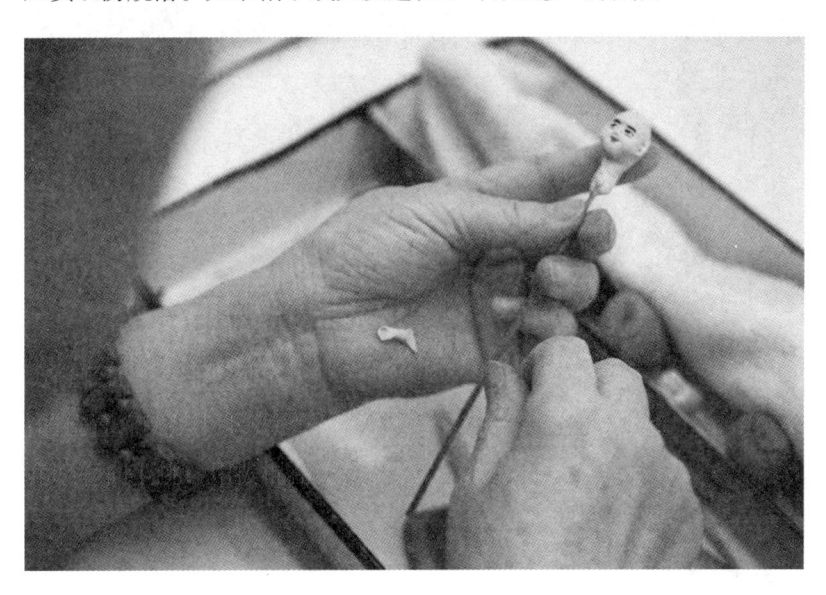

7. 头发与头皮。做戴帽子的娃娃，就在脑门处贴些杂乱黑色面，就是女娃娃的头发，如是男娃娃就搓几条黑色面条放在额头。做光头娃娃或只有部分头发不戴帽子的娃娃时就需要先做头皮。用淡青色的面碾成薄片，从额头向后包在头部，注意面片的边缘要薄，这样额头鬓角与头部的连接才容易按压平整，形状模仿发际线，把头后面包裹多余的面揪掉，用手指按压出后脑勺的形状。如果做有头发或戴帽子的人（不需要露头皮的）可以跳过此步骤。

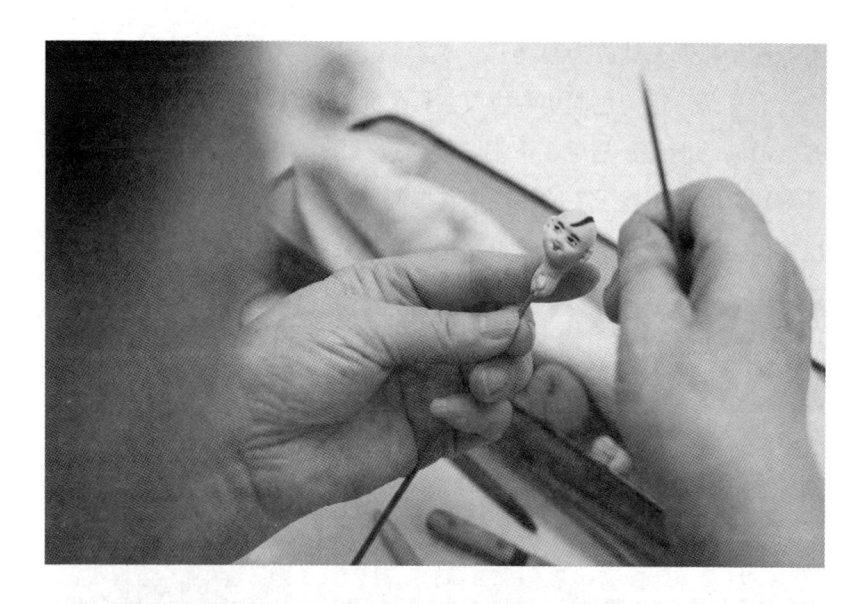

8. 帽子。用一块白色切好的长方形薄片面两边各按红色面做边儿，用拨子把边儿拨成乱花形，呈花边状，然后包在娃娃头上，以花边做帽檐，在脑后捏起，将多余的面揪下来抹平，这样就成为一顶红花边

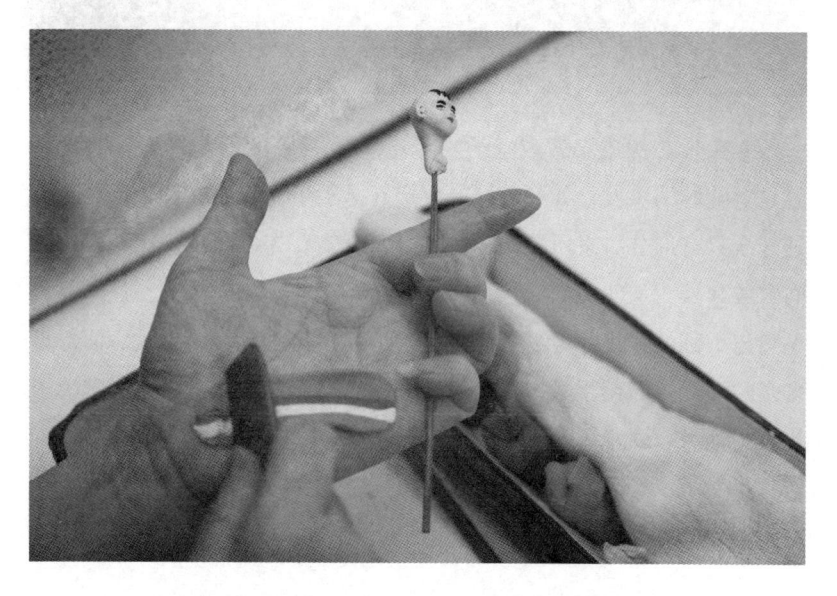

的小白帽。用拨子和小梳子在花边里轻轻按一圈,突出头型,也使面干后帽子不会掉下来。

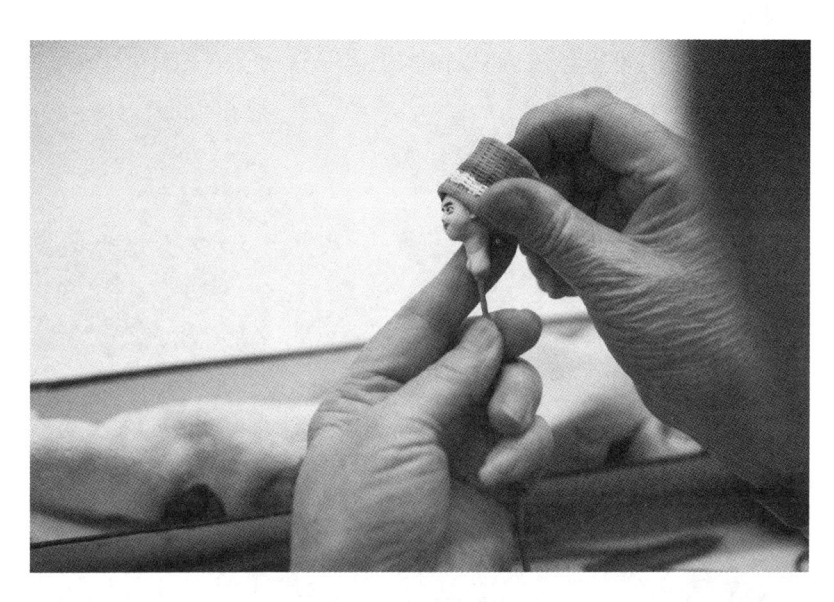

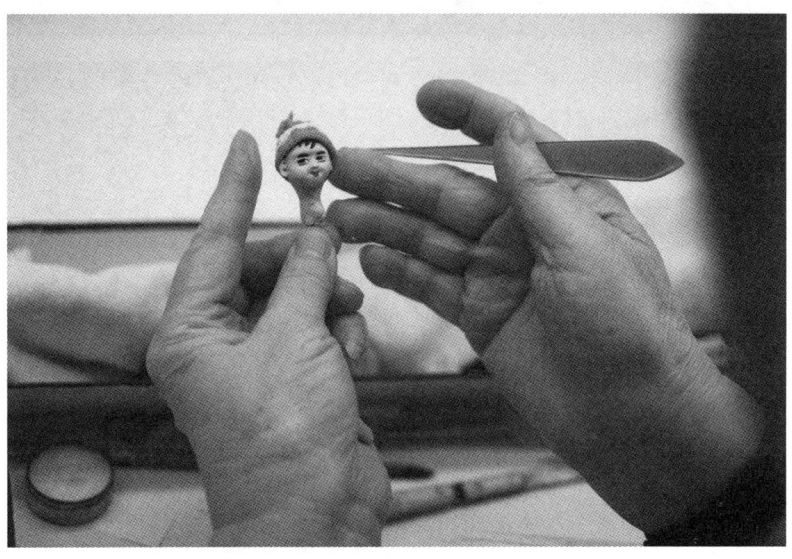

9. 娃娃的头部做好后，用竹劈儿轻轻由后脖颈向头顶方向插进去，注意不要戳破头顶，其余部分竹劈儿留在外边，以便下一步用面包裹连接身体，这样在作品最后完成抽去长竹扦子时头部不会脱离身体掉下来。如果想让娃娃更喜兴，可以在这时用毛笔蘸淡红色颜料涂红脸蛋。

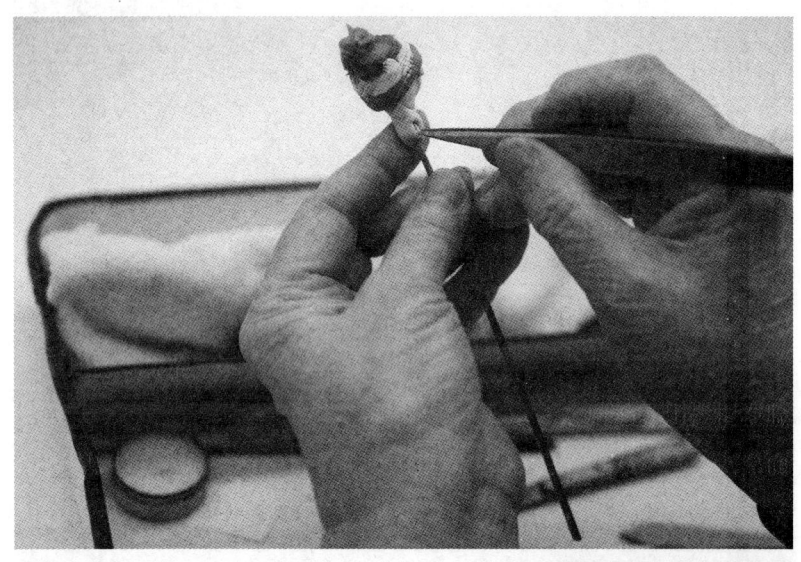

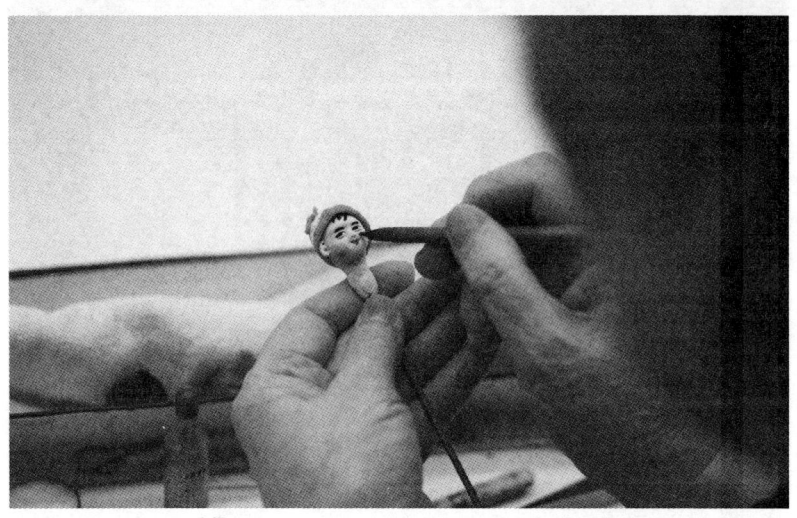

身体

10. 填上半身。用一块原色面，包在长竹扦子上，连接头部，把头部多出的竹劈儿也包在内，不要太多太大，按比例作为上半身，约两个头长。

11. 下半身和两条腿。做孩子的连腿裤，在一条两端稍细的色面尖头部分向下拧按出脚的形状，用拨子尖头压滚就形成连脚裤的脚形了。把腿放在竹扦子上，用拨子压面，把竹扦子包裹上，再在每条腿上各压三下，用手在两条腿中部各捏一下，这样膝盖就出来了。可以将腿拧至自己想要的姿态，或坐或站。

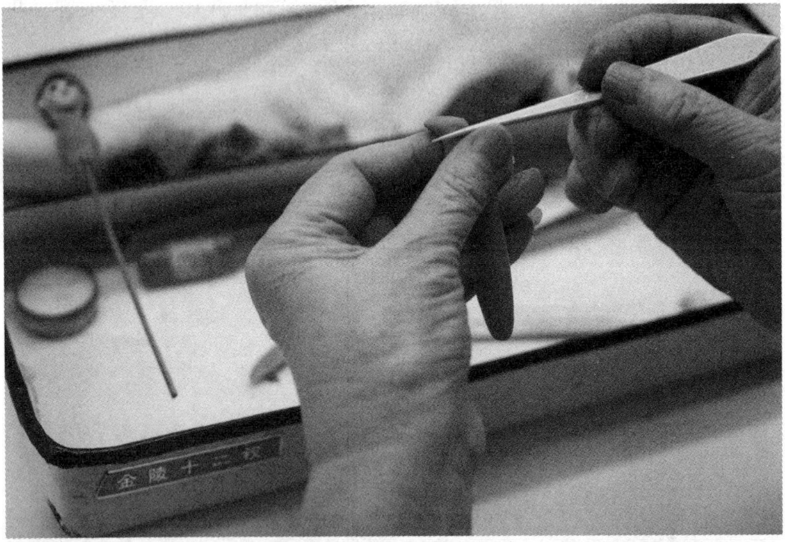
金陵十二钗

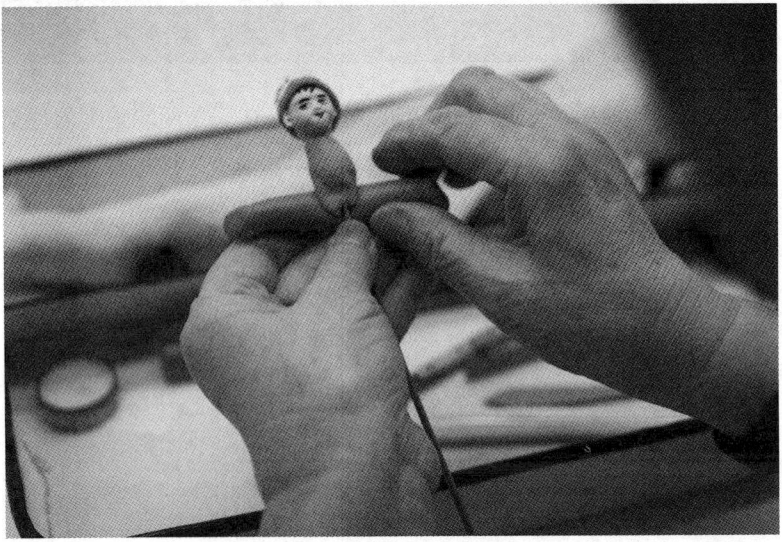

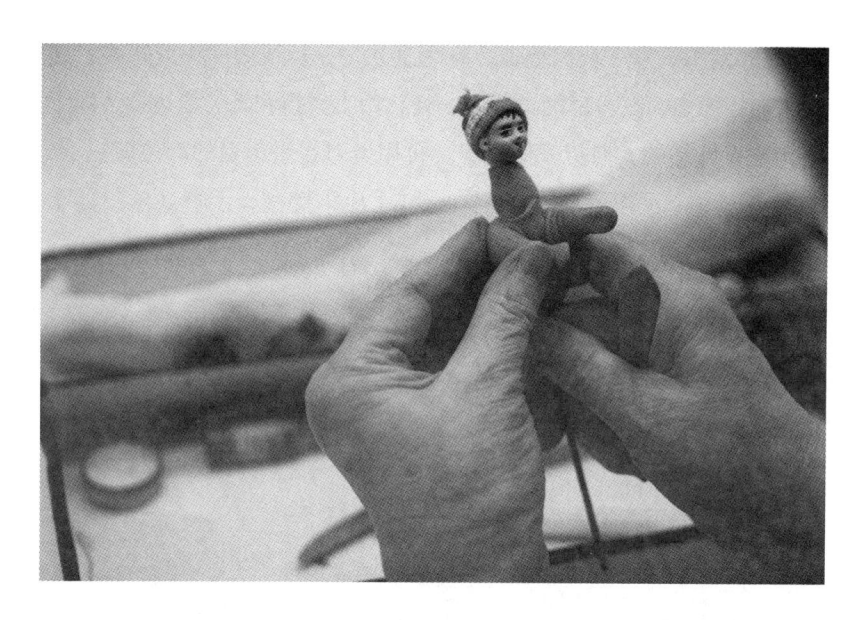

12. 做上衣。拿一块色面，在手上压扁，拿少量白色面放在压扁的面片边上碾出薄片，用拨子拨出花边，再从手上拿起带花边的薄片，放到脚和头的中间，裹起来，作为衣服，把多余的面揪下来按平。

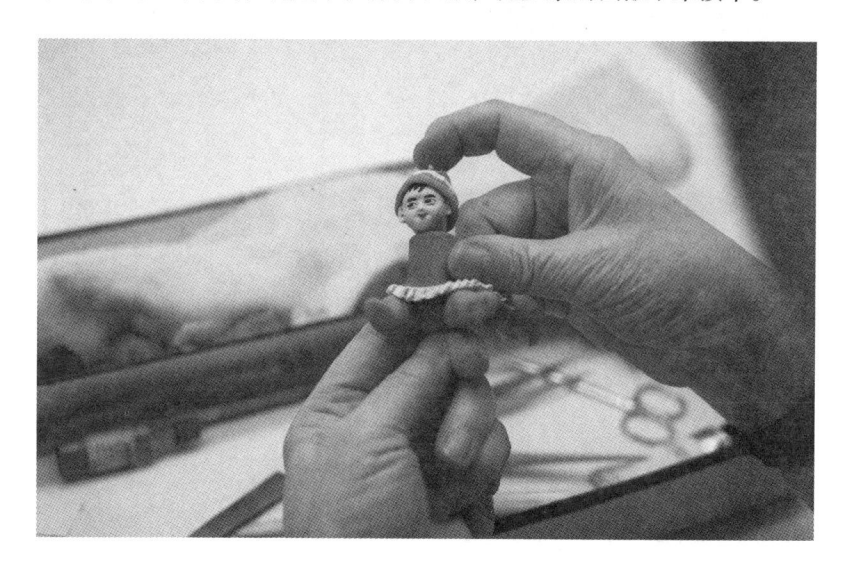

13. 做手。拿一块肉色面，在手上揉匀，搓成中间大两边尖，在两端轻轻捏扁，在捏扁的二分之一处，用大拇指和无名指边揉边向上揪，这样娃娃的大拇指就做成了。再用剪刀在手压扁的部位剪三下，要均匀，五个手指就都做成了。娃娃手应该胖些，手背处压出四个窝，手腕儿处压出褶。

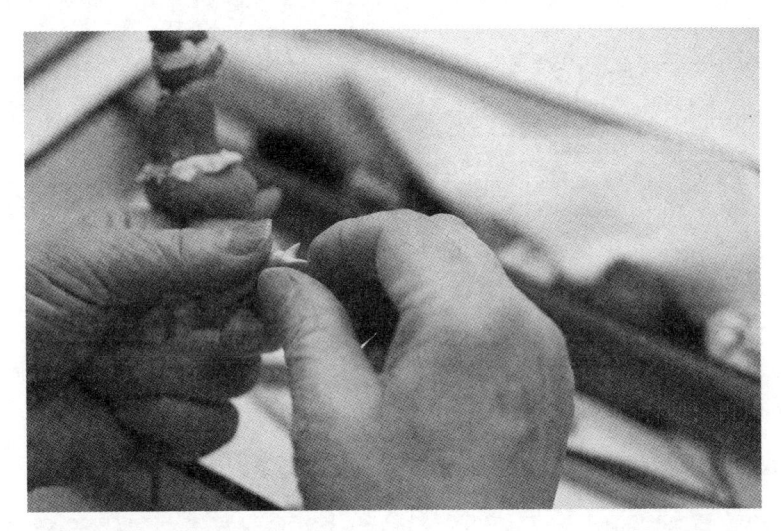

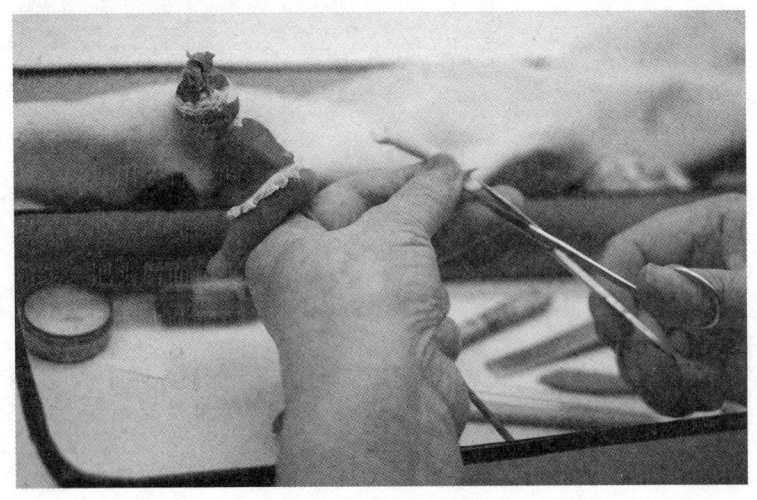

14. 安胳臂。用和衣服一样的面，压扁成面片，包裹住两端是手的长条面成为手臂。把做好的手臂呈 V 字形按在背后脖子下面，再向下拧，就成为两只手臂，可摆出各种姿态。注意左右手的方向不能安反。连接处抹光滑，按压背部不要使面太厚显得驼背，用拨子压三下，把胳膊肘捏出来，再将胳臂拧至自己想要的姿态。

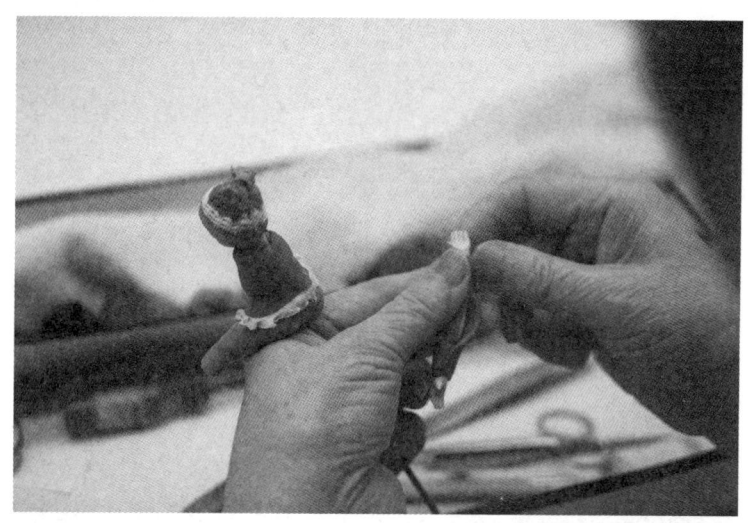

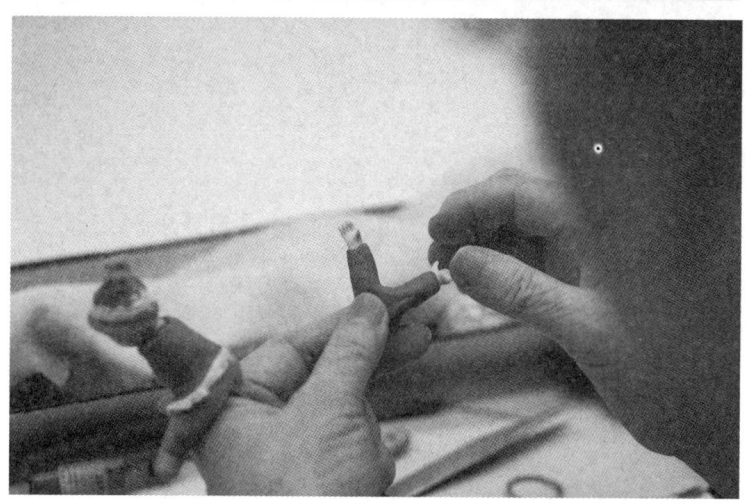

15. 做围嘴。用白色小块面搓成长条压在手心，再用两种面分别搓成条，放在白色面上，压扁碾开，拨出花边，拿起裹在脖子下边，压平，切下多余部分。

16. 把长竹扦子轻轻拔下来，把娃娃放在平的地方向下轻按，这样他就能坐得很稳。再做一个小玩意如糖葫芦等拿在娃娃手上。

经过以上工艺，一个娃娃就做成了。最后一步是将娃娃安装在事先准备好的托板上，托板在合适的位置上用锥子扎洞，嵌入短竹签，将从长竹扦子上取下的面人插在短竹签上，调整姿态，使面人平稳与托板相连接。

二、成人（以男性为例）

先记好男性面人儿的制作比例：

1. 全身7头长，两手平伸等于全身长度，全身中点在耻骨附近。

2. 成人五官的位置基本是三庭五眼，从头顶到眼眶为一庭，从眼眶到鼻尖为一庭，从鼻尖到下巴为一庭，五眼是两眼当中为一眼，眼眶外侧两边各为一眼，加上两只眼睛，共五眼。

3. 男性肩宽为两头长，肩宽大于髋骨的距离，腰宽略大于头长，躯干长约 3 头长。

4.男性上肢比例，肩膀到中指尖为 3 头长，上臂为一又三分之一头长，小臂为一又三分之二头长，手为三分之二头长，手宽为二分之一手长，垂手时中指指尖到大腿中段。

5.男性下肢，骨盆高与宽比例为 5∶7，比女性窄而高，大腿为 2 头长，小腿加足为 2 头长，足宽与长为 1∶3，足长为 1 头长，脚趾部宽度三分之一为拇指，第二、三脚趾占三分之一，第四、五脚趾占三分之一。

简述男性面人步骤：（不同于娃娃的地方）

头部

1.脸部。用一小块肉色面，揉成长圆形，插在长竹扦子上，以光滑的一面做脸部，捏成脸型，脸要比娃娃长。

2.眉弓。在脸上端，内半段成短弓状隆起，男性随年岁增长，眉弓渐显，在两眉弓中间形成三角形小平面，眉浓而宽。

3.鼻子。技法与娃娃相同，在形态上各有不同。男性鼻子鼻梁较高，鼻翼较宽。

4.口唇。男性口宽而方，唇较厚。

身体

5.成人身体为七头身，脖子部分揉捏得细一些，身体的粗细应与头部比例相适应。

6.腿与脚。在一条两端稍细的原色面上，包上两片色面做袜子，两端捏成脚形，用另一种颜色的细条面围在脚上，轻轻按宽，作为鞋帮，再在脚后跟处捏出形状，就成为鞋子了。把一块切齐的色面薄片包在长条上做裤子，留出袜子和鞋。

7.安腿和脚。把做好的长条状的腿和脚的正中按在长竹扦子的前面,并紧按在上半身下面,然后把长竹扦子两旁的两条腿都拧过来,可以按自己要做的人物去摆姿势,如迈步、蹲下等。但应注意,左右脚的自然方向,不要安反。竹扦子背后用一块与裤子相同颜色的面放在上半身下的竹扦子上(人的背面)补作臀部,用拨子抹光和两条腿的粘合处。

8. 上衣。用一片切齐的色面片包在上身作衣服,如做对襟衣服则把面片由后包向前,在前身中间把面边儿并列起来,再镶上领子和纽扣。

9. 手与手臂。把长条面两端捏扁,再在旁边捏出一点面来作大拇指,再用剪刀剪出4个手指头,把手腕揉捏得稍细一些。再包上同上衣颜色的面片做胳臂。如是赤膊,就应该捏出肌肉的自然形状。

10. 按照自己所做的人物手拿饰物或搭配饰物。到此为止,一件作品就算完成,抽出长竹扦子,把面人儿插在底座上,晾干罩上玻璃罩。

三、仕女人

古装仕女人是面人郎常见的题材,很受大家喜爱,仕女人基本制作手法和流程与普通面人儿相同,不同的地方是:

古装仕女人物比例

1. 仕女全身7头长,两手平伸等于全身长度。女性比例大致与男性相同,头部比男性略小,而眼部与男性同样大小,所以女性的眼睛显得大些。

2. 仕女肩宽小于两头长,肩宽等于髋骨距离,腰宽等于头长,躯干和全身的比例略大。

3. 上肢略短,手略小而显细长。垂手时中指尖到大腿中段稍上方。

4. 女性骨盆高与宽为1∶2,比男性宽而矮,髋部及大腿肥大宽厚,小腿及足比男性短小。

制作要点

1. 脸型。用一小块面揉好，插在长竹扦子上，做出脸型，找好眉、眼、鼻、口位置，方法与娃娃一样。仕女鹅蛋脸、柳叶眉、樱桃口，抓住仕女的特点就可以了。

2. 头发。用一小块黑面，压扁，放在头上包好，在脸的两旁贴两条黑色面，作鬓角，再把一块黑面搓成条，轻拧成麻花形，卷一卷，当作发髻安在头顶，用绿色面做成花叶，再用红白粉面做成花朵，戴在发髻旁，用白色面做成珠花戴在发髻上，再用黑面搓几个黑面条放在额头上为散发。然后鬓角后再加上两只耳朵。仕女身后的大辫子要在衣服都做完后最后加上。

3. 身体。头部做好后，用稍硬一些的面做整个身体，并摆好姿势。如做轻移莲步的样子，就把下半身捏得好像裙子里一只脚在前一只脚在后，用一片色面从腰部包起，色面的边儿窝在原面底下，这样似乎裙子拖在地上一样。

4. 上衣、水袖与水裙。做好斜襟上衣，用白色细条面，围在脖子处，做成V字形状领子。在腰部围上一片长至膝盖的水裙。做好两手、两袖，袖口上按上两片白色面作水袖。

5. 从肩背向前加披肩，从腰部至地拖一条带子。最后做上发辫。在脸上涂上胭脂，戴上垂肩的耳环。有时还要在裙子上画些古色古香的图案纹样，如团花等，使服装更美丽。

掌握仕女的基本制作方法后，也可根据自己的审美与想象自由发挥。

四、盔甲人

盔甲人是比较费工、难度较高的面人儿，制作中不同于普通面人儿的地方有：

1. 花脸：戏装盔甲人有一部分是花脸，花脸的做法稍有不同，以前使用色面在脸上贴出花纹，但这样做面干后易翘起，现在是用颜色画出所需要的大花脸、小花脸、这样看起来逼真，又不会脱落。

2. 帽盔：帽盔的前檐要粘许多各色小面球，就像绒球一样。

3. 盔甲：戏装盔甲人一般穿红裤、黑靴。双腿安上后，先安左右靠腿和前后下甲，用镊子在甲上面夹出许多人字形的鱼鳞纹，涂上金色。然后做上衣、靠肚、两手、两袖和上甲。袖子捏成紧袖口，靠肚上用色面贴成虎头形，上甲也用镊子镊出许多人字形后涂上金色。

4. 护心镜与护背旗：胸前镶一具有亮光的珠子做护心镜。有的最后在背后插上四面护背旗，手中拿刀拿枪摆好英武姿势。

五、花草、水果、动物

面塑除了捏制人物，花草、动物也是常见的题材，一方面可以单独作为作品出现；另一方面可以作为人物作品中布景陪衬出现，因此，学会捏一些花草、动物十分必要，可使面塑作品生动多变。

1. 鸭梨：用黄色面搓个圆球，贴上花点，下密上稀，再搓成梨形，再用小块紫色面搓成梨把，然后按在梨上，这梨就完成了。

2. 桃子：拿一块肉色面揉成球状，再拿一块粉红色面，揉圆，两块面放在一起再揉一下，一头稍尖，用拨子压出印来，再用一小块绿色面揉成长圆球，搓长，两头尖，压扁，压出叶脉，做三个叶子，放在桃子的底部，叶子与桃子要压牢，以免干后脱落。

3. 橘子：把黄色面揉捏成小橘子形，放在干毛巾里轻揉，外皮就像橘子皮一样。

4. 萝卜：先把红色面揉成圆形，再把一小块白色面放在一起揉一下，即成一个上红下白的圆球，手捏白面处揉捏细，使其上粗下细成萝卜状，最后安几片压有叶筋的绿色薄片，安在红色面的顶端作叶子。

5. 小白兔：面的颜色只有两种，白色和红色。揪一点儿白色面，最好是鹌鹑蛋大小，用两只手掌搓成椭圆形，一头要揉尖一点，尖的地方向上适当地抬起来再向下压一下，就成了兔子的形状。尖的地方在三分之二处用剪子剪开形成兔子嘴，上边两侧用红色面揉成小红球按上，这就是眼睛。再用白色面搓成细条，两头要尖，在中间的地方切开，用拨子的尖在宽的地方压一下，按在头顶部，就变成了兔子的耳朵。用白色面搓成细条，两头要尖，用拨子安在肚皮的前边两侧就是前腿，安兔子的后腿也一样，但要粗一些，再按上尾巴，尾巴不要长，有一点就行。

6. 小鸭子：搓个圆球，装上嘴巴，贴上眼睛，在下面插上一个小竹签。再搓一个长圆球在尾部捏扁点，尾部略向上翘，再用两小块面，揉出一头圆一头尖，作为双翅，安上双脚再把头插在身上这就完成了。

7. 和平鸽：先把一块白面揉成长条，一头压扁一头尖。用红色面搓出一头尖，在尖的部位切下，安上红嘴，两边再按上两只小眼睛。再拿一块白色面搓成中间大两边细，压扁后切出羽毛状，按在背的两边，接下来把翅膀往上翘点，一只和平鸽就完成了。

8. 毛毛虫：用绿色面搓个圆球，安上耳、眼、鼻、嘴，再用6块大小不同的绿色面揉成长圆球，再轻轻捏在一起，用赭石色面搓成爪子，安在每个长圆球的下面。毛毛虫就做成了。

9. 马：牲畜的做法和人物不一样，它不是一部分一部分往竹签加，而是用整块面团捏出来的。以马来说，先用面团捏出马头和身体的轮廓，注意掌握马胸前到臀部，马背到马蹄是四方形的比例，在马头上用拨子拨出眼眶，装上眼珠，按出鼻梁，点出鼻孔，在鼻子下剪出嘴巴，并用拨子在鼻孔下按一条印显出上嘴唇，在马脑袋至脖子处，捏起薄薄一片面做马鬃，也可用绒粘上做马鬃，把另两块瓜子形面按一条直印，安在马头上作为两只耳朵。捏制马身时注意，前半身稍粗，中部稍后的地方捏得较细一些，可以显出臀部，四条马腿的上半部是从马身上的面揪出来的，在揪出后面两条腿时用拨子在臀部中间按一条深沟，作为马裆。四条马腿里插进铁丝，一部分留在外边，以便在上面捏下腿。用拨子在下腿底端按出马蹄，并拨出马蹄后部的短毛，在臀部粘上些绒做马尾。马的姿态很多，可根据喜爱或需要捏出奔跑、跳跃、漫步、低头吃草等姿态。

10. 山石：用各色剩面撂在一起揪断，再撂起来，再揪，反复数次，便成了搅乱的青灰带绿的自然山石颜色，捏成山石形。有时在上面撒些绿色锯末，好像山石上长满青苔。

11. 草地：用蓝、黄、白、黑等色面，用做山石的方法揉捏，然后将面放在纸板上碾开铺平就成。

12. 水：用拨子在蓝色薄片面上压出水纹，把薄片两端粘在纸板上，中间稍突起。另拨些小白浪花放在突起处，把许多薄片交叉像波浪一样粘在纸板上。

面塑完成后如何保存？

具体做法是作品稍干半天就马上用玻璃盒盖上，留出一条小缝隙。这种方法可使作品收缩慢，等作品完全干透后再把玻璃盒盖严，这样可以使作品不变形。

《附录5》图片均为那日松、刘泽良拍摄。